Im Fadenkreuz

DIETMAR PEITSCH

IM FADENKREUZ

SPEKTAKULÄRE SPIONAGEFÄLLE
VON MATA HARI BIS GÜNTER GUILLAUME

BeBra Verlag

Abbildungsnachweis

akg-images: 10, 22, 32, 44 (De Agostini Picture Library), 52, 64 (Pictures From History), 76, 88 (World History Archive), 146 (Associated Press), 214 (Hansgert Lambers), 224 (INTERFOTO/TV-YESTERDAY) – Bundesarchiv: 156 (MfS AOP 57/56, Nr. 1, S. 103) – picture-alliance: 8, 100 (dpa/Australia War Memorial), 112 (Associated Press), 122 (dpa), 134 (dpa/UPI), 168 (91050/United Archives/TopFoto), 180 (dpa), 192 (dpa/Tass), 202 (Sven Simon/Jan Michael)

Bibliografische Information der Deutschen Nationalbibliothek
Die Deutsche Nationalbibliothek verzeichnet diese Publikation
in der Deutschen Nationalbibliografie; detaillierte bibliografische
Daten sind im Internet über http://dnb.d-nb.de abrufbar.

Asternplatz 3, 12203 Berlin
post@bebraverlag.de
Lektorat: Tanja Krajzewicz, Berlin
Umschlag: Goscha Nowak, Berlin, (Fotos: o. picture-alliance/AP Photo/Edwin Reichert),
u. akg-images (Fine Art Images)
Satz: Mario Zierke, Berlin
Schriften: Liberation Serif, Colaborate
Druck und Bindung: GGP Media GmbH, Pößneck
ISBN 978-3-89809-225-8

www.bebraverlag.de

MIX
Papier | Fördert gute Waldnutzung
FSC® C014496

Inhalt

Einleitung

Fällt das Wort Spion, denkt man unwillkürlich an James Bond, der als Superman das Böse bekämpft, oder an Jack Ryan, den amerikanischen CIA-Analysten und Patrioten, vielleicht auch an George Smiley, den Antihelden des britischen Geheimdienstes, der in den Romanen John le Carrés beharrlich und im Verborgenen ohne Lizenz zum Töten nach sowjetischen Agenten im britischen Auslandsnachrichtendienst MI6 sucht. Zwar entsprechen diese literarischen Figuren nicht der Realität, jedoch ist die Wirklichkeit nicht weniger spannend. Frauen und Männer haben sich seit eh und je in den Dienst von Geheimdiensten gestellt, haben ihr Leben riskiert, haben teilweise die Weltpolitik beeinflusst, sind andererseits aber auch tragisch gescheitert. Manche sind berühmt geworden, waren hoch geehrt, haben Orden erhalten, andere sind vergessen oder haben ihr Dasein in Armut gefristet. Wieder andere bezahlten ihre Spionagetätigkeit mit dem Leben.

Als Spion bezeichnet man in der Regel denjenigen, der für eine fremde Macht militärische, politische oder wirtschaftliche Geheimnisse auskundschaftet. Allerdings greift diese Definition zu kurz, denn es ist nicht immer nur die Nachrichtenbeschaffung, was Geheimdienste betreiben. Sie senden ihre geheimen Mitarbeiter auch aus, um falsche Informationen zu verbreiten oder Einfluss auf das politische Geschehen des Gegners zu nehmen.

Es sind auch nicht nur Geheimdienste, die Agenten führen. Auch andere Organisationen und Institutionen schicken ihre Spitzel aus, um Informationen zu sammeln. Zu denken ist an Wirtschaftsunternehmen, die die Konkurrenz ausspionieren. Und auch kriminelle oder terroristische Gruppen haben ihre Leute, die erkunden, was Polizei und Verfassungsschutz gegen sie vorhaben.

Szene aus der Verfilmung von John le Carrés *Der Spion, der aus der Kälte kam*, aus dem Jahr 1965

Was sind es nun für Menschen, die Spionage betreiben? Was treibt sie zum Verrat? Wie leben sie? Was hat ihnen ihre Agententätigkeit gebracht?

Es sind ganz unterschiedliche Charaktere, die heimlich Informationen sammeln, Kurierdienst leisten, falsche Informationen verbreiten, andere beeinflussen. Viele Spione tun es aus reiner Geldgier. Ihnen ist es egal, ob sie jemandem schaden, Hauptsache sie streichen ihren Agentenlohn ein. Diese Spezies von Agenten liefert ihren Auftraggebern hochbrisante Informationen und erhält dafür hohe Geldbeträge. Ob sie ihrem Land damit schaden, ist ihnen egal. Interessant ist, dass diese Spione, obwohl sie nicht aus innerer Überzeugung ihre Spitzeldienste leisteten, mitunter äußerst effektiv arbeiteten. Dann gibt es diejenigen, die aus Überzeugung spionieren. Sie wollen die Welt zum Besseren wenden. Sie scheuen keine Risiken, setzen ihr Leben aufs Spiel. Schließlich gibt es auch immer wieder Menschen, die grundlos unter Spionageverdacht gerieten.

Der vorliegende Band gibt einen Einblick in das Leben und Wirken einiger Spione vom ausgehenden 19. Jahrhundert bis zum Ende des Kalten Krieges. In einigen Fällen weiß man nicht allzu viel über sie. Schriftliche Zeugnisse existieren oftmals nicht oder sind bis heute nicht zugänglich. So ist man zum Teil auf autobiografische Zeugnisse angewiesen, die aber oft nicht den Tatsachen entsprechen, da sich die schriftstellerisch betätigenden Spione in ein bestimmtes Licht rücken wollen. Biografen haben mitunter in trüben Quellen gefischt und kommen zu abenteuerlichen Geschichten, die mit der Realität nicht viel zu tun haben. Mata Hari ist ein prägnantes Beispiel dafür, wie fantasievoll Biografen das Leben ihrer Protagonisten ausschmücken. Der vorliegende Band extrahiert nun aus verschiedenen Quellen die Informationen, die der Realität am ehesten entsprechen dürften. Teilweise wird auf die divergierenden Aussagen zum Lebenslauf der Protagonisten hingewiesen. So soll ein Einblick in das Leben einiger eindrucksvoller Persönlichkeiten gegeben werden.

Theodor Fontane wurde in Frankreich wegen Spionageverdachts verhaftet.

Theodor Fontane

Ein Agent der preußischen Regierung?

Theodor Fontane kennt man als den großen deutschen Romancier des ausgehenden 19. Jahrhunderts. Seine literarischen Werke wie „Effi Briest“ oder „Der Stechlin“ haben Weltruhm erlangt, seine „Wanderungen durch die Mark Brandenburg“ werden heute noch als historische Reiseführer herangezogen.

Aber war der Schriftsteller auch ein Spion? Das war er zwar nicht, doch gibt es in seinem Leben zwei Episoden, die ihn im Licht eines Geheimagenten erscheinen lassen. Von 1850 bis 1859 stand er – mit Unterbrechungen – im Dienst der preußischen Zensurbehörde und war dort zeitweise als eine Art „Einflussagent“ unterwegs, und 1870 wurde er während des Deutsch-Französischen Krieges wegen des Verdachts der Spionage für Preußen in Frankreich festgenommen und mehrere Wochen inhaftiert.

Man mag kaum glauben, dass sich der Schriftsteller, der in jungen Jahren während der Revolution 1848 auf den Barrikaden gekämpft und im Literatenverein „Der Tunnel über der Spree“ das Wort geführt hatte, in den Dienst der konservativen preußischen Regierung gestellt haben soll. Und doch war es so. Weil er unter Geldknappheit litt, bat er 1850 seinen Freund Bernhard von Lepel, sich für ihn zu verwenden, um eine Stelle im „Literarischen Cabinet“ zu erhalten.

Das 1848 eingerichtete „Literarische Cabinet“, das 1851 zur „Centralstelle für Preßangelegenheiten“ umorganisiert wurde, hatte die Aufgabe, die Einhaltung der Zensurgesetze in Preußen zu überwachen. Besonders die lokalen Blätter standen unter strenger Beobachtung. Die Mitarbeiter des Cabinets sollten die Berichterstattung der Blätter so lenken, dass die Leserschaft durch eine leicht fassliche, „derberen Humor pflegende Polemik gegen demokratischen Unsinn (…) aufgeweckt, gefesselt, belehrt und patriotisch" gebildet wurde. Heinz Ohff bezeichnet das „Literarische Cabinet" in seiner Fontane-Biografie als „eine etwas mildere Vorwegnahme des Goebbels-Ministeriums für Volksaufklärung und Propaganda".

Fontane war klar, dass seine Bewerbung als ehemaliger Barrikadenkämpfer bei der konservativen preußischen Regierung auf Stirnrunzeln stoßen würde, denn, so schreibt er an seinen Freund von Lepel, „ich gelte (…) für einen rothen Republikaner und bin jetzt eigentlich ein Reactionair von reinstem Wasser." Dennoch wurde Fontane eingestellt und stellte sich so in den Dienst der preußischen Behörden, den er mit Unterbrechungen bis Ende der 1850er-Jahre beibehalten sollte.

Er musste von nun an Zeitungsartikel auswerten, um festzustellen, ob die Zensurgesetze eingehalten wurden. Diese Tätigkeit übte er aber recht nachlässig aus, indem er die Artikel lediglich ausschnitt und zur Seite legte, ohne etwas Weitergehendes zu veranlassen.

Seine Anstellung währte allerdings nur fünf Monate, denn mit der Umorganisation des „Literarischen Cabinets" zur „Centralstelle für Preßangelegenheiten" wurde ihm gekündigt. Er galt der konservativen Regierung als politisch unzuverlässig. „Eilig strich ich noch 40 rth. (Reichsthaler) Diäten für Monat December ein und verschwand für immer aus den heiligen Hallen", schrieb er an von Lepel. Eine Abfindung erhielt der nun wieder in finanziell prekärer Situation lebende Fontane nicht, da er seine Beschäftigung, so Innenminister Ferdinand von Westphalen, „lediglich einer persönlichen Begünstigung des damaligen Vorstehers des literarischen Cabinets verdankte".

Aber Fontane hatte Glück: Im November 1851 bewarb er sich, nachdem er zuvor erfolglos bei der Berliner Gartenbaugesellschaft und dem preußischen Unterrichtsministerium um eine Anstellung nachgesucht hatte, bei der neu geschaffenen Centralstelle und wurde tatsächlich wieder eingestellt. Die finanzielle Not trieb ihn also, wenn auch widerwillig, erneut in die Arme der konservativen preußischen Regierung. „Ich habe mich heut“, schrieb er an von Lepel, „der Reaktion für monatlich 30 Silberlinge verkauft.“ Er selbst beschreibt seine Aufgaben dort folgendermaßen: „Alle (...) hatten sich um neun oder halbzehn einzufinden und nun vier oder fünf Stunden lang auf einem Drehschemel zu sitzen, mit nichts beschäftigt, als eine große Tasse Bouillon (ich sehe noch die Fettaugen) zu trinken und alle möglichen Zeitungen zu exzerpieren. Diese Exzerpte, die genau das enthielten, was der Minister entweder schon am selben Morgen gelesen hatte, jedenfalls aber am nächsten Morgen in seiner Zeitung finden musste, wurden denn auch wohl, ich weiß es nicht, aber ich muß es annehmen, als furchtbare Makulatur, als noch tief unter Aktenmaterial stehendes Material, aufgespeichert und haben sicherlich nie was genutzt, noch weniger je ein Menschenherz erfreut.“ Gibt es hier nicht eine Parallele zur Arbeit moderner Nachrichtendienste? Auch ihnen wird mitunter vorgeworfen, zu einem guten Teil ihrer Tätigkeit Zeitung zu lesen und Berichte für die Regierung zu schreiben, die dort niemand interessieren.

Außerdem wurde Fontane eine weitere Aufgabe übertragen: Er sollte britische Zeitungsberichte in Beiträge für die „Preußische Adler-Zeitung“, einem Ableger des Regierungsorgans „Preußischer Staats-Anzeiger“, umschreiben.

1855 reiste Fontane im Auftrag der preußischen Regierung nach London. Es war sein dritter Aufenthalt in Großbritannien. Vermutlich waren seine früheren England-Erfahrungen und seine englischen Sprachkenntnisse der Grund, warum man ihn dorthin schickte. Seine Aufgabe war es, eine „deutsch-englische Korrespondenz“ aufzubauen. „Ich schicke alle vier Wochen einen Bericht über hiesige Preßzustände, neue Zeitungen, Haltung der verschiedenen Blätter etc.", beschrieb er seine Tätigkeit. Daneben verfasste er Artikel für britische Zeitungen, deren Inhalte ihm der preußische Gesandte in London, Albrecht von Bernstorff, vorgab. Bernstorff legte Wert darauf, dass Fontane dabei als Privatmann auftrat, also quasi verdeckt wie ein Geheimagent arbeitete.

Im März 1856 wies Fontanes Vorgesetzter Ludwig Metzel seinen Mitarbeiter in dessen Aufgaben ein: „In dieser Hinsicht wird Ihre Tätigkeit eine zweifache sein: Einmal daß Sie mit Aufmerksamkeit den Gang der politischen Diskussionen sowie die Parteientwicklung innerhalb der englischen Presse verfolgen und darüber von Zeit zu Zeit Bericht erstatten, dann daß Sie eine direkte Einwirkung auf diese selbst zu gewinnen suchen, (…). In allen diesen Punkten haben Sie zunächst den Weisungen der Königlich preußischen Gesandtschaft Folge zu leisten."

Hier zeigen sich Ansätze einer Tätigkeit, wie sie nachrichtendienstliche „Einflussagenten" ausüben. So nennt man Menschen, die heimlich und im Auftrag staatlicher Stellen auf das Geschehen oder die öffentliche Meinung eines anderen Landes einwirken, um dem eigenen dadurch Vorteile zu verschaffen.

Seine Rolle als „Einflussagent" ging aber noch weiter. In London war man zur Mitte des 19. Jahrhunderts dem preußischen Reich nicht besonders wohlgesonnen. Den Preußen wurde übel genommen, dass sie im Krimkrieg, der zwischen Großbritannien und Frankreich auf der einen und Russland auf der anderen Seite tobte, eine neutrale Haltung einnahmen. Und so kam es, dass Fontane im Juli 1856 den „Morning Chronicle", ein alteingesessenes, aber etwas abgewirtschaftetes Wochenblatt, das eine relativ preußenfreundliche Haltung einnahm, für eine konspirative Zusammenarbeit mit der preußischen Regierung gewinnen konnte. Er reiste mit dem Herausgeber Clover nach Berlin, um eine Vereinbarung zwischen diesem und der preußischen Regierung zu treffen, nach der das Blatt 2000 Taler jährlich erhalten sollte, wenn es im Gegenzug alle Artikel abdruckte, die Fontane der Redaktion vorlegte. Zudem sollte es sich aller antipreußischen Äußerungen enthalten.

Clover ließ sich auf das Angebot ein, und Fontane zeichnete daraufhin in der preußischen „Kreuzzeitung“ ein positives Bild vom „Morning Chronicle“. Das Blatt habe sich „seit längerer Zeit die dankenswerte Aufgabe gestellt, in seinen Leitartikeln die Mißbräuche bloßzulegen, die sich (...) in die englische Presse eingeschlichen“ haben.

Bei seinen Lesern stieß Clover mit seiner preußenfreundlichen Berichterstattung allerdings auf wenig Zustimmung, und die Auflagen sanken. Als er dann auch nicht alle gewünschten Artikel abdruckte, wurde ihm die Zusammenarbeit aufgekündigt. Dabei spielte wohl auch eine Rolle, dass man in Preußen befürchtete, die konspirativen Zuwendungen der chronisch unterfinanzierten Zeitung, die mittlerweile, wie die „Kreuzzeitung“ schrieb, ein „öffentliches Geheimnis“ waren, könnten ins Gerede geraten.

Am 17. Januar 1859 kehrt Fontane nach Berlin zurück und beendete seine Tätigkeit als „Einflussagent“.

Mehr als zehn Jahre später, im Jahre 1870, war er in Frankreich mit dem Auftrag seines Verlegers Rudolf von Decker unterwegs, ein Kriegstagebuch zu schreiben. Auf diese Idee war von Decker gekommen, weil Fontane bereits aus dem Deutsch-Dänischen militärischen Konflikt im Jahre 1864 und dem Preußisch-Österreichischen Krieg 1866 berichtet hatte. Der Schriftsteller war gewarnt worden, die Reise sei nicht ungefährlich. Jedoch ließ er sich nicht von seinem Vorhaben abhalten. Zur Sicherheit hatte er eine Pistole bei sich und trug zur Tarnung eine Armbinde, die ihn als Rotkreuzhelfer auswies.

Am 5. Oktober 1870 traf er in Domrémy-la-Pucelle, einem kleinen Ort in Lothringen, dem Geburtsort Jeanne d’Arcs, ein. Nach der Darstellung in seinen Erinnerungen „Kriegsgefangen“ will er gerade eine Statue der Freiheitsheldin mit seinem Regenschirm abgeklopft haben, um festzustellen, aus welchem Material sie bestand, als acht bis zwölf Männer auf ihn zugekommen seien und verlangten, sich auszuweisen. Er legte seine preußischen Papiere vor, die Männer, „Franciteurs“, wie Fontane sie nennt – also Freischärler –, schöpften Verdacht, einen preußischen Spion vor sich zu haben. Sie brachten ihn in ein Gasthaus, wo er weiter befragt wurde. Verdächtig waren nicht nur seine preußischen Papiere, sondern auch die Pistole, die bei seiner Durchsuchung gefunden wurde, und die Rotkreuzarmbinde, die er trug, obwohl er kein Arzt war.

Ob dieser Ablauf der Festnahme den Tatsachen entspricht, wird heute von Fontane-Forschern bezweifelt. Möglicherweise hat der Schriftsteller hier Dichtung und Wahrheit vermengt. Eher hatte er sich wohl bei seinem Gaststättenbesuch verdächtig gemacht.

Jedenfalls wurde er festgenommen und zur Präfektur nach Neufchâteau gebracht. Eine Nacht verbrachte er dort, am nächsten Tag wurde er in die Festung nach Langres verlegt. Der Weg dorthin gestaltete sich nach seiner Darstellung zum Spießrutenlauf. Seine Festnahme hatte sich unter der Bevölkerung herumgesprochen, und sowohl auf dem Weg von der Präfektur in Neufchâteeau zum Bahnhof als auch vom Bahnhof in Langres zur Festung säumten Menschen die Straßen, die den mutmaßlichen preußischen Spion beschimpften und bespuckten. „Pendre!“ (hängen) und „fusiller!“ (erschießen), riefen sie wütend.

In Langres wurde er erneut vernommen, diesmal vor dem Militärgericht. Zu seiner Erleichterung gestattete man ihm, seiner Frau Emilie zu schreiben. Er bat sie, sich beim französischen Justizminister Crémieux und bei Außenminister Favre für ihn zu verwenden. Außerdem telegrafierte er direkt an Crémieux und beteuerte seine Unschuld: Er sei Schriftsteller und kein preußischer Offizier.

Weil man mit dem Gefangenen in Langres nichts anzufangen wusste, ließ man ihn zunächst mehrere Tage über sein weiteres Schicksal im Ungewissen, dann verlegte man ihn weiter nach Besançon. Um weitere Menschenansammlungen zu vermeiden, wurde er dieses Mal in aller Herrgottsfrühe zum Bahnhof gebracht. In Besançon sperrte man ihn im Militärgefängnis ein. Grund hierfür war, dass die französischen Militärbehörden ihn, der er in der Nähe des preußischen Heeres aufgegriffen worden war, als Kombattanten betrachteten, für den das Kriegsrecht galt.

Die Zeit dort war unerfreulich. Fontane war in einer Zelle, die eigentlich für zwölf Personen vorgesehen war, mit bis zu 22 anderen Gefangenen untergebracht. Die Tage begannen um sechs Uhr früh mit einem Zählappell, gewaschen wurde sich auf dem Hof, abgetrocknet mit einem Bettlaken, zum Frühstück gab es Wasser, Brot und eine „leidlich gute Fleischbrühe“. Zwischen zehn und 16 Uhr war Einschluss, danach gab es eine magere Abendmahlzeit.

Fontane missfiel diese Behandlung auf das Höchste, weshalb er sich beim Anstaltsleiter beschwerte und „ein Zimmer und selbständige Beköstigung“ verlangte. Die Antwort war eindeutig: In einem Prison militaire existiere dergleichen nicht.

In Berlin wurde derweil Emilie unruhig, weil sie keine Nachrichten von ihrem Mann erhalten hatte, denn Fontanes Brief war bei ihr zunächst nicht angekommen. Sie wandte sich an seine Freunde vom „Rütli“, einer Schriftstellervereinigung, die aus dem „Tunnel über der Spree“ hervorgegangen war. Sie bat die „Rütli“-Freunde, nach ihrem Mann zu suchen. Die waren sofort bei der Sache und legten ein Hilfsprogramm mit verteilten Rollen auf. Friedrich Eggers und August von Heyden wollten den Verschollenen in Frankreich suchen, von Lepel die preußischen Behörden bitten, nach Fontane zu forschen, und Moritz Lazarus hatte es übernommen, sein internationales Netzwerk zu aktivieren.

Eggers fuhr dann allerdings allein nach Frankreich. Er ermittelte, dass Fontane in Domrémy gewesen und dort verschwunden war. Nun befürchtete er das Schlimmste, konnte aber zunächst nichts über das Schicksal seines Freundes in Erfahrung bringen.

Währenddessen sprachen von Lepel und von Heyden in Berlin beim Kriegsministerium vor. Dort wiegelte man ab, verspätete Briefe seien die Regel.

Ende Oktober erfuhr dann Emilie endlich von der Gefangenschaft ihres Mannes, auf welchem Weg, lässt sich heute nicht mehr genau nachvollziehen. Nun wandte sich von Lepel erneut an das Kriegsministerium und konnte Genaueres über den Verbleib seines Freundes mitteilen.

Inzwischen ließ Lazarus seine Verbindungen spielen. Er schrieb an den schweizerischen Gesandten in Berlin, Oberst Hammer, mit der Bitte, den schweizerischen Bundespräsidenten Dubs einzuschalten, um sich für Fontane einzusetzen. Außerdem richtete er ein Gesuch an den französischen Justizminister Crémieux, den er bat, dafür zu sorgen, dass Fontane vom Spionageverdacht freigesprochen oder zumindest gegen preußische Gefangene ausgetauscht werde.

Auch die preußische Presse hatte inzwischen von der Festnahme Fontanes erfahren und berichtete an prominenter Stelle über das Schicksal des Schriftstellers.

Ende Oktober erfuhr Fontane, das Militärgericht habe ihn vom Vorwurf der Spionage freigesprochen. Wann genau das Urteil gesprochen wurde, lässt sich nicht mehr feststellen, da es verloren gegangen ist. Ebenso wenig weiß man, ob die politischen Initiativen in Preußen Einfluss auf das Urteil gehabt haben. Zwar war mit dem Freispruch das Schlimmste abgewendet, denn eine Verurteilung hätte durchaus die Todesstrafe bedeuten können. Wenn aber Fontane nun glaubte, freigelassen zu werden, so hatte er sich gründlich geirrt. Man hielt ihn weiter vorbeugend in Gefangenschaft um zu verhindern, dass er militärische Geheimnisse verriet. Der Dichter schreibt: „… da ich aber viele Militärs kenne, und sozusagen militärische Augen habe, hat es der General für nötig angesehen, mich für die Dauer des Krieges im Lande zu behalten."

Allerdings wurde sein Aufenthalt nun etwas komfortabler. Er galt jetzt als „officier supérieur" und wurde in einem anderen Trakt der Zitadelle – Fontane nennt es das „aristokratische Viertel" – untergebracht. Immerhin konnte er jetzt in einen Schriftwechsel mit seiner Familie und Bekannten eintreten und die lokalen Zeitungen lesen.

Die Einstufung als „officier supérieur" hatte aber nicht den Grund darin, dem prominenten Gefangenen einen komfortableren

Aufenthalt zu bieten, vielmehr wollte man damit seinen „Marktwert“ erhöhen. Aufgrund seines hervorgehobenen Status war er das Faustpfand für den Austausch gegen einen französischen Offizier, der in preußische Kriegsgefangenschaft geraten war.

Am 29. Oktober musste Fontane seine Sachen packen, denn es ging, wie er schreibt, auf eine „Irrfahrt durch Frankreich“. Über Moulin, Guéret, Poitiers, Rochefort gelangte er nach Marennes und von da weiter auf die Île d’Oléron. Dort genoss er zu seinem Glück einige Freiheiten. Er wurde nicht in ein Gefängnis eingesperrt, sondern konnte sich selbst eine Unterkunft suchen, die er nach eigenen Wünschen ausstatten durfte. Auch Holz zum Heizen und Cognac erhielt er, um seinem „Frösteln auf doppeltem Wege beikommen zu können“. Lakonisch stellt er fest: „Alles war da – nur der Bursche fehlte noch.“ Aber auch dieser Wunsch wurde ihm erfüllt: Max Rasumofsky, wie Fontane ein Kriegsgefangener, versorgte den Dichter schon am zweiten Tag seines Aufenthalts zu dessen Zufriedenheit. In seinen Erinnerungen „Kriegsgefangen“ beschreibt Fontane seinen Aufenthalt auf der Île d’Oléron fast genüsslich. Von Morgenspaziergängen ist die Rede, von Einkäufen bei „Mr. Vincent, dem kleinen freundlichen Kaufmann in der Stadt“ und von der Arbeit an seinen literarischen Werken in „himmlischer Ruhe“.

Inzwischen gingen die Bemühungen der Berliner Freunde um seine Freilassung weiter. Lazarus erfuhr aus der Schweiz, dass für Fontane ein Austauschangebot vorläge, was allerdings nicht bestätigt wurde. Ein schweizerischer Freund Lazarus’ entwickelte derweil den abenteuerlichen Plan, Fontane gewaltsam aus seiner Haft zu befreien. Von dieser Idee schreckten allerdings die Berliner Freunde dann doch zurück.

Auch Fontane selbst wurde erneut aktiv. An seine Frau appellierte er, einen Gefangenenaustausch zu initiieren und verwies darauf, dass sich mehrere französische Schriftsteller in preußischer Gefangenschaft befänden, gegen die er ausgetauscht werden könne.

Inzwischen zeigte von Lepels Initiative beim preußischen Kriegsministerium Fortschritte. Das Ministerium leitete den Vorgang an das Außenministerium weiter, das den preußischen Ministerpräsidenten und Außenminister Otto von Bismarck informierte. Der Ministerpräsident machte die Angelegenheit nun zur Chefsache. Am 29. Oktober sandte er eine Note an den Botschafter der Vereinigten Staaten von Amerika in Paris, Elihu Benjamin Washburne, in der es heißt: „Mein Herr! Nach glaubwürdiger Mitteilung ist Dr. Fontane, ein preußischer Untertan und wohlbekannter Geschichtsschreiber, auf einer wissenschaftlichen Reise in französischen, durch deutsches Militär besetzten Distrikten verhaftet und nach Besançon abgeführt worden, wo er in Lebensgefahr zu sein scheint. Nichts kann ein derartiges Vorgehen gegen einen harmlosen Gelehrten rechtfertigen. Ich bitte Sie daher, die Güte zu haben, formell seine Freilassung zu verlangen und nachdrücklich zu erklären, daß wir im Weigerungsfalle eine gewisse Anzahl von Personen in ähnlicher Lebensstellung in verschiedenen Städten Frankreichs verhaften und nach Deutschland schicken und ihnen dieselbe Behandlung zuteilwerden lassen, die dem Dr. Fontane in Frankreich beschieden ist.“ Die Depesche stimmte hinten und vorne nicht, was Bismarck gewusst haben dürfte. Weder war Fontane „Dr.“ noch ein harmloser Gelehrter. Er war nicht auf einer wissenschaftlichen Exkursion, war nicht in von deutschen Truppen besetztem Gebiet verhaftet worden und befand sich zum Zeitpunkt, als Bismarck die Nachricht verfasste, nicht mehr in Besançon. Jedenfalls stellte das Schreiben eine unverhohlene Drohung dar, wenn der Kanzler ankündigte, als Repressalie französische Staatsbürger zu inhaftieren.

Die Depesche verfehlte ihre Wirkung nicht. Sofort wandte sich Washburne an Außenminister Favre, der bereits am 2. November antwortete, er habe die Haftentlassung Fontanes angeordnet.

Ganz problemlos verlief die Freilassung dann aber doch nicht, denn die Franzosen stellten Bedingungen. Da Fontane ein „officier supérieur“ war, sollte er nur im Austausch gegen einen in deutsche Kriegsgefangenschaft geratenen französischen Soldaten im Offiziersrang freigelassen werden. Das preußische Kriegsministerium lehnte ab, da man dort Fontane nicht als Offizier, sondern als Zivilperson betrachtete. Nun tat Bismarck das, was er in seiner Depesche an Washburne angedroht hatte: Er gab die Weisung, drei französische Zivilpersonen zu verhaften. Tatsächlich wurden daraufhin drei begüterte Bürger Domrémys als Geiseln festgenommen. Ob diese Maßnahme nun ausschlagend für Fontanes Freilassung war, weiß man nicht, jedenfalls verließ der Schriftsteller am 29. November die Île d'Oléron als freier Mann in Richtung Berlin. Daraufhin kamen auch die französischen Geiseln frei.

Nach diesen Abenteuern widmete sich Fontane ganz der Schriftstellerei.

Nachrichtenoffizier Alfred Redl, der selbst ein Spion war, um 1910

Alfred Redl

Oder der ominöse Herr Nikon Nizetas

Es war im Frühjahr 1913, als ein Beamter im Hauptpostamt Wien feststellte, dass ein postlagernder Brief, adressiert an Herrn Nikon Nizetas, nicht abgeholt worden war. Die Lagerfrist war abgelaufen, und so tat der Postbeamte das, was in solchen Fällen üblich war: Er schickte den Brief zurück an das Aufgabepostamt in Eydtkuhnen in Ostpreußen. Dort wusste man nicht, wie umzugehen sei mit der Postsendung, da der Briefumschlag keine Absenderadresse enthielt. Die Postbeamten öffneten ihn in der Hoffnung, Hinweise auf den Absender zu finden, und waren erstaunt, als 6000 österreichische Kronen und eine Adressenliste zum Vorschein kamen. Den Postbeamten kam die Sache suspekt vor, denn wer schickt schon eine so große Geldsumme in einem postlagernden Brief? Sie übergaben ihn deshalb dem deutschen Militärnachrichtendienst, wo Major Walter Nicolai den Inhalt inspizierte und sofort einen Spionagefall witterte. Nicht nur der hohe Geldbetrag deutete auf einen Agentenlohn hin, auch die vorgefundene Adressenliste war verdächtig, denn sie enthielt Namen zweier bekannter Spione. Schließlich galt auch der Aufgabeort Eydtkuhnen, der nahe der russischen Grenze lag, beim deutschen Nachrichtendienst als Spionagenest. Nicolai informierte seine Kollegen vom Wiener Evidenzbüro, dem österreichischen Nachrichtendienst, wo sich Maximilian Ronge der Sache annahm. „Mit begreiflichem Feuereifer stürzten wir uns auf diesen zweifellos großen Fall“, erinnerte sich Ronge später. Er sprach mit den Berliner Kollegen ab, dass der Brief erneut nach Wien gesandt werden sollte in der Hoffnung, dass er doch noch von Herrn Nizetas abgeholt werden würde. Sollte der Mann im Postamt auftauchen, wollte man ihn festsetzen. Wie mit dem beschädigten Brief umgegangen wurde, damit er keinen Verdacht erregte, ist, wie vieles in diesem Spionagefall, nicht abschließend geklärt. Die einen sagen, er wurde wieder so hergerichtet, dass das Öffnen nicht zu erkennen war. Andere meinen, ein neuer Brief mit demselben Inhalt sei geschrieben worden. Wie dem auch sei, Ronge jedenfalls informierte die Wiener Staatspolizei, die sofort eine „Sonderkommission“ einsetzte. Man mietete ein Zimmer in dem Haus auf der dem Postamt gegenüberliegenden Straßenseite, in dem sich mehrere Polizisten einnisteten. Eine Klingelleitung wurde ins Postamt verlegt, wo man einen Schalter installierte, über den die Polizisten alarmiert werden sollten, sobald der Briefabholer auftauchte.

Zwar ließ der ominöse Herr Nizetas auf sich warten, dafür gingen in der Zwischenzeit zwei weitere postlagernde Briefe an diesen Herrn ein, die ebenfalls hohe Geldbeträge enthielten.

Die diensthabende Beamtin am Poste-Restante-Schalter harrte gespannt der Dinge, die da kommen sollten. „Wir wussten natürlich nichts von den Zusammenhängen, aber ahnten damals wohl, daß es sich um keine geringe Sache handeln konnte“, erinnerte sie sich 1953 in einem Interview.

Dann, am 24. Mai 1913, war es so weit: Gegen fünf Uhr am Nachmittag erschien ein stattlicher Herr in Zivil, grauer Anzug, dunkler Hut. Er fragte nach der Post für Herrn Nikon Nizetas. Mit angehaltenem Atem drückte die Postbeamtin den Klingelkopf. Im Gebäude gegenüber schrillte die Alarmglocke und die Polizisten setzten sich in Bewegung. Während sie noch über die Straße eilten, setzte sich Herr Nitezas in ein Taxi und fuhr davon.

Über das, was dann geschah, gibt es wieder verschiedene Versionen. In einer konnten die Polizisten die Verfolgung nicht aufnehmen, weil ihnen kein Auto zur Verfügung stand. Die an der

Verfolgung beteiligten Beamten berichteten dagegen später, sie wären dem Verdächtigen sehr wohl mit einem Auto gefolgt. Das Taxi des Herrn Nizetas habe gestoppt, einige Zeit gewartet und sei dann weitergefahren. Der Fahrer des Verfolgerfahrzeugs habe aber zunächst den Motor erneut ankurbeln müssen, sodass der Verdächtige inzwischen entwischt sei.

Doch die Polizisten hatten Glück, zufällig stießen sie auf das Taxi, das der Verdächtige genommen hatte. Vom Chauffeur erfuhren sie, der Fahrgast habe sich ins Hotel Klomser fahren lassen. Die Polizisten zögerten nicht und ließen sich von dem Taxi zu besagtem Hotel fahren. Während der Fahrt fanden sie im Wagen das Futteral eines Taschenmessers, das offenbar von Herrn Nizetas dort vergessen worden war.

Im Hotel angekommen, erfuhren sie vom Portier, dass kürzlich mehrere Gäste im Hotel abgestiegen waren. Wer von ihnen war aber nun Herr Nizetas? Um das herauszufinden, deponierten die Polizisten das Futteral gut sichtbar am Eingang des Hotels. Sie hofften, dass der Verdächtige es dort sehen und an sich nehmen würde. Gut getarnt legten sie sich im Foyer auf die Lauer. Es dauerte nicht lange, so berichteten die Beamten später, bis ein Mann erschien, am Hoteleingang kurz stehen blieb und das Futteral ergriff. Dabei soll er sehr erschrocken gewesen sein. Offenbar hatte er erkannt, dass man ihm eine Falle gestellt hatte. Kaum war er aus dem Hotel getreten, holte er mehrere Zettel aus der Hosentasche und zerriss sie. Die Polizisten fragten inzwischen den Hotelportier, wer der Mann sei. Oberst Alfred Redl, Generalstabschef des VIII. Armeekorps in Prag, zuvor stellvertretender Chef des Evidenzbüros, erfuhren sie.

Bei der Staatspolizei und beim Nachrichtendienst schrillten die Alarmglocken. Die nächsten Stunden verliefen hektisch. Die Zettel, die Redl vor dem Hotel Klomser zerrissen hatte, und die von einem der Polizisten, die im Hotel postiert waren, geistesgegenwärtig aufgesammelt worden waren, wurden in Windeseile zur Dienststelle gebracht und ausgewertet. Ronge las sie und erschrak: Sie enthielten Adressen von Spionen „fremder Mächte". Der Chef des Evidenzbüros, August Urbánski von Ostrymiecz, der darin noch keinen Beweis für einen Verrat Redls erkennen konnte, ließ sich vom Hauptpostostamt einen Zettel bringen, den der Abholer der Briefe dort ausgefüllt hatte, um anhand der Handschrift zu prüfen, ob er von Redl stammte. Zu seinem großen Schrecken erkannte er eindeutig die Handschrift des Obersts.

Während Redl noch unbehelligt mit seinem Freund Viktor Pollak im Restaurant Riedhof ein Abendessen einnahm, bei dem er düstere Andeutungen machte, er habe „sich gegen Moral und Standesehre vergangen“, wurde im Evidenzbüro in aller Eile eine vierköpfige Verhaftungskommission zusammengestellt. Gegen 0:30 Uhr betraten die vier Offiziere das Zimmer Redls im Hotel Klomser, der inzwischen von seinem Abendessen zurückgekehrt war. „Ich weiß schon, weshalb die Herren kommen. Ich bin das Opfer einer unseligen Leidenschaft: Ich weiß, dass ich mein Leben verwirkt habe und bitte um eine Waffe, um mein Dasein beschließen zu können“, werden seine letzten Worte von den Biografen zitiert.

Die vier Offiziere gaben ihm eine Pistole, verließen das Zimmer und warteten die Nacht über vor dem Hotel. Am nächsten Morgen gegen fünf Uhr forderten sie den Hotelportier auf, nach Redl zu schauen. Der fand den Oberst tot in seinem Zimmer auf.

Wer aber war nun Alfred Redl? Wie wurde er zum Spion? Warum wurde er zum Verräter?

Redl, der 1864 in Lemberg geboren worden war, erhielt nach Abschluss der Kadettenschule seine erste Verwendung im Eisenbahnbüro der kaiserlich-königlichen österreichischen Armee. Diese Dienststelle hatte unter anderem den Auftrag, die Bahnstrecken möglicher Kriegsgegner auszukundschaften. Lange währte seine Tätigkeit dort nicht, denn sein Weg durch die Einheiten der k.u.k Armee führte weiter nach Budapest und Lemberg. 1899 nahm sein Schicksal eine Wendung, die für sein weiteres Leben entscheidend sein sollte: Der Chef des Generalstabes, Friedrich von Beck-Rzikowsky, entsandte ihn zu einem Sprachkurs nach Kasan in Russland.

Die dort erlangten Sprachkenntnisse ließen ihn geeignet erscheinen, ab 1900 seinen Dienst in der „russischen Gruppe“ des Wiener Evidenzbüros zu versehen.

Das Evidenzbüro, das man 1850 eingerichtet hatte, war der militärische Nachrichtendienst der österreichischen Monarchie und bildete eine Stabsstelle im Kriegsministerium. Die Dienststelle sammelte Informationen aus verschiedenen Quellen, die für die Armee von Bedeutung waren. Täglich wurden die aktuellen Nachrichten dem Generalstabschef und einmal in der Woche Kaiser Franz Joseph vorgelegt. Sehr erfolgreich arbeitete die recht kleine Einheit aber wohl nicht. Sie litt unter Personal- und Geldmangel, was zum Teil daran lag, dass sie einen Großteil ihres Budgets aus dem Außenministerium bezog, wo man eher auf die Nachrichtenbeschaffung im eigenen Kompetenzbereich setzte.

Umso erfolgreicher arbeitete Redl, der schnell Karriere machte. Schon nach wenigen Monaten erhielt er eine Verwendung im sogenannten „Kundschaftsbüro“, das für die nachrichtendienstliche Überwachung aller auswärtigen Staaten zuständig war. 1907 übernahm er die Leitung dieser Dienstelle und wurde kurz darauf stellvertretender Leiter des gesamten Evidenzbüros. Nach seiner Beförderung zum Oberst im Mai 1912 ernannte man ihn am 18. Oktober desselben Jahres zum Generalstabschef des VIII. Armeekorps in Prag.

Redl arbeitete im Evidenzbüro so erfolgreich, dass ihm 1909, als er bereits russischer Spion war, der Orden der Eisernen Krone III. Klasse verliehen wurde. Sein Vorgesetzter schrieb in einer dienstlichen Beurteilung: „Redls große Personal- und Menschenkenntnis sowie die Kenntnis aller Dienstverhältnisse im Generalstabe, seine vornehme Denkungsart, sein Taktgefühl und Geschick im Umgange lassen ihn außer für den Chef des Evidenzbüros bzw. Korps-Generalstabschef auch für den Chef des Direktionsbüreaus ganz besonders geeignet erscheinen.“

Oft trat er als Sachverständiger in Spionageprozessen auf. Vor Gericht galt er als unerbittlich, ließ keine mildernden Umstände zu und forderte immer das Höchstausmaß der gesetzlichen Strafe.

Darüber, wie Redl zum Spion wurde, gibt es unterschiedliche Meinungen. Die herkömmliche geht von Erpressung aus. Danach soll Redl eines Tages ein Schreiben erhalten haben, in dem es hieß: „Ich muß mit Ihnen über einen Leutnant X. des 3. Dragonerregiments sprechen. Sollten Sie nicht kommen oder versuchen, mir eine Falle zu stellen, so wird der Chef des Generalstabs morgen über Ihre Beziehung zu Leutnant X. informiert sein." Leutnant X. war vermutlich Rudolf Meterling, mit dem Redl eine sexuelle Beziehung unterhielt. Da Homosexualität in der Armee verpönt und zudem strafbar war, musste Redl alles tun, damit seine Veranlagung nicht bekannt wurde.

Hinter der Erpressung soll der russische Geheimdienst Ochrana gesteckt haben. Die Ochrana hielt in Wien ständig Augen und Ohren auf und interessierte sich natürlich sehr für die Mitarbeiter des Evidenzbüros. So kam es, dass der russische Militärattaché in Wien, Mitrofan Martschenko, Redl in einem Bericht nach Sankt Petersburg als schlau, leistungsfähig und konzentriert, aber auch als verschlagen, falsch und süßlich charakterisierte. 1903 soll der Ochrana-Agent Pratt, ein perfekt Deutsch sprechender Balte, auf Redl aufmerksam geworden sein.

Allerdings haben Historiker bei Recherchen in den letzten Jahren in den Moskauer Archiven keine Hinweise auf Redls Homosexualität gefunden, weshalb sie die Theorie der Erpressung anzweifeln. Sie gehen vielmehr davon aus, dass die Initiative zur Spionage von Redl selbst ausgegangen sei, um seinen aufwendigen Lebensstil zu finanzieren.

Sicher ist, dass Redl größere Geldsummen benötigte, um für sein pompöses Leben aufkommen zu können. Er unterstützte nicht nur Meterling finanziell, sondern hielt auch andere Liebhaber aus. Unsummen verwendete er für Champagnergelage und andere Vergnügungen.

Nach seinem Tod fand man eine Barschaft von 15 184 Kronen, Wertpapiere in Höhe von 5966 Kronen und Kontobücher, die Beträge von 2685 Kronen auswiesen. Ihm gehörten wertvolle Preziosen und Möbel, außerdem eine ungeheure Menge an gestickten

Wäschestücken, zehn Uniformmäntel aus Seide sowie Gummi- und Reitmäntel. Er besaß ungefähr 400 Paar Glacéhandschuhe, acht Offizierssäbel sowie zehn Paar Lackschuhe. Zu seinem Eigentum gehörten auch ein Vollblutschimmel, zwei Halbblutreitpferde und zwei Autos, die von drei Chauffeuren gelenkt wurden. Seinen Reichtum erklärte er mit einer Erbschaft, tatsächlich stammte er aber aus seinem Agentenlohn.

Seinem Vermögen standen allerdings hohe Forderungen gegenüber, zum Beispiel hatte die Uniformierungsanstalt Szallay in Wien 9038 Kronen von ihm zu erhalten und der Pferdefonds des k.u.k. Generalstabs 3200 Kronen. Viele Bücher seiner umfangreichen Bibliothek waren nicht bezahlt worden. Der Bruder Redls meldete für geleistete Darlehen eine Forderung von 4400 Kronen samt Zinsen an, auch Redls Diener hatte Lohnforderungen, sodass seine Schulden in Höhe von etwa 45 000 Kronen das Vermögen überstiegen. Im Konkursverfahren nach seinem Tod konnten lediglich 14 938 Kronen, 30 Heller an die Gläubiger ausgezahlt werden.

Redls Verrat war beträchtlich: Er übergab seinen Auftraggebern Mobilmachungspläne der k.u.k. Armee, Truppenstärken verriet er genauso wie Inspektionsberichte und Festungspläne. Viele Unterlagen fotografierte er und entwickelte die Aufnahmen selbst. Dazu besaß er ein für damalige Verhältnisse hochmodernes Labor. Er enttarnte österreichische Spione in Russland und lancierte falsche russische Berichte über die Truppenstärke der zaristischen Armee an den österreichischen Generalstab.

Natürlich wurde man in Wien misstrauisch, nachdem etliche österreichische Spione in Russland aufgeflogen waren. Doch verstanden es Redl und die Ochrana, diese Rückschläge durch vermeintlich erfolgreiche Aktionen wettzumachen. Man erfand falsche russische Geheimdokumente und spielte sie dem Evidenzbüro zu. Russische Agenten, die für die Ochrana uninteressant geworden waren, ließ Redl skrupellos auffliegen.

Mit seinem Tod hatte die Spionageaffäre aber noch kein Ende, denn nun begann die Aufarbeitung des Verrats. Hier spielte der „rasende Reporter“ Egon Erwin Kisch eine wichtige Rolle. Er war nicht nur Journalist, der für die deutschsprachige Prager Zeitung „Bohemia“ stets begierig auf Sensationsmeldungen aus war, er war gleichzeitig auch Ehrenobmann des Fußballvereins DBC Sturm Prag. Am Tag des Selbstmordes Redls war ein Spiel des Vereins angesetzt. Ein Fußballer, von Beruf Schlosser, fehlte beim Derby und rechtfertigte dies gegenüber Kisch damit, dass er von Polizeibeamten angewiesen worden sei, die Tür zu der Wohnung eines toten Offiziers zu öffnen. Tatsächlich war eine Kommission, der unter anderem Urbánski und Ronge angehörten, von Wien nach Prag geeilt, um Redls Unterkunft zu durchsuchen und Spuren zu sichern. Da die Presse gerade den Tod Redls gemeldet hatte – allerdings ohne Hinweise auf seine Spionagetätigkeit –, zog Kisch aus der Schilderung des Schlossers den Schluss, dass es sich um die Wohnung Redls handeln musste, die der Schlosser geöffnet hatte. Da der Handwerker mitbekommen hatte, dass Spionage und Homosexualität im Spiel gewesen sein sollen – man habe unter anderem parfümierte Liebesbriefe von Männern in der Wohnung entdeckt –, witterte Kisch eine Sensation. Er beriet sich mit seinem Chefredakteur, wie die Sache ans Licht der Öffentlichkeit gebracht werden konnte. Dies war nicht ganz einfach, da die Meldung des Spionagefalls wahrscheinlich der Zensur zum Opfer gefallen wäre. So kamen die beiden auf die Idee, Redls Verrat in Form eines Dementis zu veröffentlichen. In der nächsten Ausgabe der „Bohemia“ war deshalb zu lesen: „Von hoher Stelle werden wir um Widerlegung der speziell in Militärkreisen aufgetauchten Gerüchte ersucht, dass der Generalstabschef des Prager Korps, Oberst Alfred Redl, der vorgestern in Wien Selbstmord verübte, einen Verrat militärischer Geheimnisse begangen und für Russland Spionage getrieben habe.“ Diese Meldung passierte die Zensur unbeanstandet. Da allerdings Kisch bei seinen Berichten über den Spionagefall Redl nicht immer bei der Wahrheit blieb, ist nicht klar, ob sich die Ereignisse wirklich so abgespielt haben, wie er sie geschildert hat.

Sein Bericht sorgte jedenfalls für großes Aufsehen in der Öffentlichkeit, die Presse überschlug sich mit Berichten. Die Blätter gingen von einem immensen Schaden aus, den Redl der österreichischen Monarchie zugefügt haben soll. Heftig kritisiert wurde der Umstand, dass die Regierung versucht hatte, den Vorgang geheim zu halten. Tatsächlich erfuhren selbst der Kaiser und sein Thronfolger erst durch die Presse von Redls Spionage. Es dauerte drei Tage, bis das Kriegsministerium mit der Meldung reagierte, Redl habe sich das Leben genommen, „als man im Begriffe war“, ihn des Verkaufs „dienstlicher Behelfe an Agenten einer fremden Macht“ zu überführen.

Die Öffentlichkeit reagierte wütend auf Redls Spionage. Seine Grabstelle wurde geschändet, die Entfernung seiner sterblichen Überreste gefordert, ein Friedhofsbesucher rief: „Der gehört auf einen Misthaufen und nicht in ein ehrliches Grab!“

Aber nicht nur in Österreich war man wütend, auch in Berlin sorgte Redls Verrat für massive Verstimmung. Dort erfuhr man nämlich im Zuge der Ermittlungen, dass das Evidenzbüro nicht nur gegen feindliche Staaten, sondern auch gegen den Bündnispartner Deutschland spioniert hatte. In Berlin war man der Meinung: Ausspähen unter Freunden, das geht gar nicht!

Welche Bedeutung hatte nun Redls Verrat für das österreichische Kaiserreich? Als man bei der Durchsuchung von Redls Wohnung unter anderem Mobilisierungsanweisungen für einen Krieg gegen Russland fand, war man schockiert. Der österreichische Generalstab befürchtete, dass sich das Zarenreich auf diese Planungen eingestellt haben und Österreich im Kriegsfall größten Schaden zufügen könnte. Bestätigt fühlte man sich in dieser Einschätzung, als zu Beginn des Ersten Weltkriegs die österreichische Armee empfindliche Niederlagen einstecken musste.

Es sind allerdings auch Stimmen laut geworden, die behaupten, Redl habe keine große Rolle im Spionagegeschäft gespielt und sei zum Sündenbock für die Niederlagen der Österreichisch-Ungarischen Armee gemacht worden. Wie dem auch sei, der Fall Redl war der gravierendste Spionagefall der österreichischen Monarchie und beschäftigt Historiker bis heute.

Alfred Dreyfus saß jahrelang unschuldig in Haft.

Alfred Dreyfus

Ein Spionageskandal erschüttert Frankreich

Als die Putzfrau Marie Bastian am 25. September 1894 den Papierkorb im Büro des deutschen Militärattachés Oberstleutnant Maximilian von Schwartzkoppen in der Pariser Botschaft leerte, ahnte sie nicht, dass sie damit einen Skandal heraufbeschwören würde, der Frankreich bis ins Mark erschüttern sollte. Marie Bastian war nicht nur Putzfrau, sondern spionierte nebenbei auch für das Deuxième Bureau, den französischen Militärnachrichtendienst, bei dem sie den Inhalt der von ihr geleerten Papierkörbe ablieferte, damit man die weggeworfenen Schriftstücke auf nachrichtendienstlich interessante Inhalte durchsuchte. Am Tag, als die Dinge ihren Lauf nahmen, fanden die Nachrichtendienstler ein zerrissenes Schreiben, das später unter dem Begriff „Bordereau" berühmt werden sollte. Unter einem Bordereau verstand man damals ein Begleitschreiben zu eingereichten Unterlagen. Als die Nachrichtendienstoffiziere das Schreiben, das keine Unterschrift enthielt, wieder zusammengesetzt hatten, stutzten sie, denn sie lasen dort: „Mein Herr, obwohl ich ohne Nachricht von Ihnen bin, dass Sie mich zu sehen wünschen, sende ich Ihnen einige interessante Auskünfte." Es folgte eine Liste der mitgesandten Unterlagen. Dann schrieb der unbekannte Verfasser einige Sätze, die die Nachrichtendienstler aufhorchen ließen: „Dieses letzte Dokument (Anm.: eine Schießvorschrift) ist äußerst schwer zu beschaffen, und ich kann es nur sehr wenige Tage zu meiner Verfügung haben.

Das Kriegsministerium hat den Truppenteilen nur eine bestimmte Zahl geschickt, und die Truppenteile sind dafür verantwortlich. Jeder Empfänger unter den Offizieren muss sein Exemplar nach den Manövern zurückgeben." Die Offiziere des Deuxième Bureau waren auf einen Spionagefall gestoßen. Um herauszufinden, wer zu der erwähnten Schießvorschrift Zugang hatte, schickten sie den Brief an das Kriegsministerium, damit man dort nach dem Verfasser forsche. Im Generalstab des Ministeriums konnte jedoch niemand die Handschrift des Bordereau einem der der dort Dienst versehenden Offiziere zuordnen. Deshalb ermittelten die Generalstäbler, wer alles Zugang zu den Informationen hatte, die das Bordereau enthielt. Schnell kamen sie zu dem Ergebnis, dass es sich bei dem Verräter um einen Absolventen der Pariser Militärhochschule École supérieure de guerre handeln musste, denn nur dort konnte man ein derart vielfältiges Wissen, wie es der Briefschreiber hatte, erwerben. Der Verdacht fiel auf den Hauptmann Alfred Dreyfus, der Absolvent der École war. Dabei störte es die Generalstäbler nicht, dass Dreyfus in letzter Zeit an keinem Manöver teilgenommen hatte.

Warum aber fiel der Verdacht dann sofort auf Dreyfus? Mehrere Gründe waren dafür ausschlaggebend: Der Mann war Elsässer und galt somit nicht als richtiger Franzose. Die Familie Dreyfus lebte zum Teil dort noch nach dem Anschluss der Region an das Deutsche Reich im Jahre 1871, weshalb man Dreyfus' familiäre Kontakte dorthin für suspekt hielt. Dann war der Hauptmann auch noch Jude, und Juden galten in der Armee als unerwünscht. Schließlich war er wegen seines Charakters im Offizierskorps unbeliebt. Sein Vorgesetzter, Oberst Pierre Fabre, bescheinigte ihm in einer Beurteilung zwar Intelligenz und Begabung, aber auch Arroganz, mangelhaftes Verhalten und Charakterfehler.

Obwohl es unter den Militärs einige Stimmen gab, die die Beweislage gegen Dreyfus für ungenügend hielten, stellte Kriegsminister Auguste Mercier am 14. Oktober 1894 einen Haftbefehl aus und beauftragte den Generalstabsoffizier Armand du Paty de

Clam mit den weiteren Untersuchungen. Am nächsten Tag wurde Dreyfus unter einem Vorwand zum Generalstab gerufen. Dort diktierte ihm du Paty Sätze aus dem abgefangenen Bordereau. Anschließend nahm er Dreyfus ohne Vernehmung oder weitere Untersuchungen fest und ließ ihn in das Gefängnis Cherche-Midi einliefern.

Erst danach wurde der Kriminalist Alphonse Bertillon mit einem Schriftgutachten beauftragt, das die Handschriften Dreyfus' und des Bordereau vergleichen sollte. Der Sachverständige kam zu dem Ergebnis, Dreyfus sei der Verfasser. Abweichungen in den Handschriften erklärte er damit, Dreyfus habe seine Schrift verstellt. Dem Kriegsminister erschien die Stellungnahme allerdings zu vage, weshalb er zusätzliche Gutachten einholte. Drei weitere Sachverständige kamen zu dem Urteil, es gebe Ähnlichkeiten zwischen den beiden Handschriften, zwei andere hielten sie für nicht identisch.

Die vier positiven Gutachten genügten Kriegsminister Mercier, um von der Schuld Dreyfus' überzeugt zu sein. In einer Kabinettssitzung ließ er sich die Zustimmung seiner Ministerkollegen zu einer gerichtlichen Untersuchung geben und beauftragte den Conseil de guerre, das oberste Kriegsgericht in Paris, mit den weiteren Ermittlungen.

Schnell sprach sich die Verhaftung Dreyfus' als deutscher Spion herum, und ebenso schnell kam Leben in den diplomatischen Dienst des Deutschen Reiches. Der deutsche Botschafter Georg Herbert zu Münster beteuerte am 10. November 1894 in der Zeitung „Le Figaro", von Schwartzkoppen habe keinen Kontakt zu Dreyfus gehabt. Von Schwartzkoppen selbst telegrafierte nach Berlin: „Ueber die Angelegenheit Dreyfuß herrscht fortgesetzt vollkommenes Dunkel. Es ist bisher noch nicht festgestellt, welches der Inhalt des Schriftstückes ist, von welchem behauptet wird, daß Dreyfuß es einem ausländischen Militär-Attaché oder Agenten gegeben habe. (…) Es gewinnt immer mehr den Anschein, als ob die ganze Angelegenheit schließlich mit einer Freisprechung von Dreyfuß endigen wird, wodurch natürlich die schon so sehr untergebene Stellung des Kriegsministers wie auch diejenigen d. Chefs des Generalstabes nicht nur sehr leiden würden, sondern diejenige des Ersteren absolut unhaltbar wird."

Trotz dünner Beweislage wurde am 19. Dezember 1894 der Prozess gegen Dreyfus eröffnet. Die Ankläger scheuten sich nicht, Beweismittel zu manipulieren, um den Angeklagten zu überführen. So wurde lediglich das Dreyfus belastende Gutachten von Bertillon in den Prozess eingeführt, die ihn entlastenden Gutachten dagegen unterschlagen. Ein vom Deuxième Bureau abgefangener Brief des italienischen Militärattachés Panizzardis an von Schwartzkoppen, in dem es hieß, „ce canaille de D." habe Pläne über eine militärische Einrichtung in Nizza übergeben, wurde als Beweis vorgelegt, dass Dreyfus besagter D. sei, obwohl man genau wusste, dass D. ein anderer Spion war. Zudem wurde den Richtern ein Geheimdossier vorgelegt, das weder Dreyfus noch sein Anwalt Edgar Demange kannten und dessen Inhalt bis heute nicht geklärt ist. Der Geheimdienstmajor Major Hubert-Joseph Henry behauptete als Zeuge, eine „ehrenhafte Person" habe ihm gesteckt, dass Dreyfus ein Verräter sei, doch weigerte er sich, seine Quelle preiszugeben.

Obwohl der Prozess geheim standfand und man bemüht war, keine Informationen an die Öffentlichkeit dringen zu lassen, berichtete die Presse ausführlich über die Ereignisse und wertete sie überwiegend in deutlich antisemitischer Haltung. Dreyfus diente ihr als Sündenbock, um antijüdische Emotionen zu schüren. Für die Sozialisten symbolisierte er, der er aus einer wohlhabenden Familie stammte, das jüdische Großkapital. Für manche Katholiken galt er als Inkarnation des Christusmörders. Wieder andere sahen in ihm die Verkörperung negativer Auswüchse der Republik.

Nach nur dreitägiger Verhandlung sprachen die Richter am 22. Dezember 1894 ihr Urteil. Lediglich eine Stunde benötigten sie für ihr einstimmiges Votum. Dreyfus wurde degradiert und zu lebenslanger Verbannung verurteilt.

Die folgenden Jahre waren für ihn eine Tortur, denn nun war die Teufelsinsel vor der Küste Französisch-Guyanas seine unwirtliche Heimstatt. Man hatte die Insel mit Bedacht gewählt, denn von dort war nicht nur ein Entkommen unmöglich, Dreyfus war auch als einziger Gefangener völlig von der Außenwelt isoliert. Seine Haft verbrachte er in einer kleinen Hütte, seinen Wärtern war es verboten, mit ihm zu sprechen. Konnte er zunächst noch einige Schritte auf der Insel machen, wurden seine Haftbedingungen verschärft, als in Paris Gerüchte über einen Fluchtversuch aufkamen. Nun wurde um die Hütte ein Palisadenzaun errichtet, nachts wurde er an sein Bett gefesselt.

Wegen des tropischen Klimas erkrankte er immer wieder. Die hohe Luftfeuchtigkeit ließ seine Kleidung nicht trocknen, durch die mangelhafte Ernährung verlor er stark an Gewicht, die Zähne fielen ihm aus. Seiner Familie durfte er zwar schreiben, und er erhielt auch Briefe aus der Heimat, die allerdings vom Nachrichtendienst gelesen und zensiert wurden.

Während Dreyfus auf der Teufelsinsel unter den Haftbedingungen litt, begannen in der Heimat Initiativen zu seiner Rehabilitierung. Alfreds Bruder Mathieu, der die Nachricht an die Presse lanciert hatte, Alfred sei von der Teufelsinsel geflohen, wollte damit erreichen, dass das Schicksal seines Bruders wieder öffentlich ins Gespräch kam. Tatsächlich griffen die Gazetten das Thema auf und schilderten die unmenschlichen Haftbedingungen.

1895 trat dann ein Mann auf den Plan, der die entscheidende Rolle im weiteren Verlauf der Affäre spielen sollte: Am 1. Juli dieses Jahres übernahm Oberstleutnant Marie-Georges Picquart die Leitung des Nachrichtendienstes. Schon kurz nach seinem Dienstantritt wurde er mit der Affäre Dreyfus konfrontiert. Eines Tages las er einen Stapel Papiere, die ihm die Putzfrau Marie Bastian gerade gebracht hatte, nachdem sie wieder einmal die Papierkörbe in der deutschen Botschaft geleert hatte. Picquart entdeckte eine Mitteilung des deutschen Militärattachés von Schwartzkoppen an den französischen Major Ferdinand Walsin-Esterházy. Wegen des hellblauen Schreibpapiers wird dieses Blatt Papier, das für den Fall Dreyfus zu einem wichtigen Beweisstück werden sollte, als „le petit bleu“ („das kleine Blaue“) bezeichnet. Picquart wunderte sich, warum der deutsche Militärattaché im Briefwechsel zu einem französischen Offizier stand, und suchte weiter in den Papieren, die Marie Bastian gebracht hatte. Schon bald fand er einen weiteren Brief von Schwartzkoppens, in dem der Militärattaché erwähnte, man sei unzufrieden, für viel Geld bislang so wenig substanzielle Informationen erhalten zu haben.

Es musste also weiterhin ein Spion für von Schwartzkoppen arbeiten. War etwa Esterházy ein Verräter? Gab es einen Zusammenhang zu Dreyfus?

Picquart begann zu ermitteln. Eine Überprüfung des Majors Esterházy brachte recht ungünstige Charaktereigenschaften zu Tage. Obwohl er verheiratet war, hielt er sich mehrere Geliebte, führte einen aufwendigen Lebensstil und war wegen seiner Spielleidenschaft hoch verschuldet.

Picquart wühlte sich durch Berge von Unterlagen und fand schließlich mehrere Schriftstücke, die Esterházy handschriftlich verfasst hatte. Als er die Handschrift mit der auf dem Bordereau, dem Hauptbeweisstück im Prozess gegen Dreyfus, verglich, dürfte ihm der Atem gestockt haben: Die Handschriften waren identisch.

Im August 1896 informierte er seine Vorgesetzten, die aber von dem Verdacht, dass Esterházy und nicht Dreyfus der Spion sein dürfte, der das Bordereau verfasst hatte, nichts wissen wollten. Sie wiesen ihn an, beide Vorgänge nicht miteinander zu verbinden. Picquart wurde zudem aufgefordert, über seinen Ermittlungsstand zu schweigen. Der Ruf der Armee stand auf dem Spiel, sollte sich herausstellen, dass Dreyfus zu Unrecht verurteilt worden war.

Picquart hielt sich zwar an den Befehl, nicht über seinen Verdacht zu sprechen, ermittelte aber weiter.

Nachdem das Bordereau bald darauf in der Zeitung „Le Matin“ abgedruckt wurde, vermutete man fälschlicherweise, dass der ungeliebte Picquart die Informationen weitergegeben hatte. Die Generäle taten daraufhin das, was man mit unliebsamen Mitarbeitern gerne tut: Sie schoben ihn ab. Picquart wurde seines Amtes als Chef des Deuxième Bureau enthoben, zunächst auf eine Inspektionsreise kreuz und quer durch Frankreich geschickt, bis er im Januar 1897 dann seinen Versetzungsbefehl nach Tunesien erhielt.

Der Dienst dort war nicht ungefährlich, was Picquart sehr wohl wusste. Um nach seinem möglichen Tod den wahren Ablauf der Dinge dokumentiert zu haben, brachte er seine Rolle bei der Untersuchung des Falls Dreyfus in seinem Testament zu Papier. Er bekräftigte darin seine Meinung, dass er Dreyfus für unschuldig hielt. Diese Niederschrift sollte dem französischen Staatspräsidenten übergeben werden, falls ihm etwas zustoßen sollte.

In Paris übernahm unterdessen Hubert-Joseph Henry, ein recht zwielichtiger Offizier, die Aufgaben Picquarts. Ende des Jahres 1896 verschaffte er sich einen Brief des italienischen Militärattachés Panizzardi an von Schwartzkoppen, den er fälschte, um den angeblichen Verdacht gegen Dreyfus zu untermauern. Der Brief las sich nun so, als habe Dreyfus Informationen an die beiden Militärattachés verkauft. Möglicherweise wollte Henry sich mit dem angeblichen Beweisstück bei seinen Vorgesetzten wichtigtun. Ob diese die sehr amateurhafte Fälschung nicht erkannten oder den Brief in Kenntnis des verfälschten Inhalts gern als Beweis für Dreyfus' Schuld zur Kenntnis nahmen, weiß man nicht.

Doch die Wahrheit kam ans Licht, wenn auch erst zwei Jahre später. Der sozialistische Abgeordnete Jean Jaurès griff in mehreren Zeitungsartikeln die Beweisführung im Gerichtsverfahren auf und widerlegte die Anklagepunkte. Im Mittelpunkt seiner Argumentation stand das von Henry verfälschte Schreiben. Nun kam man nicht umhin, den Brief erneut zu untersuchen und stellte die Fälschung fest. Henry wurde dazu befragt, bestritt zunächst, das Schreiben manipuliert zu haben, gab dann aber seine Tat zu. Er wurde verhaftet und ins Militärgefängnis Mont Valérien gebracht. Dort schlitzte er sich am 31. August 1898 mit einem Rasiermesser die Kehle auf und starb. In antisemitischen Zeitungen war daraufhin zu lesen, Henry sei von den Juden für sein Geständnis bezahlt worden.

Wie war es aber nun in der Zwischenzeit dem Spionageverdächtigen Ferdinand Walsin-Esterházy ergangen? Wurde gegen ihn ermittelt?

Am 7. November 1897 glaubte ein Börsenmakler, als er ein Faksimile des Bordereau gesehen hatte, die Handschrift Esterházys erkannt zu haben. Er übergab Mathieu Dreyfus mehrere Briefe Esterházys aus seinem Besitz zum Handschriftenvergleich. Mathieu zögerte nicht und wandte sich in einem offenen Brief an den neuen Kriegsminister Jean-Baptiste Billot. Klipp und klar beschuldigte er darin Esterházy, der Verfasser des Bordereau zu sein. Nun erfuhr die Öffentlichkeit erstmals von dem Namen Esterházy. Billot kam nicht umhin, gegen Esterházy zu ermitteln. Das zweifelhafte Ergebnis lag schon bald vor. Am 3. Dezember 1897 kam ein Untersuchungsbericht zu dem Ergebnis, es gebe keine Beweise, dass Esterházy ein Spion der Deutschen sei. Der Bericht empfahl, die Ermittlungen einzustellen und stattdessen zu prüfen, ob Picquart wegen grober Pflichtverletzung im Dienst aus der Armee entlassen werden sollte.

In der Zwischenzeit hatte Esterházy mehrmals versucht, den Generalstab und die Regierung für sich einzunehmen. Er führte Gespräche mit Mitarbeitern des Generalstabs, in denen er behauptete, Dreyfus habe seine Handschrift nachgeahmt, um ihn in Verdacht zu bringen. Tatsächlich ließen sich die Offiziere von ihm einnehmen, wobei den Generälen vermutlich im Hinterkopf das Schreckgespenst schwebte, die Dreyfus-Affäre würde wieder aufgegriffen und könnte sie überrollen. Esterházy war sich seiner Position so sicher, dass er schließlich ein Militärgerichtsverfahren gegen sich selbst anstrengte, in dem er am 11. Januar 1898 tatsächlich einen Freispruch erreichte.

Einen engagierten Unterstützer fand Dreyfus in dem Schriftsteller Émile Zola, der sich in mehreren Zeitungsartikeln mit dem Schicksal des auf die Teufelsinsel Verbannten befasste. Am 13. Januar 1898 erschien ein viel beachteter Beitrag Zolas in der Literaturzeitschrift „L'Aurore". „J'accuse …! (Ich klage an …!)", lautete die Überschrift. Wie ein Staatsanwalt prangerte er darin nicht nur den Freispruch Esterházys an, sondern beschuldigte Kriegsminister Mercier und die Offiziere des Generalstabs eines antisemitischen Komplotts gegen Dreyfus. Sehr deutlich wurde er, als er schrieb, das Kriegsgericht habe das Recht verletzt, „indem es einen Angeklagten auf der Grundlage eines geheim gebliebenen Beweisstücks verurteilt hat (Anm.: im Verfahren gegen Dreyfus), und ich klage das zweite Kriegsgericht an, diese Gesetzwidrigkeit auf Befehl gedeckt und dabei seinerseits das Rechtsverbrechen begangen zu haben, wissentlich einen Schuldigen freizusprechen (Anm.: im Verfahren gegen Esterházy)."

Zola wusste genau, was er mit seinem offenen Brief riskierte. Er wollte einen Prozess gegen sich provozieren, in dem er die Affäre Dreyfus zum Thema machen wollte. Da er kein Militärangehöriger war, würde der Prozess vor einem Zivilgericht stattfinden, von dem er mehr Objektivität als von dem mit Offizieren besetzten Kriegsgericht erwartete. Doch er hatte sich getäuscht. Zwar kam es zu einem Gerichtsverfahren, doch es verlief anders als erhofft. Zola und seine Anwälte versuchten in der mündlichen Verhandlung immer wieder, die Affäre Dreyfus anzusprechen, aber die Staatsanwaltschaft blockte die Vorwürfe ab und hielt dem Angeklagten vor, er habe Esterházy verleumdet, indem er behauptet habe, der Offizier sei auf Befehl des Generalstabs freigesprochen worden.

Mit dem Richterspruch am 23. Februar 1898 hatte Zola vermutlich nicht gerechnet: Er wurde zu einer Geldstrafe von 3000 Franc und einer Freiheitsstrafe von einem Jahr Gefängnis verurteilt. Nachdem das Berufungsgericht das Urteil der ersten Instanz am 18. Juli 1898 bestätigt hatte, verließ Zola Frankreich fluchtartig, um einer Verhaftung zu entgehen.

Trotz massiver Proteste der konservativen und antisemitischen Kräfte prüfte das Oberste Berufungsgericht nun aber doch, ob das

Verfahren gegen Dreyfus erneut aufgerollt werden sollte. Nach umfangreicher Beweisaufnahme und Handschriftenvergleichen entschieden die Richter am 3. Juni 1899 die Wiederaufnahme.

Dreyfus wurde, schwer gezeichnet von der Haft, nach Frankreich geholt und ab dem 1. Juli 1899 im Militärgefängnis von Rennes inhaftiert. Der Wiederholungsprozess begann am 8. August 1899, verteidigt wurde der Angeklagte von den Anwälten Edgar Demange und Fernand Labori.

Auch die Richter im neuen Verfahren waren um den guten Ruf der Armee besorgt, sollten sie eingestehen müssen, dass im ersten Prozess Fehler begangen worden waren. So war es kein Wunder, dass sie Dreyfus am 9. September 1899 erneut für schuldig befanden. Allerdings wurde sein Strafmaß auf zehn Jahre Haft reduziert.

Die internationale Presse reagierte entsetzt auf die erneute Verurteilung. Viele Künstler bekundeten ihre Solidarität mit Dreyfus. Edvard Grieg sagte sämtliche Konzertreisen nach Frankreich ab. Mehrere Staaten drohten mit dem Boykott der Weltausstellung 1900 in Paris. Schließlich sah sich Staatspräsident Émile Loubet genötigt, Dreyfus zu begnadigen.

Inzwischen hatte die Affäre auch Konsequenzen für die Akteure, denen Dreyfus seine Verfolgung zu verdanken hatte. Generalstabschef de Boisdeffre trat nach dem Tod Henrys zurück, Nachrichtendienstchef Gonse wurde vom Generalstab weg versetzt, und der Generalstabsoffizier du Paty pensioniert. Am 5. September 1898 trat Godefroy Cavaignac, der dritte Kriegsminister, der in der Affäre Dreyfus agierte, von seinem Amt zurück. Sein Nachfolger Émile Auguste Zurlinden blieb nur zwölf Tage im Amt und stellte dieses ebenfalls zur Verfügung, nachdem das Oberste Berufungsgericht die Wiederaufnahme des Falles Dreyfus beschlossen hatte. Am 1. November gleichen Jahres trat dann das gesamte Kabinett aus Protest gegen die Wiederaufnahme des Verfahrens zurück.

Trotz der Ränkeschmiede, Verleumdungen und Intrigen endete die Geschichte wie in einem Märchen: Die Guten wurden belohnt, die Schlechten bestraft. Das Urteil gegen Dreyfus wurde

1906 formal aufgehoben, nach seiner Freilassung wurde er nicht nur im Rang eines Majors wieder in die Armee aufgenommen, sondern sogar zum Mitglied der Ehrenlegion ernannt. Picquart, der inzwischen aus Tunesien zugrückgeholt worden war und seit dem 15. Juli 1898 unter der Beschuldigung in Untersuchungshaft gesessen hatte, bei seinen Ermittlungen gegen Dreyfus Beweise gefälscht zu haben, wurde aus der Haft entlassen, zum General befördert und 1906 in das Amt des Kriegsministers berufen.

Esterházy wurde aus der Ehrenlegion ausgeschlossen, woraufhin er sich nach Belgien absetzte. Später emigrierte er nach Großbritannien, wo er den Rest seines Lebens verarmt verbrachte. Du Paty wurde bei halbem Gehalt zwangspensioniert.

Endgültig rehabilitiert wurde Dreyfus, der am 12. Juli 1935 starb, erst am 12. Juli 2006 im Rahmen einer Gedenkzeremonie in der Pariser Militärschule, bei der Staatspräsident Jacques Chirac Dreyfus „die feierliche Huldigung der Nation“ darbrachte.

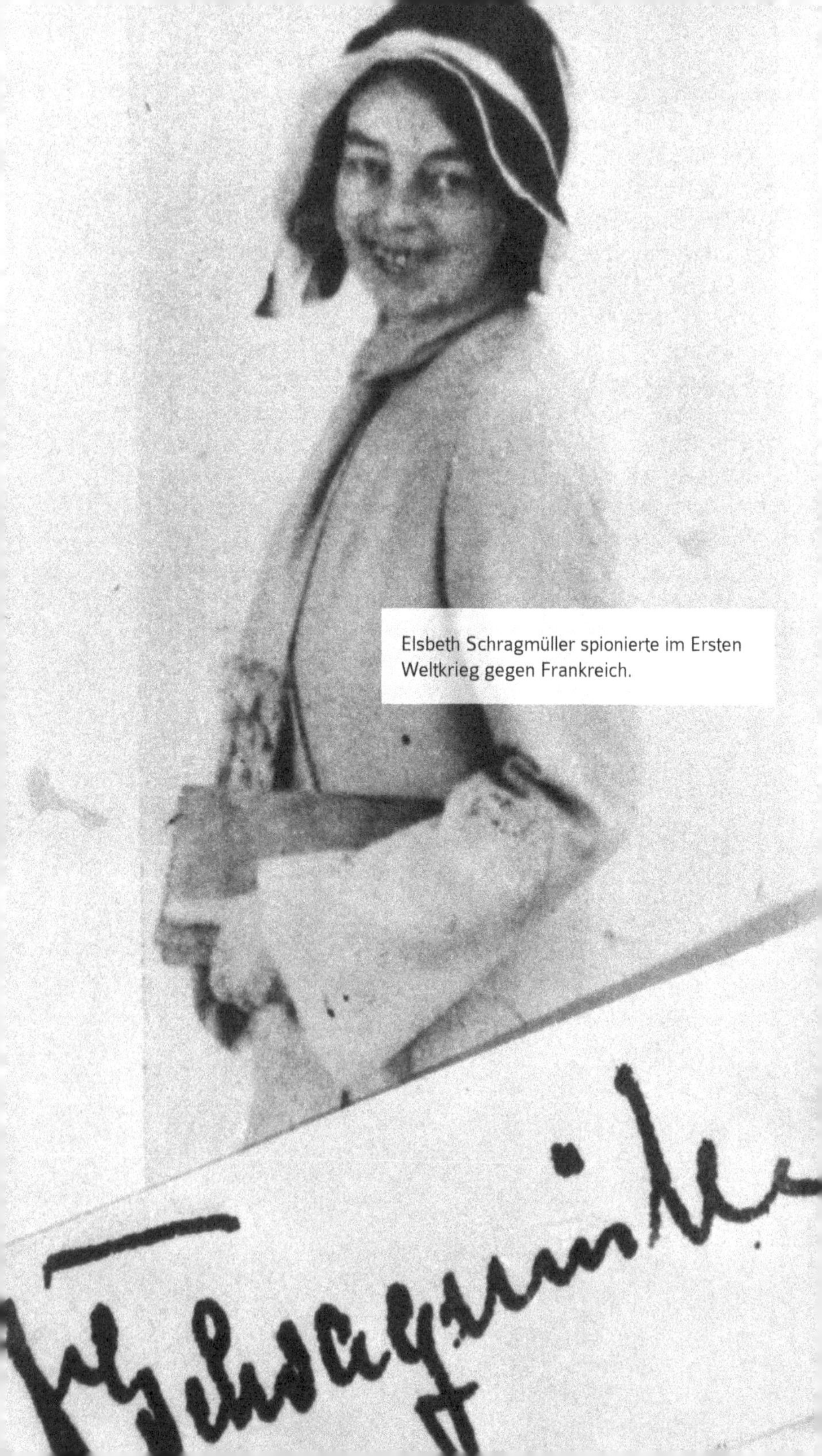

Elsbeth Schragmüller spionierte im Ersten Weltkrieg gegen Frankreich.

Elsbeth Schragmüller

Die geheimnisvolle Mademoiselle Docteur

Frauen in einem Nachrichtendienst? Im deutschen Kaiserreich eigentlich unmöglich. Spionage war Männersache. Gestandene Offiziere waren es, die Anfang des 20. Jahrhunderts in der Abteilung IIIb des Großen Generalstabs, wie sich der erste deutsche Nachrichtendienst nannte, ihren Dienst versahen. Und doch gab es eine Ausnahme: Eine Frau hatte es geschafft, bis in eine Führungsposition des Spionagedienstes zu gelangen: Elsbeth Schragmüller.

Lange Zeit war die Frau ein Phantom, niemand kannte ihre wahre Identität. Französische Nachrichtendienste hatten im Ersten Weltkrieg aus Berichten ihrer Agenten erfahren, dass in der Abteilung IIIb eine Frau arbeiten sollte, die einen Doktortitel führte. Mehr wusste man nicht, weder kannte man ihren Namen noch ihr Aussehen. Bei den Franzosen war sie deshalb „Mademoiselle Docteur".

So geheimnisvoll wie der Name, so geheimnisvoll war das Leben der Frau. Weil niemand ihre Lebensumstände kannte, kursierten die wildesten Gerüchte. Angeblich soll sie die Geliebte eines Offiziers gewesen sein, die mit 16 Jahren ein totes Kind zur Welt gebracht haben und deshalb von ihren Eltern aus dem Haus geworfen worden sein soll. Neben dem Offizier habe sie etliche weitere Geliebte gehabt. Sie sei auf dem Balkan unterwegs gewesen, habe als unschuldige junge Kunststudentin getarnt französische Militärgeheimnisse ausspioniert oder sei als Putzfrau verkleidet in das Zivilbüro der französischen Spionageabwehr eingedrungen. Ihren Agenten habe sie Kokain mit auf den Weg gegeben, damit sie sich bei einer Festnahme als Drogenhändler ausgeben und ihre Spionagetätigkeit verheimlichen konnten. Geendet sei sie schließlich als Morphinistin.

Den Höhepunkt der Lügengespinste erreichte die „Vossische Zeitung“, als sie am 6. April 1929 unter der Überschrift „Wer ist Mademoiselle Docteur – das Ende einer großen Spionin“ meldete: „In diesen Tagen haben sich die Mauern einer Irrenanstalt hinter einer Frau geschlossen, von der niemand mit absoluter Bestimmtheit sagen kann, wer sie eigentlich ist. Die Kranke, deren Geist zerstört ist, spricht nicht mehr. Von ihrer jetzigen Umgebung weiß niemand, daß diese Frau während des ganzen Weltkriegs – neben den offiziellen Stellen – die wirkliche Leiterin des deutschen Spionagedienstes gewesen ist.“

Andere Blätter folgten mit ebenso haarsträubenden Geschichten. Doch nichts von alledem ist wahr. Als die Zeitungsmeldungen erschienen, erfreute sich Elsbeth Schragmüller bester Gesundheit und war im Vollbesitz ihrer geistigen Kräfte. Weil ihr aber die Lügengeschichten zu viel wurden, trat sie 1930 an die Öffentlichkeit und schilderte in dem Buch „Was wir vom Weltkrieg nicht wissen“ ihren wahren Lebenslauf.

Nach ihrer Darstellung wurde sie am 7. August 1887 in eine gutbürgerliche Familie hineingeboren, ihre Mutter stammte aus einem hannoverischen Adelsgeschlecht, der Vater war Offizier. Aufgewachsen war sie, wie sie angibt, in „Westfalens roter Erde“. Prägend für ihre Erziehung war ihre Großmutter, bei der sie einige Jahre ihrer Jugend verbrachte. Die fürsorgliche Frau legte Wert auf eine gute Erziehung ihrer Enkelin und engagierte Hauslehrerinnen, die der kleinen Elsbeth eine gründliche Bildung vermittelten. Zu Hause bei der Großmutter wurde Französisch gesprochen, ein Umstand, der Elsbeth Schragmüller später zugutekam, da ihre Spionagetätigkeit gegen Frankreich und Belgien gerichtet war. Zwei Jahre verbrachte sie in einem Mädchenpensionat, um sich in „schöngeistigem Wissen zu vervollkommnen“.

Nach dem Abitur studierte sie in Freiburg, Lausanne und Berlin Staatswissenschaften und promovierte 1913. Ihre erste berufliche

Station war der Berliner Lette-Verein, eine Ausbildungsstätte „zur Förderung der Erwerbsfähigkeit des weiblichen Geschlechts“, wo sie junge Frauen in Staatsbürgerkunde unterrichtete. Nebenbei leistete sie Sozialarbeit in der „Zentralstelle für Sozialarbeit“.

Als der Erste Weltkrieg ausbrach, gehörte sie zu den vielen Frauen, die auf Bahnhöfen den durchfahrenden Truppen Wasser an die Züge brachten. Doch diese Tätigkeit reichte ihr nicht, sie wollte mehr, sie wollte aktiv für ihr Vaterland wirken. „Wie in jenen Tagen“, schreibt sie „jeder Deutsche ohne Unterschied des Geschlechtes nur von dem einen Willen beseelt war, sich in den Dienst des bedrohten Vaterlandes zu stellen, hatte auch ich nur ein Streben, nur einen Gedanken: ‚helfen!‘“

Allerdings hatte sie keine Ahnung, auf welche Weise sie ihrem Heimatland dienen konnte. Auf alle Fälle wollte sie an die Front, dort würde es sich dann schon ergeben, welche Aufgabe für sie in Betracht kam. Kurzentschlossen bewarb sie sich beim Oberkommando in den Marken, um eine Zugangsmöglichkeit zur Front zu erhalten. Mehrere schriftliche Gesuche wurden abgelehnt, aber Elsbeth Schragmüller ließ sich nicht abschrecken, ging persönlich zur Dienstelle, um ihrer Bitte Nachdruck zu verleihen. Wieder wurde sie abschlägig beschieden. Eine „Audienz“ beim Oberbefehlshaber verweigerte man ihr mit der Begründung, der General sei „wegen dringender Beschäftigung“ verhindert. Ihr war klar, dass man sie im Oberkommando nicht ernst nahm, aber sie hatte für sich entschieden, „der Behörde durch unentwegtes Wiedervorsprechen so lästig zu fallen, daß sie mir, nur um mich loszuwerden, den verlangten Passierschein aushändigte“. Und tatsächlich erhielt sie am 20. August 1914 ein kurzes Schreiben: „Frl. Elsbeth Schragmüller ist berechtigt, sich frei und ungehindert auf beide Kriegsschauplätze zu begeben.“

Weil sie ihre Französischkenntnisse im Dienste ihres Vaterlandes einsetzen wollte, machte sie sich auf den Weg zur Westfront, ihr Ziel war Brüssel. Dort angekommen, quartierte sie sich im selben Hotel ein wie Generalfeldmarschall Colmar von der Goltz „Pascha“ ein. Um nicht wieder von irgendwelchen Bürokraten abgespeist zu werden, hatte sie die Absicht, den General persönlich anzusprechen. Die Gelegenheit bot sich schon am Tag nach ihrer Ankunft. Als der General vom Essen kam, stellte sie sich ihm in den Weg und sprach ihn „äußerlich sicher, doch innerlich pochenden Herzens“ an. „Exzellenz v. d. Goltz schenkte mir willig Gehör, mit feinem Verständnis und voller Güte mag er wohl einen tiefen Blick in mein Herz mit seinem brennenden Verlangen getan haben, endlich, endlich mit zum Dienste am Vaterland herangezogen zu werden.“ Die junge Frau muss wohl Eindruck auf den General gemacht haben, denn er überwies sie dem Garnisonskommando Brüssel. Dort übertrug man ihr die Aufgabe, beschlagnahmte Briefe belgischer Soldaten an deren Angehörige auf strategisch wichtige Informationen auszuwerten. Mit ihrem analytischen Verstand und ihrer präzisen Ausdrucksweise beeindruckte Schragmüller schnell ihre Vorgesetzten. Eines Tages erzählte ihr der Leiter der Kriegsnachrichtenstelle Brüssel, Hauptmann Kefer, er sei vom Chef des Stabes gefragt worden, wer denn dieser Leutnant sei, der so hervorragende Arbeit leiste. „Der Chef des Stabes habe allerdings ein recht verblüfftes Gesicht gemacht, als er erfahren habe, daß dieser Leutnant eine Dame sei, aber trotzdem anempfohlen, diese Kraft warm zu halten. Und daraufhin fragte mich Hauptmann Kefer, ob ich Willens sei, statt weiterhin bei der Kommandantur, bei ihm Dienste zu leisten.“ Natürlich sagte Schragmüller zu.

Von nun an arbeitete sie als einzige Frau gemeinsam mit gestandenen Soldaten in der Kriegsnachrichtenstelle der Abteilung IIIb. „Schon rein äußerlich bedeutete die Eingliederung in die neue Dienststelle einen erheblichen Umschwung. Vom Leiter der Stelle und seinen Offizieren, älteren vielseitig gebildeten Herren verschiedener Berufe, wurde ich kameradschaftlich behandelt, und fand mich somit in die eigene, gesellschaftliche Sphäre zurückversetzt.“

Am 9. Oktober 1914 kam sie mit Walter Nicolai zusammen. Der Chef der Abteilung IIIb hielt überhaupt nichts von Frauen in seiner Dienststelle. „Das ließ ihn z. B. scharfe Bedenken haben, ob er mich, eine Frau, den mannigfachen besonderen Gefahren des Nachrichtendienstes aussetzen dürfe, von denen Nachrichtenoffiziere bedroht sind! Nur mit Aufbietung aller in mir schlummernder Kräfte gelang es mir endlich, seine Einwilligung zu erhalten, im Dienste der mobilen Abteilung IIIB bleiben und an der Seite des Leiters meiner Kriegsnachrichtenstelle den Standort Brüssel mit Lille tauschen zu dürfen."

Die nächsten Monate dienten der Einarbeitung in das Spionagegeschäft. Schragmüller hatte gedacht, die Abteilung IIIb sei eine Art Pressestelle des Heeres und war überrascht, was sie tatsächlich erwartete. Über die Aufgaben eines Nachrichtendienstes hatte sie bis dahin noch nicht nachgedacht und war erstaunt über das, was nun auf sie zukam. „‚Spione' dachte ich mir als moralisch und wirtschaftlich ganz untergeordnete Subjekte, die Forts photographierten und zufällig erworbene Kenntnisse über Stellungen und Angriffsabsichten einer Partei deren Gegnern gegen Geld namhaft zu machen sich erboten. Wie anders sah die Spionage dagegen in der Wirklichkeit aus! Welch kompliziertes Gebilde, wie subtil organisiert, welch durchgeistigtes Instrument war der ‚Nachrichtendienst der Obersten Heeresleitung', der verborgenste, ungeahnteste Kräfte zu entfesseln und in straffster Führung der Sache nutzbar zu machen hatte!"

Ihre Arbeit fand bald derart große Anerkennung, dass ihr zu Beginn des Jahres 1915 die Leitung der Kriegsnachrichtenstelle Antwerpen, die für die Spionage gegen Frankreich zuständig war, übertragen wurde.

Von nun an lebte sie in der Rolle einer Führungskraft. Sie nahm an Besprechungen und Konferenzen teil, besuchte Einheiten an der Front und unternahm Dienstreisen in die Heimat. Nicht ohne Stolz schreibt sie in ihrer Autobiografie, dass ihre Meinung im Kreis der deutschen Nachrichtendienstler gefragt war. „Es war ein Stolz, der mich dankbar dafür machte, daß ich mein bescheidenes Scherflein zu dem Ringen des deutschen Volkes um seine Freiheit beitragen durfte."

Gefragt waren in der Kriegsnachrichtenstelle Organisationstalent und psychologisches Einfühlungsvermögen. Über beide Eigenschaften verfügte Elsbeth Schragmüller. Ständig war sie durch

Veränderungen in der Situation an der Front vor Herausforderungen gestellt, die eine schnelle und effektive Anpassung der Arbeitsweisen ihrer Dienstelle erforderten. Stets war sie präsent, achtete darauf, dass ihre Anweisungen unverzüglich ausgeführt wurden, kontrollierte ihre Agenten und Mitarbeiter und war ausgesprochen ungeduldig, wenn die Dinge nicht zu ihrer Zufriedenheit liefen. Einer ihrer Agenten beschreibt sie anerkennend, aber wahrscheinlich übertreibend: „Sie ist eine schöne Frau, hat aber einen festen Schritt. Sie spricht mit einer solchen Entschiedenheit, dass man sich ihren Befehlen nicht zu widersetzen wagt. Sie hat immer einen kleinen Browning griffbereit, den sie entweder auf den Tisch legt oder in ihre Tasche steckt. Sie ist ständig sehr beschäftigt. Sie unterbricht ein Gespräch, um für ein paar Minuten in andere Büros des Hauses zu gehen. Sie spricht sehr laut, lächelt nie und lässt kein nein zu. Sie hat eine hypnotisierende Ausstrahlung, und zuweilen spricht sie eine Drohung aus. Sie ist die unumschränkte Chefin des Spionagedienstes, und Hauptmann Köffer (Anm.: gemeint ist Kefer), den ich in ihrer Begleitung gesehen habe, bringt ihr so viel Hochachtung entgegen wie ein einfacher Soldat einem Offizier."

Elsbeth Schragmüller sah den Einsatz der Psychologie als eine wesentliche Grundlage der Spionage. Ein Nachrichtendienstler brauchte ihrer Meinung nach Menschenkenntnis und Einfühlungsvermögen, um Agenten durch das Dickicht der Spionage zu führen. Ihrer Meinung nach sind Frauen „vielleicht diesbezüglich bevorzugt ausgestattet" gegenüber Männern.

Während sie sich in ihrem Lebensbericht ausführlich über den Sinn und die Notwendigkeit von Nachrichtendiensten auslässt, schweigt sie über ihre konkreten Aufgaben. Sie schildert lediglich die Arbeit ihrer Diensteinheit im Allgemeinen. Deren Aufgabe sei es, „auf verborgensten Wegen die Absicht des Gegners zu erspähen". Dazu müssen Militärstärken und Mobilisierungspläne bekannt sein, die Rüstungsindustrie müsse ausgeforscht werden, aber auch Ideologie und Psychologie der anderen Seite seien für einen Nachrichtendienst ein wichtiger Faktor effektiver Aufgabenerfüllung.

Tatsächlich gehörte es zu ihrer Arbeit, Agenten zu werben und zu betreuen, Konzepte zur Gestaltung von Legenden der Spione zu entwerfen, nach Deckadressen zu suchen, falsche Personaldokumente ausstellen zu lassen und geheime Kommunikationsmethoden zu entwickeln. Agenten wurden unter ihrer Aufsicht in der Verwendung verschlüsselter Codes und von Geheimtinte unterwiesen.

Die Arbeit der Kriegsnachrichtenstelle Antwerpen war nicht ungefährlich, denn die Franzosen und Belgier planten, das Gebäude in die Luft zu sprengen. Mehrmals konnten feindliche Untergrundkämpfer bis an das Gelände der Dienststelle herankommen, doch wurden sie von den deutschen Sicherheitskräften abgefangen. Einmal gelang es einem belgischen Polizeibeamten, ein Sprengstoffpaket in dem Gebäude, in dem er die Kriegsnachrichtenstelle vermutete, zu platzieren. Allerdings hatte er sich in der Hausnummer geirrt, und die Bombe ging im Nachbargebäude hoch.

Zum Ende des Ersten Weltkriegs schied Schragmüller im Rang eines Oberleutnants aus dem Dienst der Abteilung IIIb aus und erhielt eine Stelle als erste weibliche Lehrstuhlassistentin an der Universität Freiburg. Ihre Karriere brach dann aber aus unbekannten Gründen ab. Ende der 1920er-Jahre zog sie mit ihren Eltern nach München. Der Vater Carl Anton Schragmüller starb dort im Jahr 1934, im gleichen Jahr wurde Bruder Johann Konrad anlässlich des Röhm-Putsches erschossen. Die geheimnisvolle Frau des deutschen Nachrichtendienstes starb am 24. Februar 1940 in München.

Ihre Lebensgeschichte bleibt aufgrund der wenigen Zeugnisse und Quellen lückenhaft. Doch zeigt sich ein Bild, das sie als eine ausgesprochen beeindruckende Frau zeichnet: hochintelligent, durchsetzungsfähig, effektiv, zielorientiert und stets gut organisiert. Es ist erstaunlich, wie sie sich in der Männerwelt des deutschen Militärs und des Nachrichtendienstes behauptet hatte und als Partnerin und Kollegin geschätzt wurde.

Über ihr Privatleben hat sie nichts verraten, sodass dies nach wie vor ein unbekanntes Kapitel ihrer Biografie ist.

Margarethe Geertruida Zelle alias Mata Hari, um 1906/10

Mata Hari

Geliebt, verraten, hingerichtet

Von der Abteilung IIIb erhielt sie den Decknamen H 21. Die Abteilung IIIb war aber nicht der einzige Nachrichtendienst, der sich für sie interessierte, das Deuxième Bureau in Paris stand ebenfalls mit ihr in Verbindung, und schließlich hatte sich auch der britische Nachrichtendienst mit ihr beschäftigt.

Wer war die Frau, die die Aufmerksamkeit so vieler Nachrichtendienste auf sich gezogen hatte?

Ihr bürgerlicher Name war Margaretha Geertruida Zelle, genannt wurde sie in ihrer Kindheit Greta. Ihr Geburtsort war Leeuwarden in den Niederlanden, wo sie am 7. August 1876 als Tochter des Hutmachers Adam Zelle und seiner Frau Antje van der Meulen das Licht der Welt erblickte. Berühmt wurde sie unter ihrem Künstlernamen Mata Hari, dem malaiischen Begriff für Sonne.

Der deutsche Nachrichtendienstchef Walter Nicolai war auf die Frau aufmerksam geworden, weil sie eine faszinierende und extravagante Person mit, wie man heute im Geheimdienstjargon sagen würde, wertvollen nachrichtendienstlichen Zugängen war. Mit „der dunklen Haut, den mandelförmigen Augen und dem schwarzen Haar“ wirkte sie exotisch und geheimnisvoll. Sie war mehrsprachig, außer ihrer Muttersprache Niederländisch beherrschte sie Deutsch, Französisch und Englisch. Sie bewegte sich selbstsicher und charmant in der gehobenen Gesellschaft, war international, lebte in Deutschland, Frankreich, Spanien und Niederländisch-Ostindien, hielt sich kurzzeitig auch in Großbritannien auf. Ständig war sie unterwegs, ruhelos, auf der Suche nach Anerkennung und Glück.

Als sich Nicolai für die Frau zu interessieren begann, tobte der Erste Weltkrieg zwischen den Mittelmächten, angeführt von Deutschland, auf der einen Seite und der Entente, zu der Frankreich zählte, auf der anderen. Die deutsche Armee benötigte dringend Informationen über strategische Planungen und militärische Aktionen der Gegner. Aufgabe der Abteilung IIIb war es, diese Informationen zu beschaffen. Es waren Mata Haris viele Bekanntschaften und Liebschaften mit Politikern, Offizieren, Künstlern und Männern aus der gesellschaftlichen Oberschicht, die Nicolai nutzen wollte, um an für die deutsche Armee wichtige Informationen zu gelangen.

Sehr glücklich sollte er aber nicht mit der Agentin werden. Mata Hari war nicht zur Spionin geboren, sie lebte in einer anderen Welt als die der Nachrichtendienste, in der Welt der High Society, des Glimmers, des Pomps, der feinen Gesellschaft, in der geklatscht und getratscht wurde. Sie spielte ihre Rolle als mondäne Geliebte großzügiger Männer mit voller Hingabe, nahm es weder mit der Wahrheit noch mit ihren Finanzen sehr genau. Nicolai stand deshalb vor dem Problem vieler Nachrichtendienstler: Sollte er sich auf eine charakterlich nicht besonders vertrauenswürdige Person einlassen? War es ihr Zugang zu möglicherweise für die Abteilung IIIb wichtigen Informationen wert, sie als Agentin zu werben? Der Lebenslauf Greta Zelles alias Mata Hari und dessen fantasievolle Ausschmückung durch sie selbst hätten ihn zur Vorsicht mahnen müssen.

Schon bei den Angaben über ihre Herkunft blieb Greta Zelle nicht bei der Wahrheit. So behauptete sie, aus dem Süden Indiens zu stammen, ihre Familie gehöre der oberen Kaste der Brahmanen an. Sie sei in der unterirdischen Halle des Gottes Shiva aufgewachsen und habe an rituellen Tempeltänzen teilgenommen. Ein andermal erzählte sie, sie sei die Enkelin eines javanischen Sultans und mit zwei Jahren nach Deutschland in ein Internat gekommen.

Tatsächlich wuchs sie in Leeuwarden auf, besuchte dort die Gemeindeschule Hofschooltje, nahm nur unregelmäßig am Unterricht teil und kam mit schlechten Noten nach Hause.

Ihr Vater, ein Lebemann, der sich gerne „Baron“ nennen ließ, spekulierte an der Börse, gewann und verlor größere Geldbeträge. Zeitweilig lebte die Familie auf großem Fuß, zum sechsten Geburtstag soll der Vater seiner kleinen Greta eine Kutsche geschenkt haben, die von Ziegen gezogen wurde. Nachdem der Vater das Vermögen durchgebracht hatte, musste sich die Familie dann aber mit bescheidenen Verhältnissen begnügen.

Greta begann eine Ausbildung als Kindergärtnerin, die sie aber bald wieder abbrach. Man spekuliert, sie habe ein Verhältnis mit dem Schuldirektor gehabt, was der Grund für das abrupte Ende der Ausbildung gewesen sein soll.

Später nannte sie sich Lady MacLeod. Und wieder blieb sie nicht bei der Wahrheit, denn der Titel einer Lady stand ihr nicht zu. Den Namen MacLeod trug sie allerdings zu Recht, nachdem sie 1895 als 19-Jährige den 20 Jahre älteren Kolonialoffizier Campbell Rudolph MacLeod geheiratet hatte. Kennengelernt hatten sich die beiden durch eine Heiratsanzeige MacLeods, die Eheschließung erfolgte schon kurz nach Beginn ihrer Bekanntschaft. Ausschlaggebend für die schnelle Heirat war möglicherweise, dass Greta da schon schwanger war.

Die Ehe stand von Anfang an unter keinem guten Stern. Der Ehemann war ungehobelt, beschimpfte und schlug seine Ehefrau. Er hielt sich mehrere Geliebte, war aber rasend eifersüchtig, wenn andere Männer Greta bewundernd ansahen. Einmal schrieb er an seine Schwester: „Wenn ich diese Hündin loswerden könnte, wäre ich glücklich.“

Trotz allem muss MacLeod zunächst einige Anziehungskraft auf Greta ausgeübt haben. Später meinte sie einmal: „Ich liebe Offiziere. Ich habe sie mein ganzes Leben lang geliebt. Ich bin lieber die Geliebte eines armen Offiziers als eines reichen Bankiers. Mein größtes Vergnügen ist es, mit ihnen zu schlafen, ohne an Geld zu denken.“

1897 wurde MacLeod in die damalige Kolonie Niederländisch-Indien versetzt, und seine Frau begleitete ihn. Hier trat Greta erstmalig öffentlich auf, als sie in einer Aufführung des Schauspiels „Die Kreuzfahrer“ von August von Kotzebue die Rolle der Königin spielte.

Greta MacLeod fühlte sich wohl in der kolonialen Gesellschaft. Oft war sie auf Festen zu sehen, war Mittelpunkt der Gesellschaft, gab viel Geld für ihre Garderobe aus, was ihr Ehemann zu wütenden Forderungen nach mehr Sparsamkeit veranlasste. Sie wiederum tat seine Einwände mit schnippischen Bemerkungen ab. Die Beziehung zwischen beiden war zunehmend von Hass geprägt, die Ehe mittlerweile völlig zerrüttet.

Ein schwerer Schicksalsschlag für Greta MacLeod war der Tod ihres dreijährigen Sohnes Norman im Jahre 1899. Dass er, wie behauptet wird, von seinem Kindermädchen vergiftet worden war, ist wohl eine weitere der vielen Legenden um das Leben von Greta MacLeod.

1900 kehrte das Ehepaar in die Niederlande zurück, nachdem Rudolph MacLeod in den Ruhestand versetzt worden war. Die Ehequerelen gingen auch hier weiter, bis Rudolph schließlich seine Frau verließ, ohne seinen Unterhaltspflichten nachzukommen.

Nun war Greta MacLeod auf sich allein gestellt und musste sehen, wie sie ihren Lebensunterhalt bestreiten konnte. Um an Geld zu kommen, stand sie verschiedenen Malern Modell, versuchte sich als Reiterin im damals weltberühmten „Cirque Molier“ und verdingte sich wohl auch als Prostituierte.

Im Jahre 1903 siedelte sie nach Paris über, in der Hoffnung, dort Karriere zu machen. Und ihre Hoffnung trog nicht. Tatsächlich begannen hier ihre atemberaubenden Erfolge. Sie wurde indische Tempeltänzerin, und das, obwohl sie nicht die leiseste Ahnung von der rituellen indischen Tanzkultur hatte. Wieder halfen ihr ihre Schwindeleien, denn sie untermauerte ihre neue Rolle mit diversen Lügengeschichten. Sie sei von Kindesbeinen an in rituellen Tempeltänzen unterrichtet, sei mit Girlanden aus Jasmin bekränzt worden und habe die Altäre der Götter dekoriert. Je nach Gelegenheit änderte sie ihre Story ab.

Schon ihr erster Auftritt im Salon von Madame Kiréevsky wurde eine Sensation. Schleier um Schleier fiel während des Tanzes, bis sie schließlich völlig nackt, nur noch mit Ohrringen und Armbändern bekleidet, vor ihrem Publikum stand. Die Zuschauer waren begeistert, sie rasten, die Presse überschlug sich. Im „Courrier français" war zu lesen: „Eine große dunkle Gestalt schwebt herein. Kräftig, braun, heißblütig. Ihr dunkler Teint, ihre vollen Lippen und glänzenden Augen zeugen von weit entfernten Landen, von sengender Sonne und tropischem Regen. Sie wiegt sich unter den Schleiern, die sie zugleich verhüllen und enthüllen. (…) Ihre Brüste heben sich schmachtend, die Augen glänzen feucht. (…) Ihr weltlicher Tanz ist ein Gebet; die Wollust wird zur Anbetung."

Von nun an war ihr rasanter Aufstieg als Tänzerin nicht aufzuhalten. 1905 konnte sie schon mehr als 30 Auftritte verbuchen, verdiente pro Abend rund 10 000 Franc, eine enorme Summe für damalige Verhältnisse. Ihre Engagements führten sie bald auch ins Ausland, so nach Spanien, Österreich und Deutschland. Sie stieg in luxuriösen Hotels ab und leistete sich eine teure Wohnung in der vornehmen Rue Balzac in Paris. Bei allem Erfolg schätzte sie ihr Können realistisch ein: „Ich konnte nie gut tanzen. Die Leute kamen, weil ich die Einzige war, die sich traute, sich in der Öffentlichkeit nackt zu zeigen." Um ihre exotische Rolle perfekt zu machen, wurde nun aus Greta MacLeod Mata Hari.

Doch schon bald war ihr Stern wieder am Sinken. Es hatten sich Nachahmerinnen gefunden, die ihr Konkurrenz machten, das Einmalige hatte sie verloren, die Engagements wurden weniger. Ihren aufwendigen Lebensstil konnte sie nicht mehr beibehalten, ihre luxuriöse Villa musste sie 1914 verkaufen. Mit dem restlichen Hausstand zog sie 1916 nach Den Haag.

Vermutlich im Herbst 1915 wurde der deutsche Generalkonsul in Amsterdam Carl H. Kramer (die Schreibweisen variieren bei den Biografen, er wird auch Cramer, Cremer, Krämer oder Krömer genannt) auf Mata Hari aufmerksam. Er galt als unermüdlicher „Tipper“ der Abteilung IIIb, das heißt, er war ein Mann, der nach geeigneten Agenten Ausschau hielt. Er arrangierte es, dass sich seine Wege mit denen Mata Haris kreuzten. Scheinbar belanglos plauderte er mit ihr und erwarb ihre Aufmerksamkeit. Im November, als Mata Hari mit einer Erkältung im Bett lag, meldete er sich bei ihr an, um etwas Diskretes zu besprechen. Mata Hari, der es allein zu Hause langweilig war, empfing den Mann. Vielleicht hoffte sie, eine neue Liebschaft anbahnen zu können. Sie hatte sich aber getäuscht, denn Kramer buhlte nicht um sie, sondern bot ihr an, für ihn militärische Informationen über die deutschen Kriegsgegner zu beschaffen. Zuerst war Mata Hari wenig begeistert von dem Angebot, als ihr aber Kramer als Gegenleistung 20 000 Franc anbot, sagte sie zu.

Im Mai 1916 traf sie Nicolai, der sie durch seine Mitarbeiter in das kleine Einmaleins der Spionage einweisen ließ. Zum Beispiel lernte sie, mit Geheimtinte umzugehen. Hier traf sie auch Mademoiselle Docteur, Elsbeth Schragmüller, die ihr einiges über ihre zukünftigen Aufgaben erklärte. Bei ihren Gesprächen mit Schragmüller brachte Mata Hari Fotoalben und Zeitungsausschnitte mit, um ihre herausragende Rolle als Tänzerin zu dokumentieren. Doch die professionelle Nachrichtendienstlerin war wenig beeindruckt und meinte nur: „Die Halbweltdame wird uns nur Ärger bereiten.“ Nicolai wollte jedoch an der frisch geworbenen Agentin festhalten, und Schragmüller musste sich dieser Entscheidung fügen. Nun erhielt Mata Hari auch ihren Decknamen H 21. Oberflächlich in der Spionage geschult, kehrte sie nach Den Haag zurück und erhielt dort von Kramer die versprochenen 20 000 Franc.

Ob Mata Hari die ernsthafte Absicht zum Spionieren gehabt hatte, ist bis heute nicht abschließend geklärt. Vermutlich waren es Geldnöte, gepaart mit einem Schuss Abenteuerlust und dem Bedürfnis, wieder eine interessante Rolle spielen zu dürfen, die sie dazu bewegten, sich mit der Abteilung IIIb einzulassen. Ebenso schwierig ist es heute zu ermitteln, was sie tatsächlich dem deutschen Nachrichtendienst verraten hat. Ihre Biografien sind in dieser Hinsicht widersprüchlich und ungenau.

Es scheint aber so, als habe sie tatsächlich einiges erfahren und an den deutschen Militärattaché in Madrid, Major Arnold Kalle, der ihr Verbindungsmann in Spanien zur Abteilung IIIb war, berichtet. Der Diplomat schickte jedenfalls etliche Telegramme mit angeblich von der Spionin erhaltenen Informationen nach Berlin.

Im August 1916 wollte Mata Hari nach Vittel in die Vogesen reisen, um ihren aktuellen Geliebten, den russischen Offizier Wladimir Masloff, der dort verwundet in einem Lazarett lag, zu besuchen. Die wegen des Krieges erforderliche Sondererlaubnis wollte sie im Militärbüro für Ausländer auf dem Boulevard Saint-Germain in Paris beantragen. Angeblich irrte sie sich in der Tür und landete im Büro von Georges Ladoux, dem Leiter des Deuxième Bureau. Dem waren sowohl die Frau als auch ihr Anliegen verdächtig. Er wusste bereits einiges über Mata Hari, da er sie seit einiger Zeit von seinen Leuten überwachen ließ. Den französischen Nachrichtendienstlern waren ihre viele Reisen kreuz und quer durch Europa suspekt, außerdem hatte das Deuxième Bureau einen Hinweis des britischen Nachrichtendienstes auf Mata Hari als deutsche Spionin erhalten. Was die Briten damals über sie wussten, lässt sich heute allerdings nicht mehr rekonstruieren. Jedenfalls hatten sich Ladoux' Beschatter schon seit Monaten an die Fersen Mata Haris geheftet, hatten sie beim Einkaufen beobachtetet, hatten registriert, wenn sie Freunde besuchte, und hatten die Hotels observiert, in denen sie abstieg. Über alles wurde Ladoux Bericht erstattet, aber etwas Verdächtiges konnte am Verhalten Mata Haris nicht festgestellt werden. In einem Bericht hieß es zum Beispiel: „Die von 9:30 Uhr bis 9:45 Uhr abends erfolgte Beschattung der besagten MacLeod im Grand Hotel hat nichts ergeben. Die Obengenannte hat ihr Zimmer nicht verlassen und hat sich die Mahlzeiten unter dem Vorwand großer Müdigkeit (…) dort servieren lassen."

Als Mata Hari nun vor ihm saß, witterte Ladoux seine Chance. Weil die Stadt Vittel unmittelbar an der Westfront lag und sich dort ein deutscher Militärflugplatz befand, war es für ihn naheliegend, dass sie die militärischen Anlagen dort ausspionieren wollte. Wie es sich für einen versierten Nachrichtendienstler gehörte, versagte er nicht etwa die Erlaubnis, sondern stellte sie aus, um bei ihrer weiteren Observation nun endlich Beweise für ihre Spionagetätigkeit zu finden.

In Vittel wurde jeder ihrer Schritte überwacht und protokolliert. Ob sie, wie Biografen behaupten, statt mit ihrem Geliebten die Zeit zu verbringen, das Bett mit Fliegeroffizieren teilte, sei dahingestellt. Die Observanten konnten jedenfalls nichts Derartiges beobachten. Zum Leidwesen Ladoux' hatte sich Mata Hari immer noch nicht verdächtig gemacht.

Zurück in Paris, bestellte er sie erneut in sein Büro, um sie tiefer in das Netz der Spionage zu verstricken. Im Plauderton machte er ihr das Angebot, für ihn zu arbeiten. Spontan verlangte Mata Hari für ihre Dienste im Gegenzug eine Million Franc, was den Nachrichtendienstchef angesichts der Höhe der Summe einigermaßen aus der Fassung brachte. Aber schließlich einigten sich beide, und Mata Hari wurde Agentin des Deuxième Bureau.

Von nun an arbeitete sie für zwei Auftraggeber. Große Geheimnisse hatte sie weder an den deutschen noch an den französischen Nachrichtendienst verraten. Vieles war ohnehin öffentlich bekannt. So soll sie der Abteilung IIIb von einer für das Jahr 1917 geplanten Generaloffensive der Alliierten berichtet haben, wobei sie, wie sie später angab, ihre Information der Zeitung entnommen hatte. Von ihr soll auch eine Meldung stammen, dass der französische Premierminister mit Mitgliedern des griechischen Königshauses darüber verhandelt haben soll, König Konstantin nach dem Kriegsende durch Prinz Georg zu ersetzen.

Militärattaché Major Arnold Kalle, dem sie ihre Informationen für die Abteilung IIIb anvertraute, war nicht sonderlich zufrieden mit ihren Berichten. Bei einem ihrer Besuche soll er sie angeschrien haben, sie solle nicht „seitenlang Klatsch und Tratsch über Engländer, Franzosen, Deutsche, Holländer und Russen" mitschreiben.

Ihrem Gesprächspartner Ladoux von der anderen Seite erzählte sie einmal etwas über eine Tankbasis für Unterseeboote der deutschen Marine in Marokko. Es ist aber nicht auszuschließen, dass Kalle sie mit falschen Informationen zu Ladoux geschickt hatte, um seinen Gegenspieler in die Irre zu führen.

Bei einem seiner Gespräche, die nun öfter stattfanden, erwähnte Ladoux sechs belgische Spione des französischen Nachrichtendienstes, von denen fünf Doppelagenten waren, die gleichzeitig für Frankreich und Deutschland arbeiteten. Nachdem der sechste, der nur für Frankreich spionierte, von einem deutschen Agenten erschossen worden war, nahm Ladoux an, dass Mata Hari die Namen an die Abteilung IIIb verraten hatte. Einen stichfesten Beweis hatte er damit aber immer noch nicht.

Am 11. November 1916 landete Mata Hari mit dem Schiff „Hollandia“ in Falmouth in Großbritannien und wurde von den Einwanderungsbehörden kontrolliert. Die Zollbeamten hielten sie für die deutsche Spionin Clara Benedix und nahmen sie fest. Man lieferte sie in London beim britischen Nachrichtendienst ab, der sie einer ausführlichen Befragung unterzog. Nach drei Tagen konnte der Irrtum aufgeklärt werden. Bevor sie weiterreisen durfte, führte der Chef des Nachrichtendienstes, Sir Basil Thompson, ein Gespräch mit ihr, in dem sie gestand, tatsächlich Spionin zu sein, allerdings nicht für Deutschland, sondern für Frankreich. Thompson ließ sie frei, gab ihr aber den guten Rat mit auf den Weg, die Finger von der Spionage zu lassen. Anschließend informierte er seinen Kollegen Ladoux.

Während Mata Hari zunächst nach Spanien weiterreiste, ließ sich Ladoux sämtliche Berichte vorlegen, die von der deutschen Botschaft in Madrid nach Berlin telegrafiert und vom französischen Nachrichtendienst abgefangen worden waren. Ungeduldig wartete er auf einen endgültigen Beweis der Spionage Mata Haris für Deutschland. Es dauerte auch nicht lange, bis er fündig wurde. In einem Telegramm Kalles nach Berlin hieß es: „Agent H 21 in Madrid angekommen. Wurde von Franzosen engagiert von Engländern aber zurückgesandt nach Spanien und bittet jetzt um Geld und weitere Anweisungen." Offenbar hatte Mata Hari dem Militärattaché anvertraut, dass sie für Frankreich spionierte. Die Antwort aus Deutschland lautete: „Weisen Sie sie an nach Frankreich zurückzukehren und ihre Aufgabe fortzusetzen. Sie wird Scheck 5000 Franc von Kramer Comptoir d'Escompte erhalten." Nun war sich Ladoux sicher, dass er es mit einer Spionin zu tun hatte.

Das Telegramm Kalles war mysteriös. Zum einen verwendete er darin einen veralteten Code, den die Franzosen geknackt hatten, was er gewusst oder zumindest geahnt haben dürfte. Zum anderen gab er unverschleiert Hinweise auf eine deutsche Agentin – eine ausgesprochen unprofessionelle Handlungsweise. Kalle war zwar bekannt dafür, seine Funktelegramme mit Falschmeldungen auszuschmücken, um die Franzosen in die Irre zu führen. Aber hier war er bei der Wahrheit geblieben und hatte dadurch seine eigene Agentin gefährdet. War das Absicht? Wollte er die Frau bewusst auffliegen lassen, weil sie eine Doppelagentin war? Man weiß es nicht.

Am Morgen des 13. Februar 1917 – Mata Hari war inzwischen nach Paris weitergereist – erschienen vier Polizeibeamte im Élysée-Palace-Hotel in der Avenue des Champs Élysées, in dem sie abgestiegen war, und eröffneten ihr die Festnahme. Bei der Durchsuchung ihres Hotelzimmers fanden die Beamten eine Flasche mit einer Flüssigkeit, von der sie annahmen, dass es sich um Geheimtinte handelte. Ob Mata Hari sie überzeugen konnte, dass es sich um ein Desinfektionsmittel handelte, weiß man nicht. Die Festgenommene wurde jedenfalls in das Frauengefängnis Saint-Lazare gebracht, wo sie gemeinsam mit ihrer Aufseherin, der Nonne Schwester Leonide, in einer Zelle untergebracht wurde. Außer Geistlichen, Ärzten, Juristen und ihrem Anwalt hatte sonst niemand Zutritt zu ihr.

Mit der Untersuchung beim Kriegsgericht wurde der Hauptmann Pierre Bouchardon beauftragt. Er vernahm Mata Hari insgesamt 14-mal und legte eine etwa 15 Zentimeter dicke Akte über sie an. Die Ermittlungsergebnisse waren dürftig. Mata Haris Briefwechsel mit zwei französischen Ministern dienten als Beweis für ihre Spionagetätigkeit, obwohl die Briefe nur privaten Inhalt hatten. In seiner Vernehmung behauptete Ladoux, er habe Mata Hari nie wirklich für den französischen Nachrichtendienst werben wollen, sondern ihr Scheinaufträge gegeben, um sie der Spionage für Deutschland zu überführen. Sie wiederum erklärte, sie habe der Abteilung IIIb nie wichtige Informationen gegeben, wollte aber sehr wohl für Frankreich spionieren. Die Funktelegramme Kalles nach Berlin wurden nicht gezeigt, angeblich, um geheim zu halten, dass man den deutschen Code entschlüsselt hatte. Von den Verhören zermürbt, gestand Mata Hari schließlich, von Kramer 20 000 Franc erhalten zu haben, bestritt aber weiterhin, für Deutschland spioniert zu haben.

Der Prozess begann am 24. Juli 1917 und dauerte nur eineinhalb Tage. Es war ein weiteres Verfahren, in dem politische Gründe den Gang der Verhandlung beeinflussten. Der Krieg hatte sich festgefahren, die Stimmung in Frankreich war von Aggressivität gegen Deutschland gekennzeichnet. Es gab Gerüchte, der Feind habe die Regierung unterwandert, französische Tageszeitungen standen im Verdacht, mit Deutschland zu kollaborieren. In diese aufgeheizte Stimmung fiel nun der Prozess gegen Mata Hari. Frankreich brauchte dringend einen Erfolg im Kampf gegen Deutschland. Wenn nicht auf dem Feld, dann wenigstens vor Gericht. Und Mata Hari war das Bauernopfer. Es war deshalb nicht verwunderlich, wie das Urteil ausfallen würde: Todesstrafe.

Im Morgengrauen des 15. Oktober 1917 wurde Margaretha Geertruida Zelle, verheiratete MacLeod, Künstlername Mata Hari, in den Befestigungsanlagen von Schloss Vincennes erschossen. Die bei Erschießungen obligatorische Augenbinde verweigerte sie. Ihre letzten Worte an den befehlshabenden Offizier sollen gewesen sein: „Monsieur, ich danke Ihnen."

Richard Sorge, der
„Held der Sowjetunion“

Richard Sorge

Stalins Mann in Tokio

Ein verlogenes „Arschloch, das in Japan ein paar kleine Fabriken und Puffs betreibt und es sich gutgehen lässt“, hat Stalin ihn genannt. Der Beschimpfte soll einer seiner vielen Geliebten einmal zugerufen haben: „Weißt du was? Sorge ist ein Gott!“

Richard Sorge war ein Spion, aber keiner, wie man ihn sich vorstellt. Nicht unauffällig, konspirativ, heimlich sein Umfeld beobachtend. Er trat großspurig auf, trank unmäßig, raste betrunken mit Motorrädern durch Tokio. Er war gut aussehend, elegant, charismatisch, von bezwingendem Charme, ein Frauenheld, der etliche Geliebte hatte. Sowohl seinem Chef an der Technischen Universität Aachen, Kurt Albert Gerlach, als auch seinem späteren Mentor und Förderer, dem deutschen Botschafter in Tokio, Eugen Ott, spannte er die Ehefrauen aus. Beide Männer waren aber so fasziniert von ihm, dass sie sich nicht von dem Ehebrecher abwandten. Ein Journalist schrieb einmal, dass Sorge „den Eindruck erweckte, ein Playboy zu sein, fast ein Verschwender, das genaue Gegenteil eines eifrigen und gefährlichen Spions“.

Wer war dieser ambivalente Mann? Sorge wurde am 4. Oktober 1895 im heutigen Aserbaidschan geboren, kam aber schon als Kleinkind mit seinen Eltern nach Berlin, wo er aufwuchs. Den Ersten Weltkrieg erlebte er als Freiwilliger, zunächst an der Westfront, später dann im Osten. Er wurde dreimal verwundet, beim dritten Mal bohrten sich Granatsplitter tief in seine Beine. Nur mit Mühe konnte er nach drei Tagen aus einem Stacheldrahtverhau geborgen und versorgt werden. Seine Verletzungen waren so schwer, dass er für den Rest seines Lebens hinken sollte.

Nach Ende des ersten Weltkriegs stand Deutschland am Abgrund. Über zwei Millionen deutsche Soldaten waren gefallen, die Menschen hungerten, der Kaiser hatte abgedankt. Das alte politische System war verbraucht, die verschiedensten Kräfte rangen um einen Neuanfang. Rechte kämpften gegen Linke und Linke gegen Rechte. Straßenkämpfe, bei denen es Tote und Verletzte gab, waren an der Tagesordnung. Das war die Situation, in die Richard Sorge hineinwuchs.

„Diese wilde, blutige Rauferei hat mich und meine Kameraden zutiefst erschüttert", schrieb er in späteren Jahren. „Wie sinnlos sind diese sich endlos wiederholenden Kriege?" Seine Hoffnung war, dass der Kommunismus militärische Auseinandersetzungen verhindern und ein besseres Leben ermöglichen würde. 1917 trat er in die Unabhängige Sozialdemokratische Partei (USPD) ein, 1919 dann in die Kommunistische Partei Deutschlands (KPD). Unmittelbar nach dem Krieg studierte er Wirtschaftswissenschaften und promovierte zum Dr. rer. pol. Danach arbeitete er als Lehrbeauftragter und Assistent von Professor Gerlach an der TU Aachen. 1921 heiratete er die geschiedene Frau seines Professors und zog mit ihr nach Frankfurt am Main.

Seine aktive Teilnahme am politischen Geschehen hatte schon 1918 begonnen, als er sich im November am Aufstand der Kieler Matrosen beteiligte. Nach dem Krieg setzte er sein Engagement fort, organisierte Streiks der Bergarbeiter im Ruhrgebiet. Er war als konspirativer Kurier der KPD unterwegs, hielt Seminare zur kommunistischen Ideologie und schrieb Artikel für linke Zeitschriften.

Ein Wendepunkt in seinem Leben war das Jahr 1924, als der 9. Parteitag der KPD in Frankfurt am Main stattfand. Weil die Partei politisch verfolgt wurde, musste der Kongress in der Illegalität abgehalten werden. Sorge organisierte die Unterbringung der Anreisenden und fungierte als eine Art Leibwächter für einige Kongressteilnehmer. Dabei agierte er so umsichtig, dass man auf ihn aufmerksam wurde und ihm das Angebot machte, nach Moskau überzusiedeln, um dort konspirativ für die Kommunistische Internationale (Komintern) zu arbeiten. Sorge sagte zu und reiste im Oktober 1924 mit seiner Frau nach Moskau.

Dort angekommen, wurde er der Informationsabteilung der Komintern zugeordnet. Sein Auftrag war es, Verbindungslinien zu den kommunistischen Parteien anderer Länder, insbesondere in Skandinavien, aufzubauen. Er sollte die Bruderparteien beim Aufbau ihrer Organisation unterstützen, sie aber auch beobachten, zum Beispiel ihren politischen Einfluss auf die Politik ihrer Länder analysieren. Von nun an war er viel unterwegs, seine Reisen führten ihn unter anderem nach Schweden, Dänemark und Großbritannien, aber auch in fernöstliche Staaten.

Seine Aufträge und Reisen, aber auch die Gefahr, als Kommunist verhaftet zu werden, ließen Sorge ruhelos und unausgeglichen werden. Er begann zu trinken, vernachlässigte seine Ehefrau Christiane und ging verschiedene Liebschaften ein. Christiane fühlte sich nicht nur von ihrem Ehemann alleingelassen, sondern war auch schockiert von den stalinistischen Übergriffen, weshalb sie 1926 nach Deutschland zurückkehrte. Die Ehe wurde bald darauf geschieden.

1929 lernte Sorge Jan Karlowitsch Bersin, den Leiter des Vierten Büros des Nachrichtendienstes der Roten Armee (GRU) kennen. Vermutlich war Bersin auf Sorge wegen dessen Fähigkeiten zu konspirativer Arbeit aufmerksam geworden. „Bei meinem ersten Zusammentreffen mit General Bersin“, schrieb Sorge später, „drehte sich das Gespräch um die Frage, wieweit das Vierte Büro als militärische Organisation mit politischer Spionage zu tun hatte. Bersin hatten nämlich von Piatnitzky (Anm.: Leiter der internationalen Verbindungsabteilung der Komintern) gehört, daß ich an dieser Art der Tätigkeit interessiert war. Nach wiederholten Besprechungen mit Bersin wurde ich schließlich nach China beordert."

Er erhielt nun den Decknamen „Ramsay", kappte seine Verbindungen zum Vierten Büro und nistete sich in einem Hotel ein, wo er mit Bersin konspirativ seinen Auftrag besprach. Er sollte einen Spionagering in Shanghai aufbauen, denn Bersin wollte wissen, was sich in China tat.

Im Fernen Osten brodelte es. Einerseits verschärfte sich das aggressive Expansionsstreben Japans, andererseits kam es in China zu Konflikten zwischen der nationalchinesischen Kuomintang und den aufstrebenden Kommunisten. Die Sowjetregierung wollte sowohl wissen, wie sich die chinesischen Genossen behaupteten, als auch, was Japan gegen China im Schilde führte.

Zum Jahresende 1929 reiste Sorge nach Shanghai, getarnt als bürgerlicher Korrespondent der „Deutschen Getreide Zeitung". Als Journalist konnte er sich unverdächtig unter Kollegen, Kaufleuten und Diplomaten umhören. Seine Spionage tarnte er als Recherchen für seine Zeitungsartikel, die tatsächlich auch in größerer Zahl in Deutschland erschienen.

Mit großer Umsicht und Energie baute er in China eine Spionagegruppe auf, der unter anderem der deutsche Funker Max Christiansen-Clausen angehörte, mit dem er später noch eng zusammenarbeiten sollte.

Als Sorge 1932 nach Moskau zurückkehrte, hatte er nicht nur bei dem Militärgeheimdienst GRU den Ruf eines exzellenten Spions erworben, sondern war auch als Journalist international anerkannt. Viele seiner Zeitungsartikel fanden große Resonanz. Ein Jahr später heiratete er in Moskau die Schauspielschülerin Katja Maximowa.

Sein nächster Auftrag führte ihn nach Japan. Dort sollte er, wieder als Journalist getarnt, einen weiteren Spionagering aufbauen. Hintergrund war die stete Befürchtung der Moskauer Regierung, Japan könne den gesamten ostasiatischen Raum unter seine Kontrolle bringen. Besorgt war man auch wegen der Annäherung zwischen Japan und Deutschland.

Ausgestattet mit mehreren Empfehlungsschreiben traf Sorge im September 1933 in Tokio ein. Er bezog ein kleines Haus in einer ruhigen Wohngegend, das in Sichtweite der örtlichen Polizeistation lag. Es war typisch für sein Draufgängertum, sich „vor aller Augen zu verstecken“. Zu seiner Rolle gehörten auch häufige Saufgelage, rasante Fahrten mit dem Motorrad durch Tokio und seine etlichen Liebschaften. Er spannte nicht nur Botschafter Ott die Ehefrau aus, sondern ging auch eine Liebesbeziehung mit der Geisha Hanako Ishii ein, die bis zu seinem Tod dauern sollte.

Gleich nach seiner Ankunft machte er seine Aufwartung im japanischen Außenministerium und in der deutschen Botschaft, stellte sich bei seinen Journalistenkollegen vor und ging an die Arbeit, den Spionagering aufzubauen. Zu der Gruppe, die schließlich ungefähr 40 Personen umfasste, gehörte auch wieder der Funker Christiansen-Clausen, den Sorge schon aus China kannte.

Um seine Tarnung zu vervollkommnen, trat er im Oktober 1934 der Tokioter Organisation der NSDAP bei. Bewusst ging er dabei das Risiko ein, dass bei einer Überprüfung sein kommunistisches Engagement ans Tageslicht kommen würde. Seine Vergangenheit wurde jedoch nicht aufgedeckt; Historiker spekulieren, dass es im Gestapo-Archiv einen sowjetischen Agenten gegeben hatte, der belastende Informationen gegen ihn zurückgehalten hatte.

In der Öffentlichkeit machte Sorge kein Hehl aus seiner Abneigung gegen den Nationalsozialismus, was sein Ansehen eher noch steigerte, da man in ihm den freigeistigen, unabhängigen Intellektuellen sah, der mutig seine Meinung vertrat.

Vermutlich Ende 1934 lernte Sorge den Mann kennen, der für seine Spionage in den nächsten Jahren eine entscheidende Rolle spielen würde: den Militärattaché an der deutschen Botschaft,

Oberst Eugen Ott. Ott war sofort von dem charismatischen Mann eingenommen. Die beiden freundeten sich an, und Sorge wurde bald zu einem vertrauten Berater des Militärattachés. Seine scharfsinnigen Analysen, die er in Beiträgen für deutsche Zeitschriften festhielt, beeindruckten Ott. Als Sorge im Februar 1936 eine außerordentlich treffsichere Bewertung der Ursachen und Folgen eines Militärputsches in Tokio an Ott lieferte, war der so beeindruckt, dass er sie nach Berlin weiterleitete. Dort horchte man auf und wollte weitere Berichte Sorges zur Lage im Fernen Osten.

Ott vertraute seinem Freund inzwischen grenzenlos. Er ließ ihn chiffrierte Telegramme begutachten und verwertete seine Analysen in offiziellen Berichten der Botschaft nach Berlin. Es gab bald nichts in der deutschen Botschaft, was Sorge nicht wusste. Ihm wurde nun auch ein eigenes Büro eingerichtet, wo er nicht nur seine Berichte und Zeitungsartikel zu Papier brachte, sondern bald auch das Informationsblatt der deutschen Botschaft redigierte. Er galt nun offiziell als Mitarbeiter der diplomatischen Vertretung und wurde schließlich sogar deren Presseattaché.

Ott hätte eigentlich vorsichtig sein müssen, da er wusste, wie Spione arbeiteten, war er doch in der 1920er-Jahren vom deutschen Nachrichtendienstchef Walter Nicolai in die Arbeitsweisen der Nachrichtendienste eingewiesen worden. Aber die Anziehungskraft Sorges war größer als Otts Vorsicht.

Christiansen-Clausner, der Funker, sendete Sorges Berichte mit einem verschlüsselten Code nach Moskau. Es sollen Tausende von Berichten gewesen sein, die der Spionagering auf diesem Weg übermittelt hatte. Die japanischen Nachrichtendienstler fingen zwar die Funksendungen auf, konnten aber weder die Quelle lokalisieren, noch vermochten sie, den Code zu knacken.

Trotz der Fülle an Informationen, die Sorge lieferte, war man in Moskau mit seiner Arbeit nicht zufrieden. Am 1. September

1939 telegrafierte man ihm: „Während des Sommers ist die Qualität Ihrer Berichte über aktuelle militärische und politische Probleme allmählich schlechter geworden.“ Ziemlich rüde wurde er aufgefordert, bessere Informationen zu liefern.

Es ist unverständlich, wie wenig ernst man mit Sorges Meldungen in Moskau umging. Wie bedeutsam seine Berichte für die sowjetische Führung waren, zeigt eine Nachricht, die er 1936 nach Moskau gefunkt hatte. Ott hatte seinem Vertrauten von den hochgeheimen Verhandlungen zum Antikomintern-Pakt zwischen Japan und Deutschland erzählt. Diese Vereinbarung, in der sich beide Staaten zu militärischer und nachrichtendienstlicher Zusammenarbeit gegen die Sowjetunion verpflichteten, war ein Signal für Moskau, dass sich die Achse Berlin-Tokio verfestigte und Gefahr durch dieses Bündnis drohte.

Die japanischen Nachrichtendienstler waren allerdings nicht auf den Kopf gefallen. Ihnen kam der extrovertierte Mann mit der großen Klappe schon seit Längerem verdächtig vor. Die Geheimpolizei Kempeitai horchte Kollegen und Freunde Sorges aus, verhörte seine Geliebte. Man las seine Post, in seinem Haus wurde eine Abhöranlage installiert. Doch Sorge, der mit der Überwachung rechnete, umging seine Beschatter, indem er nicht zu Hause, sondern in Bibliotheken arbeitete und verschiedene Routen nutzte, wenn er andere Mitglieder seines Agentenrings aufsuchte. Je enger dann seine Verbindung zur deutschen Botschaft wurde, desto nachlässiger wurde die Observation durch die Japaner, da sie davon ausgingen, dass die Deutschen vorsichtig genug waren und nur absolut zuverlässige Männer in ihr Vertrauen zogen.

Auch die deutsche Abwehr hatte Sorge im Visier. Weil der Intimus Otts in Berlin inzwischen verdächtig erschien, wurde der Polizeiverbindungsführer und Sonderbeauftragte des Sicherheitsdienstes der SS (SD) an der deutschen Botschaft in Tokio, Josef Meisinger, auf Sorge angesetzt. Doch Sorge konnte ihn mit seinem Charme umgarnen, ging mit ihm auf Sauftouren und horchte ihn dabei vorsichtig aus. So wusste Meisinger nur Gutes über Sorge nach Berlin zu melden.

1941 startete Hitler das „Unternehmen Barbarossa", den Überfall auf die Sowjetunion. Aus Depeschen, die aus Berlin in der Botschaft in Tokio eingingen, konnte Sorge entnehmen, dass es schon Wochen zuvor zu deutschen Truppenkonzentrationen an der Ostgrenze kam. Bestätigt wurden diese Informationen durch Berichte von Kurieren der deutschen Botschaft. Seine erste Meldung nach Moskau, mit der er Material zu dem geplanten Überfall übersandte, trug die Überschrift: „Von Vorbereitungen des deutschen Angriffs auf Rußland bis zu den japanisch-amerikanischen Verhandlungen (März – Oktober)". Weitere Meldungen mit ähnlichem Inhalt folgten. Am 6. Mai 1941 fasste Sorge seine Befürchtung eines Angriffs in einer Depesche zusammen: „Die Möglichkeit eines Kriegsausbruchs ist jederzeit sehr hoch. (…) Deutsche Generäle schätzen die Kampfkraft der Roten Armee als so gering ein, dass (sie) im Laufe weniger Wochen zerstört wird." Am 30. Mai begann eine Depesche an die GRU: „Berlin teilte Ott mit, dass der deutsche Angriff Ende Juni beginnen werde. Ott zu 95 Prozent sicher, dass der Krieg beginnen wird." Am 1. Juni schickte Sorge die weitere Nachricht, dass 170 bis 190 deutsche Divisionen an der sowjetischen Grenze zusammengezogen seien und die Invasion am 15. Juni beginnen würde. Eine Präzisierung des Angriffstermins erfolgte dann am 15. Juni: „Der Krieg wird am 22. Juni beginnen."

Doch Moskau reagierte nicht. Christiansen-Clausen schrieb später: „Wir erwarteten jede Stunde neue Anweisungen, Rückfragen und vor allem auch diplomatische und militärische Aktionen der sowjetischen Regierung. (…) Doch wir erhielten keine Antwort." Stalin wiegte sich in Sicherheit, hatte er doch im August 1939 einen Nichtangriffspakt mit Deutschland geschlossen.

Am 22. Juni 1941 startete der deutsche Angriff auf die Sowjetunion. „Wie können diese Idioten unsere Meldungen ignorieren!", wetterte Sorge erbost, als er von dem Überfall erfuhr.

Er betrank sich bis zur Besinnungslosigkeit, beschimpfte Hitler wütend, pries die Russen, verprügelte auf offener Straße einen Polizisten und handelte so unvorsichtig, als könne er seine Verhaftung gar nicht erwarten.

Übrigens war Sorge nicht der Einzige, der Stalin Warnungen zukommen ließ. Der britische Premierminister Winston Churchill hatte schon am 3. April 1941 seinen Botschafter in Moskau angewiesen, dem sowjetischen Staatschef mitzuteilen, die britischen Nachrichtendienste hätten von starken deutschen Truppenkonzentrationen an der sowjetischen Grenze erfahren. Auch die Berliner Widerstands- und Spionagegruppe „Rote Kapelle" warnte Moskau vor dem bevorstehenden Überfall. Insgesamt gab es über 100 Berichte und Meldungen über den bevorstehenden Angriff aus verschiedenen Ländern, doch alle wurden ignoriert.

Erst nach dem Überfall merkten Stalin und seine Getreuen, was sie an ihrem Spion in Tokio hatten. Sorges nächster Auftrag wurde deshalb sehr ernst genommen. In Moskau war man besorgt, dass Japan demnächst die Sowjetunion im Osten angreifen würde und man einem Zweifrontenkrieg ausgesetzt wäre. Sorge sollte berichten, welche Pläne die japanische Regierung in Ostasien verfolgte. Und Sorge konnte berichten, und zwar in zweifacher Hinsicht. Ott hatte aus Berlin die Weisung erhalten, alles daranzusetzen, Japan zu einem Angriff auf die Sowjetunion im Osten zu bewegen. Natürlich beriet sich der Botschafter mit Sorge, der bestens informiert, seine Meldungen nach Moskau funken konnte. Aber auch über die Planung der japanischen Regierung wusste Sorge Bescheid, denn Hotsumi Ozaki, Mitglied seines Spionagerings, der über gute Kontakte zur japanischen Regierung verfügte, hatte erfahren, dass Japan nicht militärisch gegen die Sowjetunion vorgehen würde. So konnte Sorge am 14. September 1941 einen Funkspruch absetzen, der die Sowjetführung aufatmen ließ: Die kaiserliche Regierung Japans habe am 6. September beschlossen, die Kriegsvorbereitungen auf die USA und die englischen Kolonien im Pazifik zu konzentrieren. An zwei Fronten zu kämpfen war Japan nicht in der Lage, also war die Sowjetunion vor einem japanischen Angriff sicher. Und noch einmal prognostizierte Sorge sehr präzise: Im Oktober 1941 berichtete er über Kriegsvorbereitungen der Japaner im Pazifikraum: „In jedem Fall (…) wird es in diesem Monat oder im nächsten Krieg mit Amerika geben." Es dauerte dann zwar etwas länger, aber am 7. Dezember überfielen japanische Kampfflugzeuge Pearl Harbour und zogen die USA in einen Krieg gegen Japan.

Doch das Ende des Spionagerings um Sorge war nahe. Die japanische Geheimpolizei war schon seit einiger Zeit verdächtigen Personen aus seinem Umfeld auf der Spur. Der Erste, der der Verhaftungswelle zum Opfer fiel, war der zum Spionagering gehörende Yotoku Miyagi. Am 10. Oktober 1941 wurde er in seinem Haus festgenommen. Bei der Durchsuchung fand man belastendende Dokumente. In dem mit brutalen Mitteln geführten Verhör am selben Tag bestritt er seine Spionagetätigkeit, war jedoch nervlich derart am Ende, dass er sich aus dem Fenster der Polizeistation Tsukiji im zweiten Stock stürzte. Er überlebte schwer verletzt, war nun aber derart zermürbt, dass er Sorge und die anderen Mitglieder der Gruppe verriet.

Der Staatsanwalt, der Miyagi verhörte, schickte seinen Untersuchungsbericht an die Auslandsabteilung der japanischen Geheimpolizei. Dort zögerte man mit weiteren Schritten, da die Ermittler diplomatische Verwicklungen befürchteten, wenn ein Angehöriger der Botschaft des befreundeten Deutschen Reiches verhaftet würde. Deshalb wurden zunächst Christiansen-Clausen und Ozaki festgenommen, die genauestens verhört wurden.

Aber am 18. Oktober 1941 ereilte dann auch Sorge sein Schicksal. Am frühen Morgen drang Geheimpolizist Ohashi mit einigen Kollegen in sein Haus ein. Sie erklärten: „Wir kommen wegen Ihres Motorunfalls von neulich", und brachten Sorge, noch in Schlafanzug und Pantoffeln, zur Polizeiwache Toriisaka.

Eine Woche lang schwieg Sorge beharrlich bei seinen Verhören, doch dann erklärte er sich bereit, über seine Aktivitäten in Japan zu berichten.

Die nächsten Jahre verbrachte er im Sugamo-Gefängnis in Tokio, bis im September 1943 der Prozess gegen ihn vor dem Tokioter Distriktgericht begann, der am 29. September mit dem Todesurteil endete.

Sorge war zuversichtlich, nicht am Galgen zu enden, sondern gegen einen in der Sowjetunion inhaftierten japanischen Spion ausgetauscht zu werden. Tatsächlich boten die Japaner auch dreimal einen Gefangenenaustausch an. Die Antwort Moskaus war jedes Mal dieselbe: „Der Mann namens Richard Sorge ist uns unbekannt." So wurde Sorge am 7. November 1944 im Sugamo-Gefängnis hingerichtet. Seine Henker verscharrten den Leichnam auf dem Armenfriedhof in dem für Häftlinge vorgesehenen Teil.

Seine Frau Katja, die ihn nicht nach Japan begleitet hatte, wurde im September 1942 vom Volkskommissariat für Innere Angelegenheiten (NKWD) als angebliche deutsche Spionin verhaftet. Sie starb 1943 im Gulag.

Sorges Geliebte Hanako spürte seine sterblichen Überreste auf und sorgte dafür, dass er auf dem Tama-Friedhof in einem Vorort Tokios ein ordentliches Begräbnis erhielt. Aus der goldenen Zahnbrücke des Toten ließ sie sich einen Ring fertigen, den sie zeitlebens nicht mehr ablegte.

Nachdem Sorge jahrelang totgeschwiegen wurde, erlangte er weltweit Aufmerksamkeit, als im Jahre 1961 der Film „Qui êtes-vous, Monsieur Sorge?" (Wer sind Sie, Herr Sorge?) gedreht wurde, der auch in der Sowjetunion populär wurde. Danach kam es im Westen zu einer wahren Flut von Büchern, Filmen und Dokumentationen zum Leben und Wirken Richard Sorges. Seit 1964 ziert ein Stein aus schwarzem Marmor das Grab des Meisterspions mit der Aufschrift: „Held der Sowjetunion".

Harro Schulze-Boysen als Oberleutnant, 1940

Harro Schulze-Boysen

Widerstandskämpfer und Spion gegen Hitler

Die Gestapo nannte die Widerstands- und Spionagegruppe „Rote Kapelle“. Kapelle deshalb, weil sie wie ein Orchester aus vielen Mitgliedern bestand. Bis zu 150 Personen gehörten zu dem Kreis, ungefähr 40 Prozent waren Frauen. Eine Kapelle hat einen Dirigenten, der sie leitet. Das war Leopold Trepper, der von Brüssel aus gemeinsam mit seinem Gehilfen Anatoli Markowitsch Gurewitsch, Deckname „Kent“, die Fäden eines europaweiten Spionagenetzwerkes des sowjetischen Geheimdienstes NKWD zusammenhielt. Und in einer Kapelle gibt es Pianisten. So nannte man im Sprachgebrauch der Gestapo diejenigen, die mit flinken Fingern Nachrichten an den Gegner funkten. Rot wurde die Kapelle deshalb genannt, weil sie für die Sowjetunion arbeitete. Soweit jedenfalls der Sprachgebrauch der Gestapo. Tatsächlich lagen die Dinge wesentlich komplexer. Es gab in der Zeit des Nationalsozialismus viele Spionagegruppen, die in mehreren europäischen Ländern existierten und wenig miteinander zu tun hatten. Die Gruppe, die in Deutschland „Rote Kapelle“ genannt wurde, war einerseits Teil eines europaweiten Spionagenetzwerkes, andererseits aber auch eine Widerstandsorganisation gegen die Nationalsozialisten. Die historische Einordnung der „Roten Kapelle“ erfolgte später aus der Sichtweise der jeweiligen Betrachter entweder als Menschen des Widerstands gegen das NS-Regime, als Freiheitskämpfer gegen den Faschismus oder als Landesverräter. Dies zeigt, wie vielschichtig die „Rote Kapelle“ war.

Einer der zentralen Akteure dieser Gruppe in Berlin war Harro Schulze-Boysen. Auch er war vielschichtig und ambivalent. Sein Mitkämpfer Robert Jungk schilderte ihn als Menschen mit starker Ausstrahlungskraft. „Wie er da mit seinem dunklen Rollkragenpullover stand, und voller Begeisterung redete, hatte seine Erscheinung etwas von einem idealen deutschen Jüngling, der aber nicht nur blond, sondern auch klug war. Von ihm ging eine selbstverständliche Autorität aus."

Der „Spiegel"-Journalist Heinz Höhne beschreibt ihn als „eine Art charismatischer Führer, der seine Gruppe vorantrieb, energisch, rücksichtslos, unvorsichtig bis zur Todesverachtung, immer nur ein Ziel vor Augen – das nationalsozialistische System zu stürzen." Rainer Hildebrandt, NS-Gegner und späterer Leiter des Mauermuseums in Berlin meinte: „Das kalte Feuer, das in seinen Augen brannte, das große magere Kinn, in dem die Muskeln bisweilen spielten, konnte nur zu einer Natur gehören, der es ums Ganze geht."

Schon in seiner Jugend engagierte sich Schulze-Boysen politisch. 1923 nahm er am Untergrundkampf gegen die französische Ruhrbesetzung teil. Zunächst liberal-konservativ eingestellt – er war Mitglied des nationalliberalen „Jungdeutschen Ordens" und der Studentenverbindung „Albinga" –, wandte er sich jedoch bald von nationalen Überzeugungen ab und propagierte eine Zentralwirtschaft nach sowjetischem Vorbild. Er organsierte politische Diskussionskreise und wurde Herausgeber der Zeitschrift „Der gegner" – „Gegner" kleingeschrieben.

Im April 1933 musste er eine Erfahrung machen, die ihn stark prägte: Ein SS-Kommando überfiel während einer Diskussionsveranstaltung die Redaktion des „gegner", verwüstete die Räume und verschleppte Schulze-Boysen, seine beiden Freunde Adrien Turel, Henry Erlanger und andere Diskutanten. Schulze-Boysen wurde schwer misshandelt und mehrere Tage lang festgehalten. Vor seinen Augen ermordeten die Schlägertrupps der SS seinen jüdischen Freund Erlanger. Seine Freilassung verdankte er seiner Mutter, die beim Berliner Polizeipräsidenten Magnus von Levetzow, einem Bekannten von ihr, intervenierte. Schulze-Boysen entging nur knapp dem Tod, denn in dem Moment, als seine Mutter in Begleitung mehrerer Polizeibeamter, die ihr von Levetzow mitgegeben hatte, im Folterkeller am Fürstenbrunner Weg erschien, debattierten die SS-Schergen gerade, ob man ihn nicht, so wie Erlanger, „fertig machen" sollte. Nach dieser Erfahrung war Schulze-Boysen klar geworden, dass er allein durch Diskussionen und Kampfschriften keine Chance hatte, die Dinge zu verändern, und er neue Wege finden musste, seine Überzeugungen umzusetzen. Er begann, Gleichgesinnte um sich zu versammeln und ein oppositionelles Netzwerk aufzubauen.

Nachdem er sein rechts- und staatswissenschaftliches Studium abgebrochen hatte, suchte er nach einer beruflichen Perspektive und begann im Mai 1933 eine Ausbildung an der Verkehrsfliegerschule Warnemünde, einer Tarnorganisation der Reichsmarine, die Militärpiloten ausbildete. Da es zu der Zeit gemäß dem Versailler Vertrag dem Deutschen Reich verboten war, Militärflugzeuge zu besitzen, umging man das Verbot durch die zivile Tarnung militärischer Aufrüstung. Doch es wurde nichts aus Schulze-Boysens Idee, Seebeobachter der Marine zu werden, weil die Ausbildung im April 1934 eingestellt wurde. Begründung: Mangel an Flugzeugen und außenpolitische Rücksichtnahmen. Schulze-Boysen musste nun nach einer anderen Erwerbsquelle suchen. Er bewarb sich bei der Abteilung „Fremde Luftmächte" des Reichsluftfahrtministeriums und wurde eingestellt. Seine Aufgabe war es, Presseartikel, Fachliteratur und Rechtsvorschriften aus dem Ausland zu Fragen der Luftfahrt zu analysieren. Seine Vorgesetzten waren zufrieden mit seiner Arbeit, Schulze-Boysen allerdings weniger, denn ihm missfiel die schlechte Bezahlung.

Im Reichsluftfahrtministerium lernte er Arbeits- und Denkweisen nationalsozialistisch-ideologisch geprägter Institutionen kennen. Er erhielt Einblick in geheime Unterlagen nicht nur zu Planungen seines Ministeriums, sondern im Verbund mit anderen

Einrichtungen der nationalsozialistischen Führung auch in Funktionsweisen des Systems. So wurde ihm bald klar, dass Hitler auf einen Krieg zusteuerte. All das bestärkte ihn in seiner Ablehnung nationalsozialistischer Politik.

1936 heiratete er Libertas Haas-Heye, Pressereferentin der Filmgesellschaft Metro-Goldwyn-Mayer. Leicht war ihm die Entscheidung zur Ehe nicht gefallen, musste er doch seine Ungebundenheit, die ihm so wichtig war, aufgeben. Doch Libertas hatte es ihm angetan. Sie war gefühlsbetont, klug, selbstständig und entscheidungsfreudig. Ihr ursprünglicher Hang zum Nationalsozialismus, der sich in ihrer Mitgliedschaft in der NSDAP dokumentierte, schwand bald, und 1937 trat sie aus der Partei aus. Doch die Leidenschaft der beiden hielt nicht lange, nach kurzer Zeit gingen beide Ehepartner ihrer eigenen Wege und suchten neue Liebschaften.

Nach der Heirat begann Schulze-Boysen gemeinsam mit seiner Ehefrau, einen engeren Freundeskreis um sich zu versammeln, in dem Künstler, Wissenschaftler, Arbeiter und Studenten verschiedener politischer Couleur zusammenkamen. Sie alle einte die Ablehnung des Nationalsozialismus. In diesem Kreis lernte er Arvid Harnack und Adam Kuckhoff kennen, beide entschiedene Gegner des Nationalsozialismus, die ihrerseits gleichgesinnte Freunde um sich versammelt hatten. So entstand nach und nach ein weitverzweigtes Netzwerk.

Es blieb aber nicht bei Diskussionen, die Gruppe begann auf verschiedene Weise, aktiven Widerstand gegen die nationalsozialistische Politik zu leisten. Sie verbreitete Flugblätter, in denen zur Opposition aufgerufen wurde, rief NS-Vertreter zur Gehorsamsverweigerung auf und gab Informationen über militärische Planungen an die Vertretungen ausländischer Staaten weiter, um sie im Ausland publik zu machen. Die Gruppe half, Regimegegner zu verstecken oder ihnen die Flucht und Ausreise zu ermöglichen. Nach den Novemberpogromen 1938 halfen Gruppenmitglieder, Juden zu verstecken. Außerdem sammelten sie Informationen über Terrormaßnahmen der SA und anderer nationalsozialistischer Organisationen.

1937 wurde Gisela von Poellnitz, Mitglied der Gruppe um Schulze-Boysen, von der Gestapo dabei ertappt, wie sie einen Brief mit Informationen, die Schulze-Boysen in seinem Ministerium über den Einsatz deutscher Saboteure in Spanien gesammelt hatte, in den Briefkasten der sowjetischen Botschaft einwerfen wollte. Da die Gruppe damals noch nicht über feste Informationskanäle ins Ausland verfügte, wählte man diesen Weg der Nachrichtenübermittlung, in der Hoffnung, die Dinge würden in anderen Ländern publik werden. Gisela von Poellnitz wurde verhaftet, und nun geriet auch Schulze-Boysen durch seine Bekanntschaft zu ihr ins Visier der Gestapo. Die Folge war eine Hausdurchsuchung, die aber ergebnislos blieb. Die Gestapo konnte kein belastendes Material finden. Eine polizeiliche Mitteilung über den Verdacht gegen Schulze-Boysen an das Reichsluftfahrtministerium stieß dort auf eine äußerst kühle Reaktion. Man verbitte sich die Einmischung in interne Angelegenheiten.

Am 17. September 1940 tauchte aus heiterem Himmel ein Mann bei Harnack auf, der entscheidend für das Schicksal der Gruppe um Schulze-Boysen werden sollte. Der Mann, der fließend Deutsch mit leichtem Akzent sprach, übermittelte Grüße von einem angeblichen Bekannten Harnacks in der sowjetischen Botschaft. Harnack wurde misstrauisch, da seine Kontaktpersonen in der Botschaft längst den stalinistischen Säuberungen zum Opfer gefallen waren. Er vermutete in dem Mann einen Gestapo-Spitzel, der ihm eine Falle stellen wollte. Um seine Glaubwürdigkeit unter Beweis zu stellen, lud der Mann Harnack in die sowjetische Botschaft ein. Harnack folgte der Einladung, und dort stellte sich die wahre Identität des ominösen Mannes heraus. Er war Alexander Korotkow, Mitarbeiter des sowjetischen Geheimdienstes NKWD. Der Geheimdienstler wollte Harnack zur Spionage für die Sowjetunion bewegen.

Es begann ein gegenseitiges Katz- und Mausspiel, das die Historikerin Anne Nelson als „groteskes Menuett" bezeichnet. Die beiden tasteten sich wochenlang ab, ob sie zueinanderkommen könnten. Harnack fühlte sich nicht als Spion, sondern als Widerstandskämpfer. Korotkow seinerseits wusste, dass ein Mann wie Harnack nicht zum Agenten geboren war. Ein guter Spion sollte nur Spion sein, sich aber politisch zurückhalten. Korotkow kannte jedoch niemand anderen mit so gutem Zugang zu Informationen wie den Mitarbeiter des Reichswirtschaftsministeriums Harnack.

Nach längeren Diskussionen erklärte sich Harnack schließlich bereit, Informationen zu beschaffen, und schon bald konnte Korotkow erste Berichte nach Moskau übermitteln, wie zum Beispiel solche über die geplante Besetzung Rumäniens durch deutsche Truppen.

Harnacks Informationen waren für die Sowjetführung zwar interessant, reichten aber nicht für ein umfassendes Bild der militärischen Lage im Zweiten Weltkrieg. Man benötigte dringend Informationen über die Wehrmacht. Durch die Berichte, die Gisela von Poellnitz in den Briefkasten der sowjetischen Botschaft geworfen hatte, wusste der NKWD, dass es jemanden gab, der Zugang zu militärischen Informationen hatte. Es war nicht schwer, auf Schulze-Boysen zu kommen.

Als der am 27. März 1941 seinen Freund Harnack besuchte, traf er in dessen Wohnung auf einen weiteren Besucher, nämlich Alexander Korotkow. Man besprach zu dritt, welche Möglichkeiten der Informationsbeschaffung sich durch den Mitarbeiter des Reichsluftfahrtministeriums boten. Schulze-Boysen erklärte sich bereit, für Informationen zu sorgen, und mit ihm verfügten die Sowjets nun über eine Spitzenquelle. Vom NKWD erhielt er den Decknamen „Starschina“, der Militärgeheimdienst GRU nannte ihn „Choro“.

Schulze-Boysen begann, Korotkow regelmäßig Informationen aus dem Reichsluftfahrtministerium zu übermitteln, die dieser nach Moskau weiterleitete. Weil aber dieses Verfahren zu umständlich war und die Treffen mit dem NKWD-Mann die Gefahr der Entdeckung bargen, brauchte man eine sichere Kommunikationsverbindung nach Moskau, weshalb ein Funksystem aufgebaut werden sollte. Im Mai 1941 übergab Korotkow zwei Kurzwellensender an Greta Kuckhoff, der Ehefrau Adam Kuckhoffs. Doch beide Geräte funktionierten nicht richtig. Hans Coppi, Funker der Gruppe, konnte am 26. Juni 1941 nur einen Probefunkspruch mit dem nichtssagenden Inhalt „tausend Grüße allen Freunden" absetzen. Danach versagte das Gerät seinen Dienst. Den anderen, mit Wechselstrom betriebenen Sender, zerstörte Coppi versehentlich durch Anschluss an eine Gleichstromsteckdose. Zwar wurden neue Geräte geliefert, über die nun Meldungen zum deutschen Vormarsch an der Ostfront geschickt wurden, jedoch gab es immer wieder Probleme, die zum Teil von dem Funker Coppi verursacht wurden, der mit den Funkanlagen nicht klarkam. Immerhin drangen trotz der Probleme Meldungen bis Moskau durch, die für die Sowjetführung von großer Wichtigkeit waren. Am 9. Mai 1941 meldete Schulze-Boysen: „Die Entscheidung zum Überfall auf die Sowjetunion ist gefallen." Weitere Meldungen folgten, die darauf hindeuteten, dass sich im Osten etwas zusammenbraute: Die deutsche Luftwaffe unternehme Aufklärungsflüge über sowjetischem Territorium, das Hauptquartier der deutschen Luftflotte werde nach Königsberg verlegt, das Feldhauptquartier Hermann Görings solle in Rumänien aufgeschlagen werden. Am 12. Juni warnte Schulze Boysen: „Mit der Möglichkeit eines Überraschungsangriffs ist zu rechnen." Stalins Generäle waren besorgt, doch der Diktator wollte von solchen Horrormeldungen nichts hören. Wütend kritzelte er an den Rand der Nachricht: „Genosse Merkulow (Anm: Leiter des NKWD). Schicken Sie Ihren ‚Informanten' aus dem Stab der deutschen Luftwaffe zu seiner Hurenmutter zurück."

Am 22. Juni 1941 startete die deutsche Wehrmacht das „Unternehmen Barbarossa". Nun war auch Stalin aus seinen Träumen aufgewacht und verlangte nach mehr Informationen. Da man dringend Angaben über strategische Planungen der Deutschen an der Ostfront benötigte, es aber immer wieder technische Übermittlungsprobleme gab, beging der NKWD einen fatalen Leichtsinn: Am 26. August 1941 schickten die Moskauer Geheimdienstler einen Funkspruch an Gurewitsch nach Brüssel, er solle nach Berlin fahren und dort Kontakt mit den Berliner Informanten aufnehmen, um die Probleme mit den Funkgeräten zu klären. In dem Text wurden die Namen und Adressen Kuckhoffs, Harnacks und Schulze-Boysens genannt. Zwar war der Funkspruch verschlüsselt, wurde aber von der deutschen Funkabwehr aufgefangen, und es war nur eine Frage der Zeit, bis er entschlüsselt werden würde.

Als Gurewitsch am 29. Oktober 1941 mit neuen Funkgeräten in Berlin eintraf und die Verschwörer von dem leichtsinnigen Funkspruch erfuhren, waren sie zunächst fassungslos. Aber Schulze-Boysen hielt sich nicht lange mit dem Problem auf, sondern freute sich, wieder mit Moskau kommunizieren zu können. Nun sprudelten die Nachrichten. So konnte er von der Entwicklung einer neuen Bombe berichten, von neuen Ortungsgeräten, ferngesteuerten Torpedos und von den Vorbereitungen des Einsatzes chemischer Kampfstoffe. Er informierte darüber, dass Hitlers Hauptquartier im Osten die Wolfsschanze sei und dass es Probleme mit dem Nachschub gebe.

Währenddessen war die Funkabwehr des Amtes „Nachrichtenverbindungen" des Oberkommandos der Wehrmacht (OKW) fieberhaft bemüht, die Funkanlagen der Spionagegruppe zu orten. Tag und Nacht fuhren Peilwagen durch die Straßen Berlins und warteten darauf, dass sich einer der Sender meldete. War es dann so weit, ließen sie ihre Antennen kreisen. Eines Tages begegnete Coppi zufällig einem der Fahrzeuge mit den auffälligen Antennen. Er ahnte, dass man ihm und seinen Freunden auf der Spur war. Sofort stellte er jeglichen Funkverkehr ein. Die Fahndung stockte.

Erst über ein halbes Jahr später konnten die Abwehrspezialisten Fortschritte verzeichnen. Abwehr und Gestapo hatten zwischenzeitlich in Brüssel die dortige Spionagegruppe um Trepper und Gurewitsch ausgehoben. Am 30. Juli 1942 war ihnen der Funker

Johann Wenzel ins Netz gegangen. Unter Folter verriet der Mann den Code, den Moskau im Funkverkehr mit der „Roten Kapelle“ nutzte. Nun war es für die deutsche Funkabwehr ein Leichtes, die aufgefangenen und bisher nicht dechiffrierten Nachrichten zu entschlüsseln. Dabei fanden sie unter anderem den Funkspruch, in dem Schulze-Boysen und die anderen beiden Mitglieder der Berliner Gruppe genannt wurden. Doch die Abwehrexperten in Berlin zögerten, gegen die drei vorzugehen, denn sie hielten den Funkspruch für eine Finte. Kein professioneller Nachrichtendienst würde so leichtfertig seine Agenten verraten. Allerdings wollte die Abwehr die Verantwortung nicht mehr allein tragen und schaltete die Gestapo ein. Die zögerte nicht, sondern handelte schnell, wollte aber zunächst noch keine Verhaftungen vornehmen, sondern weitere Beweise sammeln, vor allem herausfinden, wer noch alles zu dem Spionagering gehörte. Deshalb wurden die Telefone von Schulze-Boysen, Harnack und Kuckhoff abgehört und ihre Post überwacht.

Eines Tages, als die Postbotin Briefe für Schulze-Boysen ablieferte, erzählte sie Libertas, dass ihre Post von der Gestapo kontrolliert würde. Libertas, die sich schon seit einiger Zeit beschattet fühlte, geriet in Panik. Sofort begann sie, alles belastende Material zu vernichten. Sie beseitigte verdächtige Briefe und Unterlagen, verbrannte Fotos und Filmrollen. Einen Koffer mit belastenden Unterlagen brachte sie zu Horst Heilmann, einem Mitglied der Berliner Spionagegruppe und enger Vertrauter Schulze-Boysens.

Heilmann war aber nicht nur Widerstandskämpfer und Spion, sondern auch Offizier im Referat 12 der Einheit „General der Nachrichtenaufklärung“, der Dienststelle der Wehrmacht, die den Agentenfunk dechiffrierte. Und wie der Zufall so spielt: Eines Tages zeigte ihm sein Kollege Alfred Traxl, wie Heilmann Dechiffrierer, den entschlüsselten Funkspruch mit den Adressen Kuckhoffs, Harnacks und Schulze-Boysens. Heilmann war aufs Höchste alarmiert. Sofort rief er in der Privatwohnung Schulze-Boysens an, konnte den Freund jedoch nicht erreichen, da dieser sich auf Dienstreise befand. Er hinterließ eine Nachricht, Schulze-Boysen solle ihn sofort nach seiner Rückkehr in seiner Dienststelle im Referat 12 anrufen.

In der Nacht vom 29. zum 30. August 1942 klingelte das Telefon im Dienstzimmer Heilmanns. Der war nicht in seinem Büro, aber sein Vorgesetzter Oberleutnant Wilhelm Vauck hörte das Läuten. Vauck ging an den Apparat. Am anderen Ende meldete sich Harro Schulze-Boysen, der nach Berlin zurückgekehrt war und Heilmann zu sprechen wünschte. Es war der Anruf, auf den Heilmann gewartet hatte.

Vauck war schockiert und alarmiert: Einer seiner Mitarbeiter hatte Kontakt zu einem Landesverräter. Hatte Heilmann Schulze-Boysen über den Stand der Ermittlungen gegen ihn informiert? Jetzt musste schnell gehandelt werden, Vauck informierte die Gestapo, die sofort ihre Festnahmetrupps auf den Weg schickte. Am Morgen des 31. August 1942 wurde Schulze-Boysen in seiner Dienststelle verhaftet, weitere Festnahmen folgten. Libertas nahm man am 8. September fest. Insgesamt wurden bei der Aktion rund 120 Personen verhaftet. Weitere Festnahmen folgten in den folgenden Monaten.

Bei den Vernehmungen schwiegen die Beschuldigten zunächst, machten dann aber doch weitgehende Geständnisse, die teilweise die Folge brutaler Verhörmethoden, teilweise aber auch psychologischer Tricks waren. Während der Vernehmungen Libertas Schulze-Boysens führte die Sekretärin Gertrud Breiter Protokoll. Als die beiden Frauen einmal allein waren, begann Breiter eine belanglose Plauderei und gewann so das Vertrauen Libertas'. Daraufhin verriet diese die Namen mehrerer Gruppenmitglieder und bat Breiter, die Betroffenen zu warnen. Gertrud Breiter dachte aber nicht daran, den Wunsch zu erfüllen, sondern erzählte sofort ihrem Vorgesetzten, was sie erfahren hatte. Das Ergebnis waren weitere Festnahmen. Für ihre „patriotische" Tat erhielt Breiter 5000 Reichsmark und einen Orden.

Mitte Oktober hatte die Gestapo ihre Ermittlungen abschlossen, und unter der NS-Führung begann ein Gerangel über das weitere Vorgehen. SS-Führer Heinrich Himmler wollte ein Verfahren vor dem Volksgerichtshof einleiten, doch Hitler lehnte ab und übertrug, weil Schulze-Boysen und andere Angeklagte Militärangehörige waren, das Verfahren dem Reichskriegsgericht.

Ankläger war Manfred Roeder, der wegen seiner scharfen Vernehmungsmethoden als „Hitlers Spürhund" galt. Seine Strategie im Prozess war es, die Angeklagten als sittlich verkommene Subjekte darzustellen. Als Beweis dafür führte er unter anderem die außerehelichen Beziehungen Schulze-Boysens und anderer Gruppenmitglieder an. Auch Nacktfotos von Libertas Schulze-Boysen sollten den moralischen Verfall dokumentieren.

Am 15. Dezember 1942 begann der Prozess, der schon am 19. Dezember mit Todesurteilen gegen Schulze-Boysen und die anderen Hauptangeklagten endete. Auf Weisung Hitlers erfolgte die Hinrichtung Schulze-Boysens nicht, wie es bei Militärangehörigen üblich war, durch Erschießen. Er wurde stattdessen in der Hinrichtungsstätte Plötzensee am 22. Dezember 1942 um 19:05 Uhr an einem Fleischerhaken erhängt.

63 Jahre später, am 24. Februar 2006 wurde das Urteil auf Antrag des jüngeren Bruders Schulze-Boysens annulliert.

Witold Pilecki, Gründer der
Geheimen Polnischen Armee, 1940

Witold Pilecki

Ein vergessener Held

Im Sommer 1940 saßen in Warschau zwei Männer zusammen und berieten einen verwegenen Plan. Der eine, Stefan Rowecki, war Kopf der polnischen Untergrundbewegung in Warschau, der andere ein polnischer Offizier mit dem Namen Witold Pilecki, der ebenfalls im Untergrund gegen die deutschen Invasoren kämpfte. Ihnen waren beunruhigende Dinge zu Ohren gekommen: In der Nähe der Kleinstadt Auschwitz sollten die Deutschen ein Gefangenenlager eingerichtet haben. Was dort vor sich ging, wusste niemand. Briefe der Inhaftierten hatten nichtssagende Inhalte. Ungewöhnlich häufig kamen aber Todesnachrichten an Angehörige Verstorbener von dort, hin und wieder schickte die Lagerverwaltung blutdurchtränkte persönliche Gegenstände von Gefangenen.

Rowecki und Pilecki wollten wissen, was in dem Lager geschah, und so schmiedeten sie einen abenteuerlichen Plan, von dem beide nicht wussten, wie er ausgehen würde: Pilecki sollte sich in das Lager schmuggeln und auskundschaften, was die Deutschen dort trieben.

Wenn jemand für ein solches Wagnis infrage kam, dann war es Pilecki. Der am 13. Mai 1901 geborene Mann war ein Offizier mit Kriegserfahrung. Er hatte schon am Ersten Weltkrieg und kurz darauf am Sowjetisch-Polnischen Krieg teilgenommen. Eigentlich wollte er Maler werden, brach aber sein Studium ab, als sein Vater erkrankte.

Zu Beginn des Zweiten Weltkriegs kämpfte er als Kommandant einer Kavallerieeinheit der polnischen Armee, die aber sehr schnell von der deutschen Wehrmacht aufgerieben wurde. Daraufhin ging er in das besetzte Warschau. Vom Willen getrieben, seine Heimat gegen die deutschen Besatzer zu verteidigen, schloss er sich im November 1939 Gleichgesinnten an, die die Geheime Polnische Armee (TAP) gründeten. Die Gruppe wollte ein Netzwerk aufbauen, um den bewaffneten Kampf gegen die Besatzer zu führen, und begann, zu diesem Zweck heimlich Informationen zu sammeln.

Zunächst hatte Pilecki gezögert, nach Auschwitz zu gehen, weil er seine Ehefrau Maria nicht im Stich lassen wollte. Er befürchtete Repressalien gegen sie, wenn sein Vorhaben den Deutschen bekannt werden sollte. Doch als am 12. August 1940 eine große Verhaftungswelle begann, bei der allein an einem Tag über 1000 Männer von den deutschen Besatzern festgenommen wurden, entschloss er sich, das Wagnis eizugehen, sich freiwillig verhaften zu lassen, in der Erwartung, nach Auschwitz deportiert zu werden.

Im Morgengrauen des 19. September 1940 näherten sich deutsche Verhaftungstrupps dem Haus von Pileckis Schwägerin Eleonora Ostrowka, in dem Pilecki die Nacht verbracht hatte. Aufgeregt kam der Hausmeister angerannt und warnte ihn, er möge schleunigst verschwinden. Pilecki dankte dem Mann für die Warnung und blieb. Die Truppen umstellten das Haus und begannen, Wohnung um Wohnung zu durchkämmen. Noch einmal kam der Hausmeister und warnte ihn. Aber Pilecki blieb seelenruhig sitzen. Als ein Soldat in die Wohnung stürmte, ergriff er seine Jacke und raunte seiner Schwägerin zu: „Erstatte Bericht, dass der Auftrag erfüllt ist."

Am Morgen des 21. September startete Pileckis Gefangenentransport in zugesperrten Güterwaggons. Die Fenster waren mit Brettern vernagelt, aber durch die Ritzen war zu erkennen, dass die Fahrt in Richtung Süden ging. In Auschwitz angekommen, wurden die Gefangenen mit Hieben der SS-Wachmannschaft begrüßt. „– Heraus! rrraus! rrraus! – bellte es, und die Gewehrkolben der SS-Männer regneten auf die Schultern, Rücken und Köpfe meiner Kameraden“, erinnerte sich Pilecki in seinem Bericht über das Lager. „Wir wurden von den Scheinwerfern geblendet, gestoßen, geschlagen, getreten, von Hunden gehetzt“. Die Häftlinge erhielten Nummern – die von Pilecki war 4859 –, wurden mit blau-weiß gestreifter Häftlingskleidung ausgestattet und auf das Lager verteilt. Pilecki gab sich als Tomasz Serafiński aus, den Namen eines polnischen Offiziers, dessen Ausweis er zufällig in Warschau gefunden hatte.

Schon die ersten Eindrücke waren erschütternd: Die Häftlinge wurden geschlagen, die Ernährung war miserabel, viele Insassen waren krank und konnten sich kaum auf den Beinen halten. Pilecki wurde zum Stubenaufseher ernannt, verlor den Posten aber schnell wieder, da er aus Sicht der Aufseher zu freundlich mit seinen Mitgefangenen umging.

Schon bald nach seiner Einlieferung begann er, im Lager Widerstandsstrukturen aufzubauen. Er sprach Mithäftlinge an, die ihn unterstützen sollten. Einige erklärten sich bereit, andere lehnten aus Angst vor den SS-Aufsehern ab. Mit der Zeit scharte er eine Gruppe um sich, die den Namen „Union der Militärorganisationen“ (ZOW) erhielt. Ihre Aufgaben hat Pilecki in seinem Bericht prägnant beschrieben: „(…) die Aufrechterhaltung der Moral der Kameraden, indem Nachrichten von draußen beschafft und verbreitet wurden, die Organisation (im Rahmen der Möglichkeiten) von zusätzlichem Essen, das Verteilen von Unterwäsche unter den Organisierten, Nachrichtenübermittlung in die Außenwelt sowie als Krönung von allem die Vorbereitung von eigenen Einheiten, um die Kontrolle über das Lager zu übernehmen, wenn der Befehl zum Losschlagen kommen würde, durch Abwurf von Waffen oder Landung von Fallschirmjägern.“ Bereits zu diesem Zeitpunkt war Pilecki von seinem Wunsch beseelt, das Lager würde von den Luftstreitkräften der Verbündeten gegen Deutschland angegriffen und befreit werden.

Um seine Informationen der Außenwelt zukommen zu lassen, musste Pilecki einen Weg finden, wie seine Nachrichten, die er und seine Mitkämpfer systematisch sammelten, aus dem Lager gelangen konnten. Da hin und wieder Insassen freigelassen wurden, wollte er ihnen seine Informationen mit auf den Weg geben.

Im Oktober 1940 war die Freilassung Aleksander Wilopolskis vorgesehen. Er sollte als Erster authentische Nachrichten aus dem Lager an die Untergrundbewegung in Warschau übermitteln. Aus Sicherheitsgründen wollte Pilecki nicht, dass er schriftliche Unterlagen bei sich trug, also ließ er Wilopolski seinen Bericht auswendig lernen. Pilecki lag besonders daran, der Öffentlichkeit die Todeszahlen in Auschwitz mitzuteilen. Da die Häftlinge fortlaufend durchnummeriert waren und sie ihre Nummer auf der Kleidung trugen, verglich er diese Zahlen mit der Anzahl der beim täglichen Zählappell festgestellten Gefangenenstärke. Dabei bemerkte er, dass bereits ungefähr 1000 Häftlinge fehlten, also wohl gestorben waren.

In Warschau erzählte Wilopolski dem Untergrundkämpfer Rowecki, was ihm Pilecki aufgetragen hatte. Rowecki fasste diese Informationen in einem schriftlichen Bericht zusammen, den er an die polnische Exilregierung in London übermitteln wollte, in der Hoffnung, dass man dort Maßnahmen zur Hilfe der Gefangenen ergreifen würde. Der Bericht gipfelte in dem Appell: „Die Insassen bitten die polnische Regierung im Namen Gottes, diese Lager zu bombardieren und die Qualen zu beenden.“ Rowecki wünschte sich, dass bei einer Bombardierung des Lagers in Auschwitz und anderer Konzentrationslager unter den Wachmannschaften Panik ausbrechen würde, bei der viele Häftlinge fliehen konnten. „Sollten sie (Anm.: die Gefangenen) bei dem Angriff sterben, wäre das angesichts der Bedingungen eine Erlösung“, heißt es weiter in dem Bericht.

Die Mitteilung gelangte an Władysław Sikorski, den Premierminister der polnischen Exilregierung. Als Sikorski sie gelesen hatte, bat er die britische Regierung, dem Wunsch Roweckis nachzukommen, über die Vorgänge in Auschwitz zu berichten und das Konzentrationslager zu bombardieren. Doch die lehnte ab. Die

Verbreitung von Gräueltaten der Deutschen könnte sich gegen Großbritannien wenden, weil man sie als Kriegspropaganda deuten könnte. Die Vorwürfe seien so ungeheuerlich, dass man ihnen in der Öffentlichkeit womöglich nicht glauben würde. Außerdem sah sich die Royal Air Force nicht in der Lage, so weit entfernte Ziele anzugreifen.

In Auschwitz verfolgte Pilecki derweil unruhig die Nachrichten der BBC, ob über Auschwitz berichtet wurde. Das Radiogerät hatte ein Mitgefangener aus der Elektrowerkstatt gestohlen. Doch nichts. Keine Meldungen über die Zustände im Konzentrationslager.

Unermüdlich sammelte Pilecki aber weiter Informationen. Kazimierz Jarzębowski, ein Landvermesser, der für die Erweiterung des Konzentrationslagers außerhalb der Umzäunung Messarbeiten vornahm, steckte Pileckis Berichte in einen Kartenzylinder und ließ sie, wenn er außerhalb des Lagers arbeitete, auf den Feldern liegen, wo sie von Helfern aufgesammelt und weitergeleitet wurden.

Pilecki grübelte, wie er mit seinen Freunden in Warschau unmittelbar Kontakt aufnehmen könnte. Er brauchte ein Funkgerät. Aber woher nehmen? Seine Helfer stahlen in der Funkzentrale der SS über einen Zeitraum von sieben Monaten Teile, die zum Bau des Funkgerätes benötigt wurden, und versteckten sie im Keller des Genesenentraktes. Allerdings wurde das Vorhaben von einem Mithäftling verraten und musste aufgegeben werden.

Einen hilfreichen, wenn auch charakterlich zweifelhaften Unterstützer fand Pilecki in dem inhaftierten Arzt Władysław Dering, der mit einer gewissen Selbstständigkeit den Krankentrakt leitete. Mithilfe geschmuggelter Medikamente und Typhus-Impfstoffe konnte der Mediziner einigen Gefangenen das Leben retten. Um zusätzliche Lebensmittelrationen zu erhalten, ließ er die Todesmeldungen in der Krankenstation verzögert erstellen, sodass die Portionen der Verstorbenen den noch Lebenden zugeteilt werden konnten. Bei Häftlingen, die in ein anderes KZ verlegt werden sollten, die aber für den Lagerwiderstand von Bedeutung waren, wurde eine Krankheit simuliert. Da Kranke von der Transportliste gestrichen wurden, konnte die ZOW so einige für die Untergrundarbeit wichtige Mitkämpfer im Lager halten.

Andererseits waren die Häftlingsärzte nicht zimperlich im Umgang mit besonders brutalen Funktionshäftlingen, den sogenannten Kapos. Ihnen wurden tödliche Spritzen verabreicht oder es wurde eine „normale“ Spritze mit einer rostigen Nadel versehen, was oftmals tödlich endete. In anderen Fällen behandelten die Häftlingsärzte ihre Patienten absichtlich falsch, sodass sie starben. Weil Dering die SS-Ärzte bei Menschenversuchen unterstützte, wurde er nach dem Krieg in Großbritannien als Kriegsverbrecher inhaftiert. Da aber keine ausreichenden Beweise gefunden wurden, ließ man ihn wieder frei.

Ein Weg, zusätzliche Lebensmittel ins Lager zu holen, eröffnete sich, als den Häftlingen erlaubt wurde, sich Lebensmittelpäckchen schicken zu lassen. Pilecki und seinen Mitstreitern gelang es, die Namen verstorbener Häftlinge nach draußen zu übermitteln. An sie wurden nun von fiktiven Adressen Pakete mit versteckten Medikamenten und Verbandmaterial geschickt, die der Lagerwiderstand in der Paketstelle abfing und den Inhalt an die Häftlinge verteilte.

Immer wieder versuchten die Widerständler auf ihre Weise, die SS-Wachleute zu bekämpfen. Zum Beispiel wurde ihre Kleidung mit typhusinfizierten Läusen kontaminiert, die ein Häftling eigens dafür gezüchtet hatte. Die Aktion zeigte Wirkung, etliche SS-Männer erkrankten. Selbst an Lagerleiter Rudolf Höß ließen die Häftlinge ihre Wut aus. Einmal wurde seinem Pferd ein Stein unter den Sattel gelegt und als der Lagerleiter aufsaß, ging das Pferd durch.

Im September 1941 begann in Auschwitz die systematische Vergasung der Häftlinge. Pilecki war schockiert über das, was er mit ansehen musste und was er von seinen Mithäftlingen erfuhr. Wieder gelang es ihm, entlassenen Häftlingen mündliche Berichte mit auf den Weg zu geben, die auch tatsächlich nach London gelangten. Die Reaktionen dort waren wieder zurückhaltend. Premierminister Winston Churchill sagte in der BBC nur, dass „Tausende – buchstäbliche Tausende – kaltblütige Hinrichtungen von den deutschen Polizeitruppen an den russischen Patrioten, die ihre Heimat verteidigen, verübt werden." Kein Wort von den Vergasungen in Auschwitz.

Das Morden im Lager ging weiter, Tausende von Häftlingen wurden in immer kürzeren Abständen vergast. Pilecki suchte fieberhaft nach neuen Möglichkeiten, seine Berichte nach Warschau zu schicken. Eines Tages stieß er auf Wincenty Gawron, einen Maler, dem er zur Flucht verhelfen konnte. Gawron übergab Rowecki einen Bericht, den der Untergrundkämpfer in Warschau mit anderen Meldungen zusammenfasste und im Juni 1942 nach London schickte. Unter anderem enthielt er Zahlen über die Vergasungen: 700 000 Menschen waren bis dahin getötet worden. Dieser Bericht führte nun zu ersten Reaktionen in der westlichen Welt. Die Presse sprach über die Vergasungen, Churchill und der amerikanische Präsident Franklin D. Roosevelt sagten Unterstützung zu, in New York fand eine Demonstration mit über 20 000 Teilnehmern statt. Doch bald verschwanden die Meldungen über die Gräueltaten wieder aus den Schlagzeilen. Ein Ausschuss des US-Kriegsinformationsministeriums glaubte, sie würden „morbide" Empfindungen auslösen. Der Vorsitzende der Polnischen Sozialistischen Partei in London beklagte daraufhin, man hätte statt von 700 000 Toten besser von 7000 vergasten Juden sprechen sollen. Das hätte glaubwürdiger geklungen.

Pilecki gab nicht auf und wollte einen weiteren Bericht mit neuen Enthüllungen über die Morde an die Öffentlichkeit leiten. Ein Häftling schmuggelte ihn nach draußen, wo der Kurier Napoleon Segieda ihn entgegennahm. Segieda fuhr nach Bern, um ihn dort dem polnischen Botschafter in der Schweiz, Aleksander Ładoś, zu übergeben. Weil aber Segieda undichte Stellen in der Botschaft vermutete, verschwieg er, was in Auschwitz vor sich ging. Und so gab es wieder keine Reaktionen.

In London und Washington wollte man die Vergasungen nach wie vor nicht anprangern. Als der deutsche Industrielle Eduard Schulte die britische und amerikanische Regierung von Hitlers Planung einer systematischen Vernichtung aller Juden warnte, schrieb ein britischer Diplomat: „Wir haben keinerlei Bestätigung dieses Berichts aus anderen Quellen." Vonseiten der amerikanischen Regierung hieß es: „Ein wildes Gerücht, basierend auf jüdischen Befürchtungen." Auch Papst Pius XII., der mit ziemlicher Wahrscheinlichkeit von den Vorgängen in Auschwitz wusste, schwieg, weil er befürchtete, Hitler gegen die Kirche aufzubringen. Erst als die Jewish Agency Berichte von Freigelassenen veröffentlichte, griff die „New York Times" das Thema auf und berichtete von „Erwachsenen und Kindern, die zu großen Krematorien nach Owiencim (Anm.: gemeint ist Oświęcim) in der Nähe von Auschwitz geschafft werden."

Parallel dazu hatte Rabbi Stephen Wise in den USA publik gemacht, dass inzwischen zwei Millionen Menschen getötet worden waren. Daraufhin wurde er am 8. Dezember 1942 zu Präsident Roosevelt gebeten, um diesem zu erzählen, was er wusste. Doch der Präsident soll wenig Interesse an den Neuigkeiten gezeigt haben. Erst als der britische Außenminister Anthony Eden am 17. Dezember 1942 im britischen Unterhaus die Massenmorde ansprach, wachte die Öffentlichkeit auf. Am 18. Dezember erschien eine Interalliierte Erklärung, die die Massenmorde verurteilte. Daraufhin wurde die britische Regierung mit Eingaben geflutet, den verfolgten Juden zu helfen. Und wieder kam die Forderung auf, Auschwitz zu bombardieren. Und wieder lehnte der Oberbefehlshaber der Royal Air Force ab. Der Angriff wäre nur eine symbolische Geste und würde Hitler nicht abschrecken. Die Royal Air Force habe strategisch wichtigere Ziele.

Pilecki, der von alledem nichts wusste, erkannte, dass er allein durch die Berichte seiner Kuriere keine Änderung der Situation im Lager bewirken würde und begann mit der Planung eines Aufstands. Er stellte mehrere Gruppen von Häftlingen zusammen, unterteilte sie in Blöcke und Bataillone. Doch seine Planungen erwiesen sich schnell als undurchführbar. Die einige Tausend Mann starke, gut ausgerüstete SS-Wachmannschaft hätte sich nicht überwinden lassen.

In der Zwischenzeit war die SS-Lagerleitung auf die Untergrundgruppe aufmerksam geworden, und Häftlinge wurden verhört. Einen Gefangenen hängten SS-Schergen an Händen und Füßen auf und peitschte ihn an den Genitalien aus, um ein Geständnis zu erpressen. Allerdings ohne Erfolg, der Mann schwieg trotz aller Qualen. Auch untereinander war die Widerstandsgruppe inzwischen uneins geworden, sodass die ernsthafte Gefahr einer Entdeckung bestand.

Nun sah Pilecki nur noch einen Ausweg: Er musste aus dem Lager fliehen und selbst dafür sorgen, dass Hilfe zur Befreiung der Häftlinge organisiert wurde. Die Idee zu einer Flucht war nun allerdings genauso waghalsig wie die, freiwillig nach Auschwitz zu gehen. Ihm war klar, dass seine Chancen nicht groß waren. Trotzdem plante er über Monate hinweg sein Entkommen aus dem Todeslager. Im März 1943 spionierte er die Abwasserkanäle aus in der Hoffnung, durch sie fliehen zu können. Er beriet sich mit seinem Freund Jan Redzej, der ebenfalls Fluchtpläne hegte. Redzej riet ihm von der Flucht durch die Kanalisation ab und hatte eine bessere Idee. Die außerhalb des Lagers gelegene Bäckerei sei besser geeignet, um zu entkommen. Sie mussten zusehen, dass sie zur Arbeit dort eingeteilt wurden. Da die Backstube während der Arbeit der Gefangenen verschlossen war, mussten sie versuchen, Schlüssel und Werkzeuge zu finden, um die Tür heimlich zu öffnen. Diese war aber nicht nur von innen verschlossen, außen war außerdem ein Haken angebracht, der die Türflügel zusammenhielt. Von innen war der Haken mit Muttern an der Tür befestigt. Mit Tricks gelang es den beiden und dem Dritten im Bunde, Edward Ciesielski, der ebenfalls fliehen wollte, der Arbeit in der Bäckerei zugewiesen zu werden. In einem unbeobachteten Moment fertigten sie von den Muttern und dem Schlüssel zur Tür, den sie in einem Schlüsselkasten gefunden hatten, Abdrücke auf einem Brotlaib und ließen von einem Mithäftling, der Schlosser war, einen passenden Schraubenschlüssel und einen Nachschlüssel anfertigen. Eines Nachts schlossen sie, als die Wachleute unaufmerksam waren, die Tür auf, schraubten den Riegel ab, traten gegen die schwere Tür und rannten um ihr Leben in die Dunkelheit. Die SS-Wachleute wurden von dem Lärm aufgeschreckt, schossen den Fliehenden hinterher, doch die konnten in der dunklen Nacht entkommen.

Auf abenteuerliche Weise schlug sich Pilecki zunächst nach Krakau und dann nach Warschau durch, wo er nach drei Jahren endlich seine Familie wiedersehen konnte.

Sein Bestreben, das Lager in Auschwitz zu befreien, hatte er immer noch nicht aufgegeben. Mit Nachdruck drängte er die Führung des polnischen Untergrunds, das Lager anzugreifen und die Gefangenen zu befreien. Doch der Leiter der Angriffsplanung, Karol Jabłoński, winkte ab. Er wollte sich mit seinen Kämpfern auf einen landesweiten Aufstand vorbereiten und sich nicht mit Einzelaktionen verzetteln.

Als Churchill verkündete, Polen nach einem Vormarsch der Roten Armee der Sowjetunion zu überlassen, waren die Untergrundkämpfer schockiert. Sie wollten nicht von einer neuen Tyrannei unterdrückt werden, nachdem die alte besiegt sein würde. So bildeten sie eine neue Untergrundgruppe, die sich dem Widerstand gegen eine sowjetische Eroberung verschrieb. Vorerst aber kämpfte Pilecki während des Warschauer Aufstands gegen die deutschen Besatzer. Zwei Wochen hielt Pileckis Einheit den deutschen Truppen stand, dann musste sie sich ergeben, und Pilecki geriet in deutsche Kriegsgefangenschaft. Weil er Soldat war, wurde er nicht in ein Konzentrationslager deportiert, sondern als Kriegsgefangener nach Bayern gebracht, wo er 1945 vor den Amerikanern befreit wurde.

Im gleichen Jahr schloss er sich dem im Londoner Exil lebenden General Władysław Anders an, der begonnen hatte, Informationen über Gräueltaten der sowjetischen Besatzung in Polen zu sammeln. Unter anderem war er bemüht, das Massaker von Katyn aufzuklären. Im Auftrag Anders' begann Pilecki, in Polen ein Netzwerk aufzubauen, das Informationen über die Unterdrückung der neuen Besatzer sammelte. Zu seinem Schrecken musste er feststellen, dass wieder Juden brutal verfolgt wurden.

Während dieser Zeit schrieb er seine Erlebnisse in Auschwitz in einem Bericht nieder, der Eindrücke aus erster Hand über die Massaker in dem Konzentrationslager liefert und ein authentisches Zeugnis des Mordens in Auschwitz ist.

Pileckis weiteres Schicksal verlief tragisch, denn er konnte nicht der Verfolgung durch die neuen kommunistischen Machthaber in Polen entkommen. Am 8. Mai 1947 wurde er vom polnischen Geheimdienst Urząd Bezpieczeństwa (UB) verhaftet. Nach einem Schauprozess, bei dem viele, wahrscheinlich gefälschte, Dokumente als Beweise gegen ihn herangezogen wurden, sprach ihn ein Gericht am 15. Mai 1948 der Spionage schuldig und verhängte die Todesstrafe. Zehn Tage später wurde er hingerichtet. Seine sterblichen Überreste sind bis heute unauffindbar.

Während der kommunistischen Herrschaft wurden Pileckis Taten totgeschwiegen. Erst nach dem Untergang des kommunistischen Regimes wurde er am 1. Oktober 1990 rehabilitiert und am 6. September 2013 postum zum Oberst befördert.

Fluchthelferin und Mitglied der französischen Résistance: Nancy Wake

Nancy Wake

Die weiße Maus

In ihrer Jugend war sie eine attraktive, lebenslustige Frau, die oft auf Partys zu sehen war und gerne flirtete. Sie vertrug große Mengen Alkohol und trank noch im Alter von über 60 Jahren einen Reporter bei einer Wette unter den Tisch. Während des Zweiten Weltkriegs war sie bei der französischen Résistance bekannt für waghalsige und gefährliche Einsätze. Sie war pfiffig, entkam immer wieder der Gestapo, die sie mit allen Mitteln verfolgte und ihr den Namen „weiße Maus" gab, weil sie nicht zu fassen war. Sie selbst bezeichnete sich einmal als „Straßenköter im besten Sinne des Wortes", also als ein Wesen, das sich in jeder Situation durchbeißen konnte. Nancy Wake führte im Zweiten Weltkrieg ein Leben wie kaum eine andere Frau.

Geboren am 30. August 1912 in Neuseeland, kam sie in den 1930er-Jahren nach Paris, wo sie sich als Reporterin durchschlug. Sie war keine Intellektuelle, gehörte nicht zu den Journalisten, die die angespannte Weltpolitik analysierten. Ihre Beiträge fanden sich eher unter der Rubrik „Klatsch und Tratsch", so zum Beispiel in Reportagen über wilde Pferde in der Camargue oder „Zigeunerfeste".

Nachts zog sie ausgelassen durch die Pariser Bars, trank und flirtete heftig. Es war ein sorgloses Leben mit Partys und Reisen, das sie in vollen Zügen genoss. „Mit den Franzosen habe ich mich immer sehr gut verstanden, vielleicht weil ich sehr natürlich bin", soll sie einmal gesagt haben.

Eines Tages lernte sie beim Tangotanzen den 13 Jahre älteren Henri Fiocca, einen reichen Unternehmer, kennen und verliebte sich in ihn. „Er war die Liebe meines Lebens", erzählte sie später. 1939 heirateten die beiden.

Fiocca konnte seiner Ehefrau ein luxuriöses Leben voller Reisen, Dinnerpartys, Champagner und Kaviar bieten. Von ihrem Luxusappartement auf einem Hügel über Marseille hatten sie einen herrlichen Blick auf die Stadt und ihren Hafen.

Doch lange währte dieses Leben nicht. Nach der Besetzung Belgiens und Nordfrankreichs durch deutsche Truppen und der Schlacht bei Dünkirchen im Mai 1940 gerieten viele Soldaten des britischen Expeditionskorps in deutsche Gefangenschaft. Einige von ihnen konnten fliehen und versuchten, sich nach Spanien durchzuschlagen. Als Transportmittel dienten unter anderem Ambulanzfahrzeuge. Nancy Wake war der Auffassung, helfen zu müssen. Dieser Wunsch war aus einem tiefsitzenden Hass auf die Deutschen entstanden, der sich nach einem Aufenthalt in Wien zwei Jahre zuvor entwickelt hatte. Dort hatte sie Nazihorden beobachten müssen, die marodierend durch die Straßen gezogen waren, Juden an riesige Räder ketteten, durch die Straßen rollten und auf einem Stadtplatz auspeitschten. Nancy Wake war von dem Anblick schockiert. Sie überredete ihren Mann, ihr einen Krankenwagen zu kaufen, mit dem sie sich den Trecks der Flüchtlinge anschloss und britische Soldaten Richtung Süden transportierte. Dass sie keinen Führerschein besaß und zuvor noch nie am Steuer eines Autos gesessen hatte, störte sie nicht.

Ihr weiteres Schicksal war dann eng mit der Special Operations Executive (SOE) verbunden, einer nachrichtendienstlichen Einheit, die der britische Premierminister Winston Churchill 1940 mit dem Auftrag ins Leben gerufen hatte, in den von Deutschland besetzten Gebieten Sabotageakte gegen die Invasoren zu verüben. Die SOE wurde auf Nancy Wake aufmerksam und machte ihr das Angebot, als Kurierin für die

Einheit zu arbeiten. Den Geheimdienstlern erschien die Frau perfekt geeignet für diesen Auftrag: Sie war als Journalistin viel unterwegs und als Ehefrau eines angesehenen Unternehmers über jeden Verdacht erhaben. Eine bessere Tarnung war kaum denkbar. Von nun an fuhr sie kreuz und quer durch Frankreich, traf sich mit Agenten auf Bahnhöfen oder in Cafés, übergab ihnen Nachrichten oder nahm Berichte entgegen. Sie reiste mit falschen Papieren, Kontrollen wich sie geschickt aus.

Doch bald begann sie, sich zu langweilen. Sie wollte mehr, suchte das Abenteuer. Ihre Führungsoffiziere der SOE, Pat O'Leary und Ian Garrow, denen sie eröffnete, gefährlichere Aufträge übernehmen zu wollen, waren zunächst wenig begeistert von dem Wunsch. Dann aber wurde Garrow im Oktober 1942 von der französischen Polizei festgenommen und in einem Internierungslager festgehalten. Nun kam Nancy Wake endlich mit dem von ihr ersehnten abenteuerlichen Einsatz zum Zuge, denn sie sollte Garrow befreien. Mit List machte sie sich an die Arbeit. Sie gab sich als Cousine Garrows aus, beantragte eine Besuchserlaubnis, die sie auch erhielt, und kundschaftete das Lager aus. Es gelang ihr, einen Aufseher zu überreden, ihr bei der Flucht Garrows zu helfen. Als Gegenleistung sollte er 50 000 Franc erhalten. Die SOE ließ für Garrow eine Wärteruniform schneidern, die Nancy Wake dem bestechlichen Aufseher brachte, damit der sie an Garrow weitergab. Tatsächlich gelang das Vorhaben. Der Aufseher schmuggelte die Uniform ins Lager, erhielt seine 50 000 Franc, Garrow mischte sich beim Wachwechsel unter die Uniformierten und gelangte so unbehelligt aus dem Lager.

Doch Nancy Wakes geheime Missionen blieben nicht unbeobachtet. Ein Nachbar der Eheleute Fiocca, Polizist und überzeugter Anhänger Philippe Pétains, dem von den Deutschen eingesetzten französischen Regierungschef, beobachtete sie aufmerksam. Harold Cole, ein Mitglied der Gruppe um O'Leary, stand im Verdacht, ein Spitzel der Gestapo zu sein und konnte Nancy Wake gefährlich werden. Auch den deutschen und französischen Sicherheitsbehörden war sie inzwischen aufgefallen, weshalb ihr Telefon angezapft und ihre Post geöffnet wurde. Zu dieser Zeit muss ihr die Gestapo den Namen „Weiße Maus“ gegeben und auf ihren Kopf fünf Millionen Franc ausgesetzt haben.

Weil ihr der weitere Aufenthalt in Frankreich nun zu gefährlich erschien, plante sie Ende 1943, sich nach Großbritannien abzusetzen. Später dachte sie an diesen Augenblick zurück: „Henri sagte: ‚Du musst gehen‘, und ich erinnere mich, dass ich aus der Tür ging und sagte, ich würde ein paar Einkäufe erledigen, dass ich bald zurück sein würde. Und ich bin gegangen und habe ihn nie wieder gesehen.“

Ihre Flucht hatte sie generalstabsmäßig geplant. Um ihren geliebten Ehemann vor dem Verdacht der Mittäterschaft zu bewahren, verfasste sie Briefe, in denen sie erklärte, ihren Mann zu verlassen, weil er zu alt und zu langweilig sei. Sie wolle nach Paris, weil dort das Leben bunter und abwechslungsreicher sei. Dasselbe erzählte sie auch einigen tratschsüchtigen Freundinnen, in der Erwartung, dass sie die Neuigkeit verbreiteten. Tatsächlich machte sie sich dann aber nicht auf den Weg nach Paris, sondern wollte nach Spanien, um von Gibraltar mit dem Schiff nach Großbritannien zu fahren. Ihr erster Versuch, die Pyrenäen zu überqueren, scheiterte wegen schlechten Wetters, der zweite, weil die Fluchthelfer nicht erschienen, der dritte wegen zu intensiver Kontrollen der deutschen Wehrmachtpatrouillen. Mit O'Leary war vereinbart, dass sie sich unterwegs einer Gruppe britischer Piloten anschließen sollte, die von einem Helfer über die spanische Grenze gebracht werden würde. Doch auf der Fahrt zum Treffpunkt geriet sie in eine Kontrolle der französischen Polizei. Die Situation war brenzlig, denn sie hatte eine größere Geldsumme und ihren gesamten Schmuck bei sich. Obwohl sie mit ihrem echten Ausweis reiste, hielten die Polizisten ihn für gefälscht und brachten sie ins Gefängnis nach Toulouse. Im Verhör auf der Wache zeigte sie ihre Kaltschnäuzigkeit. Auf die Frage, warum sie alleine eine nicht ungefährliche Reise unternehme, antwortete sie schlagfertig, sie sei mit ihrem Mann gereist, der aber ausgestiegen sei, nachdem sie sich gestritten hätten. Daraufhin telefonierte ein Polizist mit Fiocca, der nichts ahnend sagte, er sei die ganze Zeit zu Hause in Marseille gewesen. Die Folge der Lüge war eine schallende Ohrfeige des Polizisten. Doch Nancy Wake log weiter, behauptete nun, ihr Mann sage die Unwahrheit, weil er ihr immer noch böse sei. Die Polizisten glaubten ihr natürlich auch das nicht und sperrten sie in eine Zelle.

Am nächsten Morgen, als sie wieder zum Verhör geführt wurde, traf sie auf dem Flur zufällig O'Leary. Was dieser dort zu suchen hatte, ist nicht klar. Er behauptete jedenfalls gegenüber dem Gefängnisdirektor, Nancy sei seine Geliebte, die gelogen habe, damit ihre Liebschaft nicht publik würde. Sein Freund, Premierminister Pierre Laval, würde ausgesprochen ärgerlich reagieren, wenn er erführe, dass seine Geliebte inhaftiert sei. Die Lüge wirkte, Nancy Wake wurde freigelassen.

Aber schon folgte der nächste Schreck: Sie saß im Zug nach Perpignan, als der auf freier Stecke hielt. Die SS stand bereit, um ihn zu durchsuchen. Während die Soldaten von der einen Seite den Zug erklommen, sprang Nancy Wake auf der anderen auf die Böschung und rannte über die Felder. Schüsse bellten auf, die SS nahm die Verfolgung auf, aber vergebens. Nancy Wake konnte entkommen. Ihr Geld und ihr Schmuck blieben allerdings im Zug zurück.

Schließlich gelang es ihr, sich einer Gruppe anderer Flüchtlinge anzuschließen, die, zunächst in einem Güterzug unter leeren Kohlesäcken versteckt, dann zu Fuß über die Pyrenäen in Richtung Spanien unterwegs war. Die Flüchtlinge schwammen durch Flüsse, übernachteten im Freien und gelangten schließlich durchnässt und ausgehungert nach Spanien. Dort wurden sie erst einmal mit warmen Essen versorgt und konnten ihre nasse Kleidung trocknen. Und wieder drohte ihre Flucht zu scheitern. Nancy Wake wurde verhaftet, diesmal von der spanischen Polizei, die nach Schmugglern fahndete. Und wieder bluffte sie: Sie gab sich als Nancy Farmer aus und sei Amerikanerin. Es gäbe diplomatischen Ärger, wenn man sie nicht sofort freiließe. Der Bluff gelang, sie konnte die Reise fortsetzen, gelangte erst nach Madrid, dann nach Gibraltar, wo sie einige Wochen warten musste, bis ein Schiff sie mit nach Großbritannien nahm.

Ab Ende Mai 1943 lebte sie in London, ausgestattet mit Geld eines britischen Geschäftspartners ihres Mannes, und wartete auf einen neuen Einsatz. Es dauerte nicht lange, bis sie zu einem Gespräch mit einem gewissen Selwyn Jepson, Mitarbeiter der SOE, gebeten wurde. Jepson fragte sie gründlich aus, um sich ein Bild von der Frau zu machen, die für einen Einsatz als Sabotageagentin in Frankreich in Betracht kam. Weil er ihre Sprachkenntnisse testen wollte, wechselte er in dem Gespräch permanent zwischen Französisch und Englisch. Nancy Wake, die beide Sprachen perfekt beherrschte, parierte prompt. Jepson war von der Frau angetan und setzte sie auf die Liste der Sabotageagenten.

Die nächsten Wochen verbrachte sie in Schottland, wo sie eine Ausbildung der SOE absolvierte. Sie musste an einem Überlebenstraining teilnehmen, lernte Nachrichtenübermittlung, Fallschirmspringen, lautloses Töten, den Umgang mit Plastiksprengstoff und die Handhabung verschiedener Waffen und Munition. Einmal wurde sie in einer fremden Gegend mit zehn Pfund für Wegzehrung ausgesetzt und sollte, auf sich allein gestellt, Objekte auskundschaften, die für Sabotageanschläge geeignet sein könnten. Profis der SOE verfolgten sie, aber es gelang ihr, die Beschatter abzuschütteln.

Neugierig wie sie war, wollte sie wissen, wie ihre Leistungen bewertet wurden. Da ihre Ausbilder sich in Schweigen hüllten, zeigte sie, was sie gelernt hatte. Der Schlüssel zum Personalbüro hing in einem Schlüsselkasten, der von einem Soldaten bewacht wurde. Ein eingeweihter Kamerad lenkte den Wachhabenden ab, indem er ihn in ein Gespräch verwickelte, Nancy Wake schnappte sich schnell den Schlüssel und machte in Windeseile einen Wachsabdruck, so wie man es ihr in der Ausbildung gezeigt hatte. Sie ließ einen Nachschlüssel anfertigen, schlich sich in das Personalbüro und studierte interessiert ihre Personalakte. Die Eintragungen lasen sich ambivalent: Sie habe einen starken Charakter, sei eigensinnig, entschlossen und voller Tatendrang. Sie erreiche gute Resultate im Umgang mit Waffen. Allerdings lasse ihre Fitness, zum Beispiel beim Klettern oder Springen über Zäune, zu wünschen übrig. Im Übrigen bemühe sie sich, pünktlich zu sein.

Nach Abschluss ihrer Ausbildung gehörte sie zu den 430 Männern und 39 Frauen der französischen Sektion der SOE. Ihr Deckname war „Hélène“. Aufgabe der Gruppe war es, durch Sabotageakte die deutschen Truppen zu schwächen und dadurch den Alliierten die Invasion zu erleichtern. Ihre Ziele sollten deutsche Einrichtungen, Konvois und Truppen sein.

In der Nacht vom 29. zum 30. April 1944 wurde es ernst. Ein Flugzeug brachte sie nach Frankreich. In der Auvergne in Zentralfrankreich sprang sie gemeinsam mit Major John Farmer mit dem Fallschirm ab. Die beiden wurden von einem Suchtrupp der Résistance ins Hauptquartier der regionalen Untergrundeinheit gebracht und machten sich dort sofort an die Arbeit. Sie legten Munitions- und Waffenlager an und arrangieren den Funkverkehr nach Großbritannien. Es war eine extrem harte Aufgabe, die auf Nancy Wake zukam. Ständig war sie auf Achse, oft versteckt in den Wäldern, von Gruppe zu Gruppe eilend, kam sie wenig zum Schlafen. Sie organisierte Fallschirmabwürfe, prüfte die Munitionsbestände, schaute nach, ob ausreichend Zelte und Decken vorhanden waren, kümmerte sich um die Verpflegung und motivierte die Freiwilligen zum Kampf. Ob sie tatsächlich, wie sie behauptet hat, mit dem Fahrrad in 71 Stunden 500 Kilometer (manche Quellen behaupten, es waren 700 oder sogar 800) gefahren war, um Codes abzuholen, nachdem der Funker ihrer Gruppe seine aus Sicherheitsgründen vernichten musste, ist nicht sicher verbürgt. Jedenfalls passt die Geschichte zu ihrem unermüdlichen Untergrundeinsatz.

Ihre Behausung für die nächsten Wochen wurde ein Bus, den ihre Kameraden requiriert hatten und in dem sie es sich so bequem wie möglich machte. Gegen neugierige Blicke ihrer Kameraden schirmte sie sich mit Zeltplanen ab. Ursprüngliche Vorbehalte ihrer männlichen Kameraden gegen eine Frau in ihren Reihen konnte sie durch ihr mutiges und überzeugendes Verhalten bald aus dem Weg räumen. Einer von ihnen meinte anerkennend: „Sie ist die femininste Frau, die ich kenne, bis der Kampf beginnt. Dann ist sie wie fünf Männer."

SS und Wehrmacht setzten alles daran, die Widerständler, deren Hauptquartier eine Festung auf einem Plateau bei Chaudes-Aigues lag und die durch ständige Sabotageaktionen die deutschen Besatzer in Unruhe hielten, auszulöschen. In den Städten rund um das Plateau wurden Truppen zusammengezogen, Artillerie und Geschütze in Stellung gebracht. Im Juni 1944 rückten ungefähr 22 000 SS-Männer gegen die rund 7000 Résistance-Kämpfer vor. Tagelang wurde erbittert gekämpft, wogten die Gefechte hin und her. Schließlich mussten sich die Résistance-Kämpfer zurückziehen. Auf der Website des französischen Verteidigungsministeriums liest man dazu: „Unter starkem Beschuss der Artillerie gibt Leutnant Gaspard (Anm.: Befehlshaber der Résistance-Kämpfer) bei Anbruch der Dunkelheit den Befehl zum sofortigen Rückzug. Nahezu alle Einheiten der FFI (Anm.: Forces françaises de l'intérieur – französische Widerstandsgruppen) brechen den Kontakt ab und bewegen sich in den Norden von Truyère (Lavastrie). Anderen wiederum gelingt die Überquerung der Bès bei Albaret-le-Contal, unter ihnen der Sanitätstrupp unter der Befehlsgewalt von Bénévole (Max Menut). Neun Personen, darunter sechs Schwerverletzte, werden am 22. Juni in der Nähe von Saint-Just exekutiert. Der Mut und die Opfer der Widerstandskämpfer sind unbeschreiblich. Trotz der 260 Toten und 180 Verletzten und obwohl sie die deutschen Linien nahezu nie durchbrechen konnten, gelang es ihnen, zwei deutsche Divisionen aufzuhalten und sie in Richtung Normandie zurückzudrängen."

Auch weiterhin war Nancy Wake nicht aufzuhalten. Rastlos, immer konzentriert, immer kampfbereit, war sie bei weiteren Attacken der Résistance dabei. Bei einem Angriff auf die Gestapostelle in Montluçon stürmte sie in das Gebäude und warf eine Handgranate in einen der Räume. 38 Deutsche kamen dabei ums Leben.

Was dann eines Nachts geschah und von Biografen bildhaft ausgeschmückt wird, ist nicht verbürgt, denn Nancy Wake selbst hat das Ereignis in ihren Memoiren nicht erwähnt. Die Résistance-Kämpfer wollten eine Fabrik in die Luft jagen, in der technische Geräte zum Raffinieren von Öl hergestellt wurden. Die Anlage war wichtig für die deutsche Wehrmacht. Die Angreifer wussten, dass die deutschen Wachen in bestimmten Abständen ihre Runden um das Gelände drehten. Während dieser Zeit waren die Zugangstore unbewacht. Diesen Augenblick wollten die Untergrundkämpfer nutzen, um sich an den Toren zu verbergen und die Wachen unschädlich zu machen, wenn sie ihren Rundgang beendet hatten. Die Résistance-Kämpfer legten sich auf die Lauer. Als ein Soldat aus der Dunkelheit auftauchte, sprang Nancy Wake ihn an und schlug ihn nieder. Weil er Anstalten machte zu schreien, tat sie das, was sie in der Ausbildung gelernt hatte: Mit einem Handkantenschlag brach sie ihm das Genick. In anderen Quellen heißt es, sie habe ihm die Kehle durchgeschnitten. Jedenfalls war der Mann auf der Stelle tot.

Am 30. August 1944 hatten die Résistance-Kämpfer zweifachen Grund zur Freude: Die Deutschen hatten Paris aufgegeben, und Nancy Wake feierte ihren 32. Geburtstag. Brot, Fleisch, Käse und natürlich Wein wurden besorgt, Nancy Wakes Kameraden legten saubere Uniformen an und standen vor ihr Spalier.

Kurz darauf kehrte sie nach Marseille zurück, wo sie erfahren musste, dass ihr Mann nicht mehr lebte. Er war von den Deutschen verhaftet und am 16. Oktober 1943 hingerichtet worden, nachdem er nicht verraten hatte, wo sich seine Frau aufhielt.

Später zog es sie weiter nach Paris. Hier ereignete sich eine weitere Episode, die, wenn sie sich denn tatsächlich so zugetragen haben sollte, typisch für die angriffslustige Frau war. In einem Lokal moserte ein Kellner, der sie als Englisch sprechende Ausländerin erkannt hatte, leise auf Französisch über ihre umständlichen Bestellwünsche. Mit den Deutschen sei es früher einfacher gewesen. Nancy Wake, die den fluchenden Kellner sehr wohl verstanden hatte, sprang auf und verpasste ihm einen Kinnhaken, sodass der Mann bewusstlos zu Boden ging. Als ein anderer Kellner mit einem Glas Brandy zu seinem Kollegen eilte, schnappte sie sich das Glas, leerte es in einem Zug, sagte „Merci“ und ging aus der Tür.

Nach dem Krieg arbeitete Nancy Wake bis 1949 für den britischen Nachrichtendienst an den Botschaften in Paris und Prag, danach von 1951 bis 1956 für die Nachrichtendienstabteilung des britischen Luftfahrtministeriums. 1960 heiratete sie den britischen Offizier John Forward und zog mit ihm nach Australien. Dort lebte sie ohne weitere Abenteuer als Hausfrau und Angestellte eines Textilunternehmens. Nach dem Tod ihres zweiten Mannes im Jahre 1997 zog es sie wieder nach Europa. Ihre letzten Lebensjahre verbrachte sie in London, wo sie am 7. August 2011 starb.

Nancy Wake wurde hoch geehrt, erhielt unter anderem die George-Medaille aus Großbritannien, die Widerstandsmedaille, das Croix de Guerre mit zwei Palmzweigen und die Medal of Freedom. 2004 wurde ihr der Titel Companion of the Order of Australia verliehen, 2006 folgte die höchste Auszeichnung der Neuseeländischen Returned Services Association, das RSA-Abzeichen in Gold, sowie eine lebenslange Mitgliedschaft.

Es wird behauptet, sie habe ihre Medaillen, weil sie in Geldnot geriet, für 60 000 Pfund an einen Militariahändler verkauft. Am Ende ihres Lebens sollen einige ihrer Bewunderer und das britische Königshaus ihre Rechnungen bezahlt haben. Aber möglicherweise ist auch das eine der vielen Legenden um Nancy Wake.

Takeo Yoshikawa bei einem TV-Interview im Dezember 1964

Takeo Yoshikawa

Der Spion im Paradies

Hawaii ist ein traumhaftes Inselparadies. Weiße Sandstrände, Vulkane aus schwarzer Lava, dichte Palmenhaine hinterlassen unvergessliche Eindrücke. Doch es gab einen schwarzen Tag in der Geschichte des Inselarchipels: den 7. Dezember 1941. Ab 7:49 Uhr dieses Tages stürzten sich japanische Bomber in mehreren Angriffswellen auf die amerikanische Pazifikflotte in dem in einer Bucht der Insel Oahu gelegenen Hafen von Pearl Harbor. Der Überfall führte zu verheerenden Verlusten bei den völlig überraschten Amerikanern. Es gab 2403 Tote und 1178 Verwundete, 27 Schiffe wurden versenkt oder beschädigt. Allein auf dem Schlachtschiff „Arizona" starben über 1100 Seeleute. Dass der Angriff so erfolgreich war, verdankten die Japaner nicht zuletzt ihrem Mann auf Hawaii: Takeo Yoshikawa.

Yoshikawa wurde am 7. März 1912 in Matsuyama auf der japanischen Insel Shikoku geboren. Er absolvierte eine Ausbildung zum Marinesoldaten und diente ab 1933 zunächst an Bord eines Schlachtschiffs der japanischen Marine, bis er eine Ausbildung zum Piloten begann. Seine vielversprechende Karriere wurde aber jäh unterbrochen, als ihn ein schweres Magenleiden dazu zwang, seine militärische Laufbahn zu beenden. Dieser Bruch in seinem Leben belastete ihn derart, dass er sich sogar mit Selbstmordgedanken trug. Doch dann änderte sich sein Schicksal, als ihm eine Stelle in der Nachrichtendienstabteilung des japanischen Generalstabs angeboten wurde. Er lernte Englisch und befasste sich von nun an mit der US-Marine und ihren Stützpunkten im Pazifik. Ende 1940 erhielt er den Auftrag, auf Hawaii die amerikanischen Militäreinheiten auszuspionieren.

Die japanischen Militärstrategen hatten um das Jahr 1940 ein großes Interesse, umfassend über die amerikanischen Flotteneinheiten auf Hawaii informiert zu sein, da das politische Verhältnis zwischen beiden Ländern derart angespannt war, dass ein Krieg im Raum stand. Seit Jahren versuchte Japan, seinen Einfluss in Südostasien zu stärken und dort deutliche Truppenpräsenz zu zeigen. Die USA wollten das jedoch nicht hinnehmen und reagierten mit Wirtschaftssanktionen, die wiederum dazu führten, dass Japan einen militärischen Konflikt forcierte.

Im Sommer 1941 gediehen die Kriegsüberlegungen in Tokio zu konkreten Angriffsplanungen. Die japanischen Generalstäbler berieten zwei Varianten eines Überfalls auf den wichtigsten Kriegshafen der US-Flotte in Pearl Harbor: entweder von See her oder aus der Luft. Ein Angriff der japanischen Flotte ließ sich allerdings kaum realisieren, da der Flottenhafen geschützt in einer Bucht lag, die nur durch einen schmalen natürlichen Kanal mit dem Meer verbunden war. Deshalb wählte man einen Luftangriff. Wichtige Voraussetzung dafür war es, die Örtlichkeiten und amerikanischen Truppenstärken genau zu kennen. Das herauszufinden war nun der Auftrag Yoshikawas.

Der japanische Spion landete am 27. März 1941 auf dem japanischen Linienschiff „Nitta Maru“ an Pier 8 auf der hawaiianischen Insel Oahu. Bei der Einreisekontrolle wies er sich als Tadashi Morimura aus. Dies war der Name, unter dem er von nun an auf Oahu leben würde. Er hatte kein Problem, sich als Einheimischer auszugeben, da von den ungefähr 420 000 Einwohnern der Insel rund 150 000 japanischer Abstammung waren und er deshalb nicht auffiel. Offiziell war er Mitarbeiter des japanischen Konsulats mit dem Titel eines Kanzlers. Nur Konsul Nagao Kita und Vizekonsul Otojiro Okuda kannten seine wahre Identität.

Kaum auf Oahu angekommen, machte sich Yoshikawa daran, Informationen zu sammeln. Dabei ging er äußerst geschickt vor. Der attraktive und charmante junge Mann bändelte mit einheimischen Frauen an. Sie machten gemeinsame Ausflüge, flirteten am Strand von Pearl Harbor, genossen die schöne Aussicht, während der liebenswürdige Begleiter der jungen Frauen Erinnerungsfotos schoss. Niemand mochte glauben, dass er dabei amerikanische Kriegsschiffe im Visier hatte. Ein anderes Mal flog er mit einer Freundin in einem Doppeldecker, den er samt Pilot gemietet hatte, über die Insel und schoss vorgeblich Erinnerungsfotos. Tatsächlich nahm er aber amerikanische Schiffe und Hafenanlagen vor die Linse. Wieder ein anderes Mal schipperte er auf einem Ausflugsboot durch die malerische Bucht, wobei er scharf die Umgebung beobachtete und mit der Kamera festhielt, was im amerikanischen Stützpunkt vor sich ging.

Als Konsul Kita seinen getarnten Mitarbeiter eines Tages in ein japanisches Teehaus im Bergviertel Alewa Heights nördlich von Honolulu einlud, erkannte Yoshikawa sofort, dass dies ein hervorragender Beobachtungsposten war, denn von hier aus konnte er Ford Island auskundschaften, eine nur einige Kilometer entfernte Insel in Pearl Harbor. Das Teehaus war aber auch aus einem anderen Grund ideal für Yoshikawas Informationsbeschaffung, denn es war ein beliebter Treffpunkt von US-Soldaten. Mit ihnen plauderte der Spion scheinbar harmlos über ihren Dienst und flirtete nebenbei mit den Kellnerinnen. Die Armeeangehörigen fanden in dem Japaner einen angenehmen Zuhörer, und je mehr sie tranken, desto mehr lösten sich ihre Zungen. Bald wusste Yoshikawa, wann welche Schiffe im Hafen lagen und wie die Dienstpläne der Soldaten aussahen. Aber auch Klatsch und Tratsch schnappte er bei seinen Plaudereien auf. So erfuhr er, dass der Kommandant von Pearl Harbor, Admiral Husband E. Kimmel, bei seinen Soldaten ausgesprochen unbeliebt war. Über General Walter C. Short, den Kommandanten der US-Armee auf Hawaii, wusste er, dass sich dieser vor allem Sorgen über mögliche Sabotageakte von Untergrundkämpfern aus der japanischen Bevölkerung machte, aber keinen japanischen Angriff befürchtete.

Seine Beobachtungen ließ Yoshikawa von Konsul Kita verschlüsselt nach Tokio senden, wo sie mit Interesse gelesen und analysiert wurden. Aufgrund seiner Berichte wusste man dort bald nicht nur, wo auf Hawaii amerikanische Einheiten stationiert waren, sondern auch, von welchen Häfen keine Gefahr drohte. So sei der Walfanghafen Lahaina kein Ankerplatz der US-Flotte, übermittelte Yoshikawa, und die Kaneohe Bay auf der Luvseite der Koolau-Berge von Oahu sei, wie er nach einer Fahrt mit einem Glasbodenschiff durch die Bucht festgestellt hatte, zu flach für große Flotteneinheiten.

In den ersten Monaten seines Einsatzes schickte er vom Konsulat aus einmal im Monat einen Bericht über seine Erkenntnisse nach Tokio, ab Mitte November 1941 zweimal wöchentlich und ab dem 2. Dezember 1941 täglich. Seine Mitteilungen wurden mit dem Chiffriersystem des japanischen diplomatischen Dienstes kryptiert. Der Code konnte zwar von amerikanischen Nachrichtendienstlern entschlüsselt werden, doch musste für jeden Tag und für jeden Ursprungsort der passende Schlüssel gefunden werden, was dazu führte, dass die Nachrichten aus Hawaii erst mit zeitlicher Verzögerung von den Analysten in den USA gelesen wurden.

Yoshikawa war nicht der Einzige, der auf Hawaii für Japan spionierte, denn da war noch sein deutscher „Kollege“ Bernhard Kühn. Kühn und seine Familie, überzeugte Nazis, wurden 1935 im Auftrag der deutschen Abwehr nach Hawaii entsandt, um dort für den verbündeten japanischen Nachrichtendienst zu spionieren. Die ganze Familie, das heißt Bernhard Kühn selbst, seine Frau und die beiden Kinder, betätigten sich mit der Sammlung von Informationen, weshalb die vier in Geheimdienstkreisen der „achtäugige Spion“ genannt wurden. Selbst der zehnjährige Sohn Hans war als Informationsbeschaffer unterwegs. Ausstaffiert mit einem Matrosenanzug, schickten ihn die Eltern los, um sich bei amerikanischen Soldaten beliebt zu machen. Die luden den kleinen aufgeweckten Bengel mitunter ein, ihre Schiffe zu besichtigen. Bei diesen Besuchen forschte der Jungspion die Amerikaner geschickt aus. Die Fragen hatte ihm zuvor sein Vater aufgegeben. Zu Hause zurück, erzählte er seinen Eltern dann, was er erfahren hatte.

Seine Informationen funkte Kühn mithilfe verschlüsselter Lichtzeichen vom Dachboden seines Hauses an Yoshikawa ins Konsulat, der sie nach Tokio weiterleitete.

Die Kühns waren allerdings lange nicht so geschickte Agenten wie Yoshikawa, und so kam es, dass die Spionageabwehr der USA sie schon bald im Visier hatte. Aber festgenommen wurden sie zunächst noch nicht. Und die Japaner, die wussten, dass die Kühns unter Beobachtung der amerikanischen Spionageabwehr standen, zogen die Spionagefamilie nicht zurück, da sie die Aufmerksamkeit der Amerikaner von Yoshikawa ablenken wollten.

Im September 1941 hatten Japans Nachrichtendienstler ein recht gutes Bild von der allgemeinen Situation auf Hawaii. Was sie jetzt aber zur Vorbereitung ihres Angriffs benötigten, waren ständig aktualisierte Daten über die Standorte und Bewegungen der amerikanischen Kriegsschiffe und Luftstreitkräfte. Deshalb erging am 24. September die als streng geheim eingestufte Nachricht Nr. 83 mit genauen Anweisungen, was Yoshikawa für Tokio ausspionieren sollte, an das Konsulat in Honolulu. Darin wurde Pearl Harbor in fünf verschiedene Zonen unterteilt und der Spion vor Ort angewiesen, die Position und die Anzahl der Kriegsschiffe in ein Raster des Hafens einzutragen. Amerikanische Nachrichtendienstler entschlüsselten und übersetzten zwar die Nachricht, stuften sie aber als belanglos ein und leiteten sie deshalb nicht an das Militärkommando auf Hawaii weiter. Auch die Antwort Yoshikawas wurde von den Amerikanern abgefangen, entschlüsselt und ebenfalls weggelegt.

Dabei waren sich die amerikanischen Dienste der Bedrohung durch japanische Spione durchaus bewusst und verstärkten ihre Präsenz auf dem Archipel. Das FBI schickte eine größere Zahl seiner Agenten nach Honolulu, und auch das Personal der örtlichen Polizeikräfte wurde aufgestockt. Sehr erfolgreich waren die amerikanischen Abwehrspezialisten allerdings nicht, denn sie erkannten nicht, dass das japanische Konsulat die Schaltstelle der japanischen Spionage war, geschweige denn, dass Yoshikawa der wichtigste Mann Japans auf Oahu war.

Ende Oktober erhielt Yoshikawa Unterstützung durch drei Nachrichtenoffiziere der japanischen Marine, die, als Zivilisten getarnt, auf Oahu landeten. Auf dem Weg dorthin notierten sie auf See Wetterdaten und beobachteten den Schiffsverkehr zwischen Japan und Hawaii. Auf der Insel angekommen horchten sie vorsichtig Einheimische japanischer Abstammung aus und kehrten schon nach wenigen Tagen mit einer Fülle von Informationen nach Japan zurück. Im Gepäck hatten sie auch stapelweise Karten von Oahu und Pearl Harbor, die sie problemlos in den Geschäften auf der Insel kaufen konnten.

Am 5. November 1941 wurde in Japan die Entscheidung getroffen, Pearl Harbor am Sonntag, den 7. Dezember, überraschend anzugreifen. Am 1. Dezember genehmigte der japanische Geheimrat Sūmitsu-in in Anwesenheit von Kaiser Hirohito offiziell die Pearl-Harbor-Aktion. Der Tag des Angriffs war gut gewählt. Aufgrund der Informationen, die Yoshikawa nach Tokio übermittelt hatte, wusste der japanische Generalstab, dass die amerikanischen Schiffe, die unter der Woche zu Manövern unterwegs waren, am Sonntag vertäut im Hafen von Pearl Harbor lagen.

In den letzten Tagen vor dem Angriff war Yoshikawa unermüdlich unterwegs, um Informationen zu sammeln. Am 5. und 6. Dezember fuhr er zu einem geeigneten Punkt nördlich von Pearl Harbor, von wo aus er beobachtete, was sich im Hafen tat. Anschließend sendete er seine Nachrichten verschlüsselt nach Tokio. Im Generalstab der Marine war man zufrieden mit der Arbeit des Agenten, obwohl Yoshikawa einige Fehler bei der Bezeichnung und der Anzahl der Militäreinheiten unterlaufen waren. Seine letzte Meldung am Vortag des Angriffs lautete: „Im Hafen festgemachte Schiffe: neun Schlachtschiffe; drei Kreuzer der Klasse B; drei Beiboote für Wasserflugzeuge; siebzehn Zerstörer. Vier Kreuzer der Klasse B, drei Zerstörer laufen in den Hafen ein. Alle Flugzeugträger und Kreuzer haben den Hafen verlassen (...) kein Hinweis auf Änderungen in der US-Flotte oder irgendetwas Ungewöhnliches". Zu diesem Zeitpunkt ahnte der japanische Spion noch nicht, was am nächsten Tag geschehen würde. „Es wäre dumm gewesen, einem entbehrlichen Spionageagenten das Wissen über eine so wichtige Entscheidung anzuvertrauen", sagte er später.

Im Laufe des 6. Dezember fingen die amerikanischen Abhördienste ein merkwürdiges Telefonat zwischen einem hawaiianischen Zahnarzt und der Redaktion einer Tokioter Zeitung auf, in dem es um die Wetterbedingungen und Schiffsbewegungen auf Oahu ging. Gestutzt hatten die Lauscher vom Dienst, als aus Tokio eingehend nach Blumen gefragt wurde. Die US-Nachrichtendienstler vermuteten, dass hier verschlüsselt Informationen über die aktuelle militärische Situation abgefragt wurden und benachrichtigten den amerikanischen Oberbefehlshaber General Short. Der befand sich aber gerade auf einer Party und hatte anderes im Kopf als einen Angriff der Japaner.

Der 7. Dezember 1941 begann im japanischen Konsulat wie jeder andere Sonntag auch. Konsul Kita und sein Vertreter Okuda wollten zum Golfen, Yoshikawa saß ahnungslos beim

Frühstück in seinem Haus. Dann aber wurden die Japaner im Konsulat nervös, als in der Ferne Explosionen und Geschützdonner zu hören waren. Als ein Journalist aus Honolulu im Konsulat auftauchte und um Kommentare zu dem Überfall bat, wusste man, was vor sich ging. Gegen Mittag besetzten das FBI und örtliche Polizeikräfte das Konsulat und verhinderten in letzter Minute, dass geheime Dokumente verbrannt werden konnten.

Bernhard Kühn beobachtete den Angriff am Morgen von seinem Haus aus und schickte Lichtzeichen hinüber zum Konsulat, mit denen er über das Geschehen informierte. Fraglich ist, ob sie dort gesehen wurden, allerdings weckten sie die Aufmerksamkeit der Amerikaner, die die Blitze bis zu ihrer Quelle verfolgten und die Kühns festnahmen.

Yoshikawa gelang es nach dem Beginn der Angriffe, seine Unterlagen zu vernichten. Als die Polizei das Konsulat besetzte, gab er sich als harmloser Mitarbeiter aus. Das verhinderte zwar nicht, dass er verhaftet wurde, jedoch stellte man ihn nicht als Spion vor Gericht, sondern internierte ihn als Kriegsgefangenen. Im August 1942 wurde er gegen amerikanische Diplomaten ausgetauscht, die bei Kriegsbeginn in Japan interniert worden waren.

Bernhard Kühn wurde in die USA gebracht und dort am 21. Februar 1942 zum Tode verurteilt, konnte aber die Vollstreckung des Urteils dadurch abwenden, dass er Informationen über die japanischen und deutschen Spionagenetzwerke preisgab. Seine Strafe wurde in 50 Jahre Zwangsarbeit umgewandelt. Nach dem Krieg wurde er aber entlassen und kehrte nach Deutschland zurück. Auch seine Tochter und seine Frau verbüßten Gefängnisstrafen in den USA und kehrten später nach Deutschland zurück.

Zurück in Japan arbeitete Yoshikawa zunächst weiter für den Marinenachrichtendienst. Als die Amerikaner nach dem Krieg Japan besetzten, befürchtete er, dass seine Rolle in Pearl Harbor bekannt werden würde. Er tauchte unter und lebte mehrere Jahre als buddhistischer Mönch getarnt in einem Kloster. Erst nach dem Abzug der Besatzungstruppe kehrte er zurück zu seiner Frau, die er nach seiner Rückkehr aus Hawaii geheiratet hatte.

In Japan honorierte man ihm seine Spionagedienste nicht. Als sich seine Rolle herumsprach, machten ihn viele für den Krieg verantwortlich, der so großes Leid über das Land gebracht hatte. „Sie gaben mir sogar die Schuld an der Atombombe“, erklärte er Jahre später verbittert in einem Interview.

Im Jahr 1955 eröffnete er ein Süßwarengeschäft, das jedoch scheiterte. Von da an war der mittel- und arbeitslose Mann für den Rest seines Lebens auf die Unterstützung seiner Frau angewiesen, die als Versicherungskauffrau arbeitete. „Allein meine Frau zollt mir großen Respekt“, sagte er einmal.

Yoshikawa starb am 20. Februar 1993 verarmt, verbittert und vom Alkohol gezeichnet in einem Pflegeheim.

Josef Müller im Jahr 1952

Josef Müller

Heimlicher Vermittler im Vatikan

Eugenio Maria Giuseppe Giovanni Pacelli, Generalstaatssekretär im Vatikan und ab 1939 Papst Pius XII., ist vielfach kritisiert worden. Er sei nicht deutlich genug gegen das Hitlerregime aufgetreten, habe die Morde an den Juden nicht klar genug verurteilt. Nahrung fanden diese Meinungen durch Rolf Hochhuths Drama „Der Stellvertreter", in dem Pius als Zauderer beschrieben wird, der sich nicht für die Rettung der Juden verwenden will. Dies mag die eine Seite des Papstes sein. Es gibt aber noch eine andere, nämlich die des heimlichen Mitverschwörers einer Gruppe deutscher Offiziere, die Hitler stürzen wollten. Unter ihnen waren Wilhelm Canaris, der Chef der Abwehr, des Nachrichtendienstes der deutschen Wehrmacht, und sein engster Mitarbeiter Hans Oster.

Es gab schon vor dem Attentat des 20. Juli 1944 mehrere Versuche deutscher Offiziere, gegen Hitler zu putschen und ihn notfalls zu töten. Der erste im Jahre 1938 wurde nicht weiterverfolgt, nachdem sich Deutschland und Großbritannien im Münchner Abkommen auf eine Abtretung von Gebieten der Tschechoslowakei geeinigt hatten und so ein Krieg vermieden werden konnte. Jedoch hielten die Verschwörer an ihrem Plan fest, das Hitlerregime zu stürzen. Nachdem deutsche Truppen Polen überfallen hatten, wollte die Gruppe von Offizieren heimlich mit der britischen Regierung in Friedensverhandlungen eintreten, um eine militärische Eskalation zu vermeiden. Da dies aus naheliegenden Gründen nicht unmittelbar durch Canaris, Oster und die anderen Offiziere erfolgen konnte, benötigte man einen Vermittler. Und dieser Vermittler sollte Papst Pius XII. sein. Aber auch mit ihm konnten die Verschwörer nicht auf direktem Wege kommunizieren. So suchte man nach einem Emissär, der den Kontakt zwischen den Abwehrleuten und dem Papst herstellen sollte. Josef Müller schien der Richtige für diese Aufgabe zu sein.

Müller war eine schillernde Figur, von seinen Zeitgenossen unterschiedlich charakterisiert. Papst Pius XII. meinte einmal anerkennend, er habe „Wundersames bewirkt", Adenauer nannte ihn dagegen geringschätzig einen „Abenteurer". Die „Süddeutsche Zeitung" beschrieb ihn als farbig, listenreich, jovial, lebensfroh und trinkfest.

Müller wurde am 27. März 1898 in Steinwiesen bei Kronach geboren. Seinen Spitznamen Ochsensepp, der ihn sein Leben lang begleiten sollte, verdankte er seiner Arbeit als Schuljunge auf dem Feld während der Ferien, als er mit einem Ochsengespann Getreide einfuhr. Zunächst liebte er diese Bezeichnung wenig, später trug er sie jedoch mit einigem Stolz.

Müller studierte Rechtswissenschaften und Volkswirtschaft in München, promovierte 1925 zum Dr. oec. publ. und ließ sich in der bayerischen Hauptstadt als Anwalt nieder. Seine Mandanten waren bunt gewürfelt: Bierbrauer, Drucker, Verleger, Gewerkschafter und Professoren zählten zu ihnen. Wie sein Leben bis zur Machtergreifung verlief, lässt sich nicht bis ins Einzelne nachvollziehen. Vieles beruht auf eigener Darstellung, die wohl etwas geschönt ist. Dass er, wie er behauptet, 1932 und 1933 Koalitionsverhandlungen zwischen NSDAP und der Bayerischen Volkspartei um eine Regierungsbildung in Bayern geführt haben will, wird von anderen bestritten. Kein Zweifel besteht aber, dass er damals in Bayern politisch mitgespielt und zwischen den politischen Fronten laviert hat.

Zwielichtig war seine Rolle im Zusammenhang mit „Arisierungen“ des Bankhauses Georg Eidenschink. Müller vertrat das Bankhaus beim Ankauf jüdischer Unternehmen und setzte dabei die Eigentümer teilweise massiv unter Druck, ihre Firmen unter Wert zu verkaufen.

Zum Spion wurde Müller im Jahre 1933 durch seinen Bekannten, den Domkapitular Johannes Neuhäusler. Neuhäusler wusste, dass Müller das Kloster Niederaltaich in einem Konkursverfahren vertreten hatte. Müllers Mandat hatte es erforderlich gemacht, öfter nach Rom zum Vatikan zu reisen, um dort über die Zukunft des Klosters zu verhandeln. Die Gespräche mussten geheim erfolgen, um die der katholischen Kirche wenig freundlich gesonnenen Nazis nicht aufmerksam werden zu lassen. Durch sein Geschick konnte ein Sanierungsplan aufgestellt werden, der das Kloster rettete.

Neuhäusler wusste nicht nur von Müllers Engagement für das Kloster, er wusste auch von seinen Reisen nach Rom und davon, dass Müller strenggläubiger Katholik war. Was Neuhäusler von Müller wollte, war nicht ungefährlich: Der Anwalt sollte im Auftrag des Vatikans Material sammeln, das Verstöße gegen das Reichskonkordat dokumentierte. Das am 20. Juli 1933 zwischen dem Deutschen Reich und dem Vatikan geschlossene Konkordat gewährte der katholischen Kirche in Deutschland recht weitgehende Selbstbestimmungsrechte, während die Kurie zusagte, sich der politischen Betätigung zu enthalten. Müller übernahm den Auftrag und begann seine Arbeit. Schnell hatte er eine Fülle von Informationen zusammengetragen, die Verstöße gegen das Konkordat belegten. Um bei seiner Datensammlung effektiv vorgehen zu können, hatte er ein Netz von Informanten aufgebaut: Freunde aus der Wehrmacht, Bekannte aus der juristischen Fakultät Münchens mit Zugang zu NS-Vertretern, Journalisten und Bankiers. Mit Hans Rattenhuber war sogar ein SS-Angehöriger unter ihnen. Um die Unterlagen vor dem Zugriff von SS und Polizei zu schützen, wurden sie laufend an andere Aufbewahrungsorte verlagert. Sukzessive schaffte Müller die gesammelten Papiere mit den belastenden Informationen nach Italien. In einem Sportflugzeug flog er, der er passionierter Hobbypilot war, über die Alpen nach Meran und übergab sie dort einem Abgesandten des Vatikans. Neuhäusler meinte später zu dem Abenteuer: „Manche Nacht, in der Müller mit gefährlichem Material nach Rom unterwegs war, konnte ich kaum schlafen. Ich wusste: Wenn das Material entdeckt wird, sind unser beider Köpfe verloren."

1939 veränderte sich Müllers Rolle plötzlich. Im September erhielt er eine Einladung von Admiral Wilhelm Canaris, ihn in seiner Dienststelle aufzusuchen. Während sich Müller auf den Weg zur Abwehrzentrale am Landwehrkanal in Berlin machte, fragte er sich, was der Spionagechef wohl von ihm wollte. War man seinen heimlichen Flügen nach Italien auf die Schliche gekommen?

In der Abwehrzentrale wurde er jedoch nicht von Canaris empfangen, sondern von dessen Vertreter Hans Oster. Der eröffnete Müller kurzerhand, dass man Erkundigungen über ihn angestellt habe und ihn für geeignet halte, seine Beziehungen zum Vatikan zu nutzen, um für die Abwehr zu arbeiten. Müller wies dieses Anliegen zunächst brüsk zurück, da er auf keinen Fall den Papst ausforschen wollte. Da ließ Oster die Katze aus dem Sack und erklärte sein wahres Anliegen: Müller solle für die Militäropposition arbeiten. „Ich glaube, in diesem Moment war ich ziemlich verblüfft", schrieb Müller später. Nachdem Oster seinem Besucher die Einzelheiten erklärt und klipp und klar gesagt hatte, Hitler notfalls durch ein Attentat zu beseitigen, sagte Müller trotz Bedenken wegen eines Mordes, den er nur mühsam akzeptieren konnte, zu.

Im Oktober 1939 besprach Canaris mit Müller dessen Mission. Er sollte dem Papst die Botschaft überbringen, mit der britischen Regierung Kontakt aufzunehmen, um ihr eine Friedensbotschaft zukommen zu lassen. Zu seiner Tarnung entwickelte Canaris einen trickreichen Plan: Zunächst wurde Müller, um seinen Einsatz in der Spionagezentrale zu rechtfertigen, zum Oberleutnant der Abwehr ernannt. Offiziell erhielt er den Auftrag, die Lage in Italien zu erkunden, um festzustellen, welchen Rückhalt das deutsche Vorgehen im Feldzug gegen Polen habe. Dieser Auftrag war plausibel, da der Chef des Oberkommandos der Wehrmacht, Wilhelm Keitel, Zweifel an der Zuverlässigkeit der italienischen Bündnispartner hatte. Gegenüber seinem Gegenspieler, dem Chef des Sicherheitsdienstes der SS (SD) Reinhard Heydrich, behauptete Canaris, die Abwehr habe über den Vatikan eine Verbindung zu den Briten aufgebaut. Die Briten wollten, so Canaris, von der Abwehr militärische Informationen haben. Der Abwehrchef wollte ihnen „Spielmaterial" zukommen lassen und von Heydrich geeignete Informationen haben. Heydrich lehnte zwar ab, aber Müller war nun auch gegenüber dem SD getarnt.

In der Folgezeit führte Müller etliche Gespräche mit Personen aus dem Umfeld Pius' XII., denen er seinen Auftrag erläuterte. Der Papst wurde über Müllers Mission informiert und stimmte ihr zu. Es gebe noch ein anständiges Deutschland, meinte er, und wenn dieses ein Sprachrohr in die Welt benötige, wolle er es gerne sein. So wurde der Papst zum Mitwisser, wenn nicht sogar zum Mitverschwörer von Planungen, die den Tod Hitlers nicht ausschlossen. Da Pius XII. aber nicht kompromittiert werden wollte, falls Müller auffliegen sollte, sprach er nicht selbst mit ihm, sondern schaltete als Mittelsmann Pater Robert Leiber ein, der „ihr gemeinsamer Mund" sein sollte. In eingeweihten Kreisen erhielt Müller den geheimnisvollen Namen Mr. X.

Die Kommunikation zwischen den Verschwörern und der britischen Regierung lief auf verschlungenen Wegen. Oster schickte seine Nachrichten an Müller, der sie an Pius weiterleitete. Der Papst übergab sie dem britischen Gesandten im Vatikan, Sir Francis Osborne, der sie nach London übermittelte. Die Antworten erfolgten in umgekehrter Richtung auf demselben Weg. Aus London kam tatsächlich eine Antwort, wenn auch verbunden mit Forderungen: kein Angriff im Westen und eine verhandlungsfähige Regierung ohne Hitler. Die Verhandlungen verliefen zäh, denn viele in London waren gegenüber dem Angebot der Verschwörer skeptisch. Der Unterstaatssekretär im Foreign Office, Alexander Cardogan, wetterte: „lächerliche abgeschmackte Geschichte einer deutschen Opposition, die angeblich bereit ist, Hitler zu stürzen, wenn wir garantieren, keinen Vorteil daraus zu schlagen."

Um eine klare Linie zu skizzieren, beschlossen die Verschwörer, ein Positionspapier zu erstellen, in dem das Ergebnis der Verhandlungen mit London festgehalten werden sollte, und das die konspirative Bezeichnung X-Bericht erhielt. Das Papier enthielt keine Hinweise auf seine Urheberschaft. Ob Müller an der Erarbeitung beteiligt war, ist nicht eindeutig geklärt, da er selbst hierzu widersprüchliche Äußerungen gemacht hat. Die Position der britischen Regierung wird darin folgendermaßen wiedergegeben: Absetzung Hitlers, Rechtsstaatlichkeit in Deutschland, kein Krieg im Westen, Österreich bleibt deutsch, Polen wird befreit, andere Gebiete entscheiden durch Volksabstimmung über ihre Zugehörigkeit.

Als der Bericht fertig war und gelesen wurde, herrschte unter den Verschwörern Unstimmigkeit und Zögerlichkeit, was das weitere Vorgehen betraf. Man wollte zunächst die obersten Militärs, Generalstabschef Franz Halder und den Oberbefehlshaber des Heeres Walther von Brauchitsch in die Pläne einweihen und gab beiden den X-Bericht zur Lektüre. Doch beide Generäle zeigten sich ablehnend. Daraufhin schliefen die „römischen Gespräche" im Frühjahr 1940 ein.

Müller geriet während seiner heiklen Aktion mehrmals in die Gefahr, enttarnt zu werden. Ende 1939 verbreitete ein Anwaltskollege das Gerücht, Müller würde über Friedensverhandlungen sondieren. Zufällig hörte Hermann Keller, Prior der Abtei

Beuron, dieses Gespräch mit. Keller war ein Intimfeind Müllers aus alter Zeit, als Müller das Kloster rechtlich vertreten und verhindert hatte, dass Keller sich an dessen Eigentum bereichern konnte. Keller reiste nach Rom, um Genaueres über Müller herauszufinden. Nun war der Mann allerdings recht gesprächig und plauderte über seinen Verdacht gegen Müller. Das wiederum hörte Pater Augustin Mayer, der Müller warnte.

Zurück in Berlin, informierte Keller Abwehr und SD über das, was er in Rom gehört hatte. Im SD lösten die Mitteilungen große Aufregung aus, man bereitete Müllers Verhaftung vor. Da griff Canaris wieder einmal trickreich, aber auch sehr riskant ein. Er diktierte Müller einen Bericht über einen beabsichtigten Putsch mehrerer Generäle gegen Hitler und nannte dabei die Namen Fritsch, Halder, Hammerstein-Equordt und Reichenau. Canaris wusste, dass Reichenau ein enger Gefolgsmann Hitlers war, dem der Führer keine Intrige gegen sich zutrauen würde. So war es denn auch: Als der Abwehrchef Hitler den Bericht vorlegte, schob der ihn mit der Bemerkung „Schmarrn" zur Seite.

Ein andermal geriet Müller in den Verdacht des Forschungsamtes der Luftwaffe, dem Abhördienst des Deutschen Reiches, als zwei Telegramme des belgischen Botschafters beim Vatikan, Adrien Nieuwenhuys, abgefangen wurden, in denen der Diplomat detailliert über Hitlers geheime Kriegspläne berichtete. Quelle seiner Informationen sei ein „belgischer Landsmann", der sie wiederum von einer „Person" erhalten habe, die am 29. April 1940 Berlin verlassen habe und am 1. Mai in Rom eingetroffen sei. Die dechiffrierten Telegramme landeten bei Canaris auf dem Schreibtisch, der sofort an Müller dachte. Er rief den Anwalt zu sich ins Amt und fragte ihn, ob er die „Person" sei. Doch Müller konnte sich nicht erinnern. Da zu erwarten war, dass auch Heydrichs Leute von den Telegrammen wussten, musste Müller sofort aus der Schusslinie gezogen werden. In aller Eile reiste er mit dem Auftrag des Abwehrchefs nach Rom, die „Person“ zu suchen. Müller kommentierte seinen Auftrag später: „Der Admiral hat mich zu meinem eigenen Untersuchungsführer gemacht.“ Als Erstes brachte er Nieuwenhuys zu seiner Sicherheit im Apostolischen Palast unter. Dann ging er zum Büro der Außenstelle der Abwehr in Rom und forderte vom Leiter der Dienststelle, Oberst Otto Helfferich, unter Hinweis auf seinen Ermittlungsauftrag forsch, ihm den Vorgang mit den bisherigen Untersuchungsergebnissen zu der undichten Stelle herauszugeben. Zu seiner Erleichterung fand er dort keine Hinweise, die ihn belasteten. Im Beisein Helfferichs telefonierte Müller mit Canaris und berichtete, dass der römische Abwehrleiter gute Ermittlungen geleistet habe. Damit wusste Canaris, dass Müller nicht aufgeflogen war.

Am nächsten Tag erzählte ihm sein vatikanischer Kontaktmann Leiber, der von dem Verdacht gegen Müller wusste, verschmitzt, ein belgischer Jesuit sei für längere Zeit in den Kongo gereist. Warum also nicht ihn, der weit entfernt und dem Zugriff des SD entzogen war, die Rolle des „belgischen Landsmanns“ spielen lassen? Gesagt, getan.

Nun musste noch die „Person“ gefunden werden, die den „belgischen Landsmann“ informiert hatte. Auch hier dachte sich Müller ein raffiniertes Lügengespinst aus. Die Informationen sollten angeblich aus dem Umkreis des italienischen Außenministers Galeazzo Ciano stammen und einer Delegation des deutschen Außenministers Joachim von Ribbentrop anlässlich eines Besuches in Rom entlockt worden sein.

Aber es gab noch einen weiteren Mitspieler, der Müller gefährlich werden konnte: den Chef der Gegenspionage in der Abwehr, Oberst Joachim Rohleder. Auch er wusste von den Telegrammen. Anhand der Fluglisten ermittelte er alle Personen, die zwischen dem 29. April und 1. Mai nach Rom gereist waren und stieß dabei auf den Namen Josef Müller. Hellhörig geworden, entsandte Rohleder seinen Spitzel Gabriel Ascher nach Rom, um nachzuforschen. Es dauerte nicht lange, bis

Ascher belastendes Material gefunden hatte. Damit ausgerüstet, marschierte Rohleder zu Oster. Der las den Bericht und schüttelte den Kopf. Das sei Geschwätz aus dem Vatikan. Doch Rohleder ließ nicht locker und lief weiter zu Canaris. Aber auch der Admiral spielte den Bericht herunter, wollte aber Müller zu einer Stellungnahme auffordern. Müller bestritt die Aussagen Aschers mit Geschick, woraufhin die Angelegenheit zu den Akten genommen wurde.

Doch 1943 ereilte Müller sein Schicksal: Er wurde verhaftet. Die Vorgeschichte der Festnahme begann 1942, als zwei Abwehrangehörige, Major Schmidhuber und Hauptmann Ickrath, wegen Devisenvergehen ins Visier der Zollfahndung geraten und verhaftet worden waren. Beide wussten von den Plänen der Verschwörer und plauderten bei den Vernehmungen. Das Reichssicherheitshauptamt schaltete sich ein und verhörte die beiden. Dabei kamen auch Müllers Romreisen zur Sprache.

Am 5. April 1943 wurde Müller in die Münchener Dienststelle der Abwehr zitiert. Dort eröffnete man ihm, dass er festgenommen sei. Müller reagierte blitzschnell: Mit der Begründung, seine Sachen zu Hause in Ordnung bringen zu wollen, gelang es ihm, einen Vertrauten in seine Wohnung zu schicken, um belastendes Material zu vernichten.

Mit den Vernehmungen Müllers war der Richter beim Reichskriegsgericht Dr. Manfred Roeder beauftragt. Seine Verhörtaktik war aggressiv, aber auch wirr. Er brüllte den Gefangenen an, behauptete wahrheitswidrig und für Müller durchschaubar, Oster, der inzwischen auch verhaftet worden war, habe die Verschwörung bereits gestanden. Als Müller seinen Fragen immer wieder geschickt parierte, brachte Roeder das einmal derart aus dem Konzept, dass er eine Vernehmung wütend abbrach.

Müller gelang es, einen Brief an Keitel zu schicken und sich zu beschweren, dass Roeder mit seinen Verhörmethoden die Wehrmacht und den Vatikan verunglimpfe. Keitel wandte sich an Himmler und gab ihm zu verstehen, die Beweislage für einen Hochverrat sei nicht ausreichend. Himmler, der kein Interesse an der Affäre hatte, wies Roeder an, eine Anklage wegen Hochverrats zu unterlassen. Müller wurde deshalb nur wegen militärischen Ungehorsams, Heimtücke und Wehrkraftzersetzung angeklagt.

Am 3. März 1944 begann der Prozess vor dem Reichskriegsgericht. Einziger Belastungszeuge war Schmidhuber. Jedoch schenkte das Gericht seiner Aussage keinen Glauben und sprach Müller frei.

Der Freispruch bedeutete aber nicht Freilassung, denn Keitel hob das Urteil auf Weisung von Himmler auf. Der SS-Reichsführer, der mit einer Verurteilung im Sinne der Anklage gerechnet hatte, sah das Prestige seines Dienstes durch den Freispruch gefährdet. Nun wurde die Gestapo mit den Ermittlungen betraut. Zu einem weiteren Prozess kam es jedoch nicht mehr.

Die Haft verbrachte Müller zunächst im Gestapo-Gefängnis in der Prinz-Albrecht-Straße in Berlin, wo er bei den folgenden „Sondervernehmungen" gefoltert wurde. Mehrere Scheinhinrichtungen musste er über sich ergehen lassen. Nachdem das Gefängnis bei einem Bombenangriff schwer beschädigt worden war, wurde er in das KZ Buchenwald, dann nach Flossenbürg, von da nach Dachau und schließlich in ein KZ bei Innsbruck verlegt.

Dann wurde es noch einmal abenteuerlich: Als Häftlinge, unter denen sich auch Müller befand, weiter nach Südtirol transportiert werden sollten, konnte ein Mitgefangener der inzwischen demoralisierten SS-Wachmannschaft entkommen und mit dem Chef des Generalstabs der Wehrmachtgruppe in Italien, General Röttger, telefonieren. Er bat den General, Truppen zu entsenden, um die SS-Mannschaft zu überwältigen. Röttger sagte zu, und am 30. April 1945 trafen seine Soldaten bei dem Häftlingstrupp ein, überwältigten die SS-Wächter und befreiten Müller und die anderen Gefangenen.

Nach dem Krieg machte Müller eine steile Karriere in der bayerischen CSU, die er mit gegründet hatte. Er war von 1946 bis 1949 ihr Vorsitzender, außerdem Mitglied der Verfassungsgebenden Landesversammlung in Bayern, von 1947 bis 1952 bayerischer Justizminister und von 1947 bis 1950 gleichzeitig stellvertretender Ministerpräsident.

Müller starb am 12. September 1979 in München.

Klaus Fuchs 1959 kurz vor seiner Ausreise in die DDR

Klaus Fuchs

Der Atomspion

Klaus Fuchs gilt als der Mann, der möglicherweise einen dritten Weltkrieg verhindert hat. Er war ein Spion, aber keiner, der wie andere aus Abenteuerlust oder Geldgier heimlich Informationen beschaffte. Er verriet der Sowjetunion die Formeln zum Bau einer Atombombe in dem tiefen Glauben, dass nur ein militärisches Gleichgewicht zwischen den Großmächten auf Dauer den Frieden sichern würde. In einem Interview mit dem Deutschen Fernsehfunk der DDR am 26. April 1970 sagte er: „Ich bin der Überzeugung, dass die Entwicklung der sowjetischen Atombombe das amerikanische Atomwaffenmonopol gebrochen hat und dadurch den Frieden in der Welt und auch den Schutz unserer Republik gesichert hat.“ Als überzeugter Kommunist fuhr er in der üblichen Diktion der DDR fort: „Die Atombombe in der Hand einer Friedensmacht wie der Sowjetunion ist ein Schutz des Friedens, in der Hand von einer aggressiven, imperialistischen Macht wie Amerika ist es eine Bedrohung der ganzen Menschheit.“

Schon in seiner Jugend war der am 29. Dezember 1911 in Rüsselsheim geborene Emil Julius Klaus Fuchs, wie er mit vollem Namen hieß, politisch interessiert und engagiert. Mit Klassenkameraden diskutierte er, der er eine tiefe Abneigung gegen den Nationalsozialismus hegte, nächtelang über die Möglichkeiten, die aufkeimende politische Macht zu bekämpfen. Zunächst war er Mitglied der SPD, trat aber aus der Partei aus, als sie 1932 bei der Wahl zum Reichspräsidenten keinen eigenen Kandidaten aufgestellt hatte und so der konservative Paul von Hindenburg gewählt wurde. Fuchs wechselte zur KPD. Schon bald geriet er mit Nazianhängern an der Kieler Universität, wo er Mathematik studierte, in Konflikt. Als nationalsozialistisch orientierte Studenten einen Streik gegen den Rektor der Universität anzettelten, stellte er sich ihnen gemeinsam mit anderen KPD-Studenten entgegen. Er wurde brutal zusammengeschlagen und entging nur knapp der Lynchjustiz. Wegen seines Engagements steckbrieflich gesucht, entkam er 1933 nur knapp einer Verhaftung. Eine Weile lebte er danach versteckt in der Metropole Berlin, die ihm sicherer vor Verfolgung erschien. Weil aber auch hier die Nationalsozialisten brutal mit ihren Gegnern umgingen, zog er zunächst nach Paris, bald aber weiter nach Großbritannien, wo er bei Freunden seines Vaters unterkam. Er schrieb sich an der University of Bristol ein, wechselte von der Mathematik, die ihm zu theoretisch war, zur Physik und beendete 1936 sein Studium. Wegen seiner guten Examensergebnisse bot man ihm eine Stelle in dem Forscherteam um Max Born an der Universität von Edinburgh an. Für Fuchs eröffnete sich so die Aussicht, in jungen Jahren bei einem weltweit anerkannten Physiker und Pionier der Quantenmechanik zu arbeiten. Schnell beeindruckte er seine Kollegen durch seine scharfsinnigen Forschungsarbeiten. Seine Aufsätze fanden allgemeine Anerkennung in der Fachwelt.

1939 erschien in der Zeitschrift „Die Naturwissenschaften“ ein Artikel über eine revolutionäre Entdeckung. Otto Hahn, Fritz Straßmann und Lise Meitner hatten in jahrelanger Forschungsarbeit den Nachweis erbracht, dass ein Urankern in kleinere Kerne gespalten werden kann, wobei große Energien freigesetzt werden. Der Physiker Carl Friedrich von Weizäcker erkannte sofort die Gefahr dieser Entdeckung, als er sagte: „Die Energie, die rauskommt, kannte man, das hieß, das wäre ’ne Bombe. Das wußte man sofort.“ Wissenschaftler aus aller Welt warnten vor den Folgen der Entdeckung. Auch Fuchs erkannte die Bedeutung der Kernspaltung, war allerdings zunächst im wahrsten Sinne des Wortes weit entfernt davon, um in das Geschehen ihrer weiteren Entwicklung einzugreifen. Wie viele andere Deutsche in Großbritannien wurde er nämlich nach Ausbruch des Zweiten Weltkriegs interniert, zunächst auf der Isle of Man, später in Kanada. Nachdem er 1940 auf Initiative seines Mentors Born wieder freigelassen wurde, kehrte er nach Großbritannien zurück und arbeitete nun an einem geheimen Atombombenprojekt mit dem Tarnnamen „Tube Alloys“ (Röhrenlegierungen) unter der Leitung von Rudolf Peierls.

Um an dem Projekt mitwirken zu können, musste er sich einer Sicherheitsüberprüfung unterziehen. Auch wenn er sich in Großbritannien politisch zurückgehalten hatte, ließ sich dabei seine kommunistische Einstellung nicht verbergen, denn sein Engagement in Deutschland war auch auf der britischen Insel bekannt geworden. Obwohl Hitlerdeutschland und die kommunistische Sowjetunion zu der Zeit noch Verbündete waren, beide Staaten also als feindliches Ausland galten, erhoben die Sicherheitsbehörden keine Einwände gegen eine Beschäftigung.

Nach dem Überfall deutscher Truppen auf die Sowjetunion wendete sich das Blatt. Aus dem einstigen Gegner des britischen Königreiches wurde nun ein Verbündeter. Allerdings trauten die Westalliierten der Moskauer Regierung nicht und ließen sie bei der Kernwaffenforschung außen vor. Fuchs fragte sich, ob diese Haltung nicht dazu führen würde, dass die Sowjetunion von den Deutschen, die auch an einer Atombombe forschten und weder militärische noch moralische Skrupel kannten, vernichtet werden würde. Er stand vor einem Dilemma seines Gewissens. Einerseits kannte er die Wirkung einer Atombombe, wusste oder ahnte zumindest, wie viele Menschenleben nur eine einzige Bombe vernichten konnte. Andererseits musste der neue Bündnispartner Sowjetunion seiner Meinung nach vom Westen stärker unterstützt werden, um der deutschen Militärmacht standzuhalten. „Zu dieser Zeit hatte ich volles Vertrauen zur russischen Politik und war davon überzeugt, daß die westlichen Alliierten vorsätzlich zuließen und zusahen, wie sich Rußland und Deutschland gegenseitig vernichteten“, formulierte er seine Gedanken. Trotz moralischer Skrupel entschied er sich dafür, der Sowjetunion Informationen über seine Arbeit zukommen zu lassen, damit sie mit einer eigenen Atombombe der westlichen Atomwaffenpolitik etwas entgegensetzen konnte. „Es muss von Zeit zu Zeit Menschen geben, die vorsätzlich Schuld auf sich nehmen, weil sie eine Situation klarer erkennen, als jene, die Macht haben“, rechtfertigte er sein Handeln.

1941 traf Fuchs in London einen alten Bekannten: Jürgen Kuczynski, ein emigrierter deutscher Wirtschaftswissenschaftler, dem er von seinem Vorhaben, den Sowjets seine Forschungsergebnisse zukommen zu lassen, erzählte. Kuczynski vermittelte ihm einen Kontaktmann der sowjetischen Botschaft, dem Fuchs einen Packen Unterlagen über die Atombombenforschung übergab. Fuchs, kein gelernter Spion, war so unvorsichtig, schnurstracks in die Botschaft zu marschieren. Dort war man auf das Höchste konsterniert über diese Leichtfertigkeit, die auch nur ein Mindestmaß an Konspiration vermissen ließ. Man wies ihn an, künftig von der Botschaft fernzubleiben und sich mit „Sonja“ zu treffen. „Sonja“ war Ursula, die Schwester Jürgen Kuczynskis, die für den sowjetischen Nachrichtendienst GRU arbeitete und schon den Kontakt ihres Dienstes mit Richard Sorge in China gehalten hatte. „Sonja“ arrangierte ein Treffen irgendwo auf dem Land zwischen Birmingham und Oxford. Arm in Arm lief sie mit Fuchs über die Felder, getarnt als verliebtes Paar. „Wir haben uns getroffen und angelächelt, bei uns brauchte es keine Erkennungszeichen, weil das Treffen schon so gewählt war, daß wir einfach aufeinander zugingen und uns ansprachen – und wir haben das Liebespaarprinzip, dieses banale, benutzt, weil es am harmlosesten war“, beschrieb sie das erste Treffen. Die beiden besprachen, wie sie ihre künftige Zusammenarbeit arrangieren wollten.

Von nun an sahen sich die beiden öfter, und Fuchs brachte stets geheime Unterlagen aus der „Tube Alloys“-Arbeitsgruppe mit. Zunächst übermittelte er nur die Ergebnisse seiner eigenen Forschungsarbeit, nicht aber die seiner Kollegen. Er wollte nur das weitergeben, für das er inhaltlich verantwortlich war. Allerdings änderte er bald seine Meinung, als er sah, dass sein eigenes Wissen nur ein kleiner Ausschnitt aus der Arbeit seines Forschungsteams war und für den Bau einer Atombombe nicht ausreichte. Nun drückte er „Sonja“ auch Kopien der Arbeitsergebnisse seiner Kollegen in die Hand.

Bereits 1940 hatten Großbritannien und die USA beschlossen, in der Entwicklung der Atombombe enger zusammenzuarbeiten.

1943 konkretisierte sich dieses Vorhaben, als das britische „Tube Alloys"-Projekt und das amerikanische Pendant mit dem Namen „Manhattan" zusammengelegt wurden. Fuchs gehörte zu den britischen Wissenschaftlern, die im Rahmen der britisch-amerikanischen Zusammenarbeit an der Entwicklung des „Babys", wie man die erste Atombombe nannte, mitwirken sollte. Im Dezember 1943 traf er in New York ein und wurde einer Arbeitsgruppe zugewiesen, die sich mit einem Gasdiffusionsverfahren zur Gewinnung von Uran 235 befasste.

Da er zu „Sonja" keinen Kontakt mehr hatte, musste ihm ein neuer Kontaktmann des sowjetischen Geheimdienstes zugewiesen werden. Der Mann hieß Harry Gold, geheimer Mitarbeiter des NKWD, dem Vorläufer des KGB. Nicht mehr die GRU war nun für Fuchs zuständig, sondern der große, allgegenwärtige und gefürchtete Geheimdienst des sowjetischen Innenministeriums. Gold war amerikanischer Staatsbürger und deshalb den amerikanischen Sicherheitsbehörden nicht so suspekt, wie es ein sowjetischer Führungsoffizier gewesen wäre.

Das erste Treffen zwischen Gold, der eigentlich Heinrich Golodnitzky hieß, und Fuchs fand irgendwo in der New Yorker Lower East Side auf einer belebten Straße statt. Erkennungszeichen war ein Tennisball, den Fuchs in der Hand hielt. Die beiden verabredeten, sich von nun an regelmäßig zu treffen.

In den nächsten Wochen brachte Fuchs seinem Kontaktmann etliche Unterlagen über die Arbeit der Forschergruppe. Gold, der Chemieingenieur war, konnte in etwa die Bedeutung der Informationen ermessen und war hocherfreut.

Eines Tages im August 1944 geriet Gold in Unruhe, da Fuchs nicht zu einem Treffen erschienen war. Auch zu vereinbarten Folgeterminen kam er nicht. Was war passiert? War er erkrankt? Hatte er einen Unfall gehabt? Oder war er möglicherweise verhaftet worden? Der NKWD stellte Nachforschungen an, befragte Fuchs' Schwester Christel, die ebenfalls in den USA lebte, jedoch auch nichts Genaues wusste. Sie konnte nur sagen, dass ihr Bruder in den Südwesten der

USA versetzt worden sei. Eine Adresse hatte sie nicht, ihre Post wurde an ein Postfach in Santa Fe gesandt. Gold bat sie, ein Treffen mit ihrem Bruder zu arrangieren.

Als Fuchs einige Zeit später seine Schwester besuchte und erfuhr, dass Gold ihn suchte, rief er die New Yorker Telefonnummer an, die sein Kontaktmann ihm hinterlassen hatte. Gold hörte nun, warum Fuchs so plötzlich von der Bildfläche verschwunden war: Man hatte ihn nach Los Alamos versetzt.

Los Alamos ist eine kleine Ortschaft im Wüstenstaat New Mexico. Kein Mensch würde etwas mit dem Namen verbinden, gäbe es dort nicht das „Los Alamos National Laboratory", eine kerntechnische Forschungsanlage. Als Fuchs dort eintraf, arbeiteten Tausende Wissenschaftler unter höchster Geheimhaltung an dem „Manhattan"-Projekt. Das Gelände war hermetisch abgeschirmt, dichter Stacheldraht umzäunte es, keine Schilder ließen erkennen, was dort vor sich ging, nicht einmal eine Adresse hatte das Camp. Das Leben dort war alles andere als komfortabel, die Wissenschaftler lebten in Baracken, die morgens mit Holz befeuert wurden. Lebensmittel gab es nur aus Armeebeständen, die Beschäftigten durften nicht ohne Erlaubnis das Gelände verlassen.

Dort waren nun also die britischen Wissenschaftler gelandet, die an der Entwicklung der Atombombe forschten. Weil Fuchs Verdacht erregt hätte, wenn er sich mit Gold in New York getroffen hätte, und weil seine Post möglicherweise kontrolliert wurde, musste ein anderer Weg gefunden werden, sich zu treffen. Gold und er entschieden sich dafür, in der nahe gelegenen Stadt Santa Fe zusammenzukommen. Dort übergab Fuchs seinem Kontaktmann als Erstes eine schriftliche Zusammenfassung über den Stand des „Manhattan"-Projekts, die Gold höchst zufrieden nach Moskau weiterleitete. Als der Sowjetagent seinem Informanten als Gegenleistung für seine Dienste einen Briefumschlag mit 1500 Dollar überreichen wollte, wies Fuchs das brüsk zurück. Er arbeite nicht für Geld, sondern aus Überzeugung.

Die nächsten Treffen fanden im Auto statt. Fuchs und Gold fuhren kreuz und quer durch Santa Fe, um sich einer möglichen Observation zu entziehen. Dabei erfuhr Gold, dass die Arbeiten in Los Alamos kurz vor dem Abschluss standen und die erste Atombombe bald getestet werden würde.

Am 8. Mai 1945 hatte sich die Weltlage verändert. Deutschland hatte kapituliert, der Feind war zusammengebrochen. Hatte sich damit das Atombombenprojekt erledigt? Oder gab es nun einen neuen Feind, gegen den die Atombombe eingesetzt werden könnte? Schon seit einiger Zeit bröckelte der Zusammenhalt zwischen den Westalliierten und der Sowjetunion. Das Misstrauen gegenüber der Moskauer Regierung wuchs. Und dann war da noch Japan, das nicht erkennen ließ, kapitulieren zu wollen. Nicht wenige der in das „Manhattan"-Projekt eingeweihten Wissenschaftler befürchteten, dass die Atombombe künftig als Machtmittel gegenüber anderen Ländern, so auch der Sowjetunion, gebraucht werden könnte. Lebhaft wurde in Los Alamos die Frage diskutiert, wie es weitergehen sollte. Fuchs beteiligte sich kaum an den Diskussionen. Nur einmal, als ein Kollege meinte, man solle die Weiterarbeit an dem Projekt verweigern, meinte Fuchs trocken: „Dazu ist es jetzt wohl zu spät. Die Sache ist ja nun schon in den Händen der Techniker."

Als der weltbekannte dänische Physiker Niels Bohr und der am „Manhattan"-Projekt beteiligte ungarische Physiker und Molekularbiologe Leó Szilárd sich unabhängig voneinander in Botschaften an den amerikanischen Präsidenten und den britischen Premierminister wandten und forderten, den Kreml über die Existenz des „Manhattan"-Projekts in Kenntnis zu setzen, schlossen sich die meisten Wissenschaftler in Los Alamos dieser Meinung an. Doch die angesprochenen Politiker stellten sich taub und forcierten das Atombombenprojekt weiterhin. Sie wussten allerdings nicht, dass Stalin dank seines Spions in Los Alamos längst Bescheid wusste.

Am frühen Morgen des 16. Juli 1945 versammelten sich die Wissenschaftler aus Los Alamos, unter ihnen auch Klaus Fuchs, in der Wüste New Mexicos in sicherer Entfernung eines 30 Meter hohen Gerüsts, an dem eine merkwürdige Kugel hing. Alle trugen dunkle Sonnenbrillen. Gleich würde sich etwas ereignen, was es noch nie gegeben hatte. Was dann um 5:50 Uhr geschah, übertraf alle Erwartungen: Ein greller Blitz zuckte auf, zwölf Kilometer hoch stieg der Atompilz auf. Die Explosion hatte eine Wucht von 21 000 Tonnen TNT-Sprengstoff. Noch in 160 Kilometern Entfernung war die Druckwelle der Explosion zu spüren. Nie zuvor war auf einen Schlag eine derartige Gewalt freigesetzt worden. Fuchs war schockiert.

Am 6. August 1945 geschah das, was sich wohl keiner der Wissenschaftler in Los Alamos gewünscht hatte: Über Hiroshima ging eine Atombombe nieder, drei Tage später eine weitere über Nagasaki. Ungefähr 100 000 Menschen, fast ausschließlich Zivilisten, verloren auf der Stelle ihr Leben. 130 000 weitere starben bis Ende 1945 an Folgeschäden. Weitere Tausende verstrahlte Menschen kamen in den nächsten Jahren zu den Toten hinzu. Strategisch ergab der Atomschlag keinen Sinn, denn Japan stand vor dem militärischen Aus. Die Befürworter der Abwürfe argumentierten zynisch, die Atombombenabwürfe hätten die ansonsten unvermeidliche Invasion in Japan unnötig gemacht, wodurch schätzungsweise einer Viertelmillion alliierter Soldaten und mehreren Millionen Japanern das Leben gerettet worden sei. Gegner der Abwürfe hielten dem entgegen, dass die Zahlen maßlos übertrieben seien, da Japan einer Invasion keinen nennenswerten Widerstand hätte entgegensetzen können. Bis heute hat keine Regierung der USA eine offizielle Entschuldigung gegenüber den Opfern der Abwürfe abgegeben.

Für Fuchs war die Arbeit in Los Alamos jetzt beendet. Als er Gold noch einmal traf, äußerte er sich ihm gegenüber „zutiefst besorgt über die furchtbaren Zerstörungen, die die Waffe angerichtet hatte."

Fuchs kehrte nach Großbritannien zurück und übernahm eine leitende Funktion am britischen Atomforschungszentrum in Harwell, einer Kleinstadt in der Nähe von London. Mit einem guten Gehalt ausgestattet, führte er nun das Leben eines weltweit geachteten Physikers. Er wohnte in einem komfortablen Bungalow, schloss eine Reihe neuer Freundschaften und fühlte sich mittlerweile als echter Brite. Die britische Staatsbürgerschaft hatte er schon 1942 vor seiner Übersiedlung in die USA erhalten.

In Großbritannien erhielt er einen neuen Kontaktmann des sowjetischen Geheimdienstes: Alexander Feklisow. Mit ihm traf er sich regelmäßig und berichtete nicht nur über seine Arbeit an der Entwicklung einer Wasserstoffbombe, sondern erkundigte sich auch interessiert über den Stand der Forschung an einer sowjetischen Atombombe. Er erfuhr, dass Stalins Wissenschaftler schneller waren, als er erwartet hatte. Tatsächlich zündete dann schon 1949 die erste sowjetische Versuchsbombe in der Steppe von Semipalatinsk.

Bei vielen Politikern und Militärstrategen rief die Explosion Angst und Schrecken hervor, hatte man doch das Atomwaffenmonopol verloren. Es gab allerdings auch andere Stimmen. Otto Hahn meinte: „Das ist eine gute Nachricht! Ich glaube, dem Frieden ist mehr gedient, wenn die Russen auch Atomwaffen haben; dann hätten beide Seiten so viel Angst voreinander, daß keiner anfangen würde."

Bei Nachrichtendienstlern im Westen hatte der Atombombentest aber noch eine ganz andere Wirkung: Man glaubte nicht, dass die Sowjets aus eigener Anstrengung zu diesem Erfolg gekommen waren. Es musste einen Verräter geben. Deshalb begann die Suche nach der undichten Stelle.

Wie man Fuchs auf die Spur gekommen war, wurde jahrelang geheim gehalten. Es war der Funkverkehr zwischen seinen Führungsoffizieren und der Geheimdienstzentrale in Moskau, der ihm zum Verhängnis wurde. Zu Tausenden flogen Nachrichten zwischen Moskau und sowjetischen Botschaften, Konsulaten und anderen Stellen im Westen hin und her. Westliche Nachrichtendienste konnten die Meldungen zwar auffangen, aber nicht lesen, da sie den Code nicht kannten. Um dieser Unwissenheit ein Ende zu setzen, rief das amerikanische FBI das VENONA-Projekt ins Leben. Ab 1942 hatten sich Kryptografen an die Arbeit gemacht, den Verschlüsselungscode der Sowjets zu knacken. Im Sommer 1946 war es dann so weit, dass erste Botschaften des KGB im Klartext gelesen werden konnten. Von nun an ging es Schlag auf Schlag: Tausende Meldungen, die man in den vergangenen Jahren aufgefangen hatte, aber nicht entschlüsseln konnte, wurden nun decodiert und ausgewertet. Zu ihrem Schrecken stellten die amerikanischen Nachrichtendienstler fest, dass Informationen aus dem „Manhattan“-Projekt abgeflossen waren. Aufgrund der Art der Informationen lag bald der Verdacht nahe, dass Fuchs der Verräter war. Man befand sich aber in dem Dilemma, dass dem Mann nicht vorgehalten werden konnte, was man wusste. Auf keinen Fall durfte bekannt werden, woher die Verdachtsmomente stammten, denn auch weiterhin wollten die amerikanischen Nachrichtendienste mitlesen, wie die Spione des KGB kommunizierten.

Das FBI bemühte sich, weitere Beweise zu finden, deshalb schalteten die amerikanischen Strafverfolger ihre britischen Kollegen ein und baten, verdeckt gegen Fuchs zu ermitteln. Daraufhin observierten die britischen Sicherheitsbehörden den Verdächtigen und zapften sein Telefon an. Doch vergeblich – der Überwachte verhielt sich völlig unverdächtig.

Der einzige Weg, zu einer Verurteilung zu kommen, bestand deshalb darin, Fuchs ein Geständnis zu entlocken. Dafür kam nur ein Mann infrage: Scotland Yards Agentenjäger Nummer eins William Skardon. Im September 1949 erhielt er die Order, Fuchs zu vernehmen, allerdings zunächst nur im Rahmen „abtastender Gespräche“.

Freundlich und jovial tauchte Skardon bei Fuchs auf und begann, über dessen Vater zu sprechen. Emil Fuchs war gerade aus der Bundesrepublik in die DDR übergesiedelt, um eine Professur für Systematische Theologie und Religionssoziologie an der Universität Leipzig anzunehmen. Skardon setzte Fuchs auseinander, dass die Gefahr bestehe, sein Vater könne von der Staatssicherheit dazu erpresst werden, seinem Sohn geheime Informationen zu entlocken. Deshalb müsse er wissen, wie Fuchs’ Beziehung zu seinem Vater sei. Fuchs überzeugte diese Argumentation, und er begann, aus seinem Leben zu plaudern.

Über einen Zeitraum von mehreren Monaten gewann Skardon nach und nach das Vertrauen von Fuchs und erfuhr einiges über den Mann. Schließlich konfrontierte er den Verdächtigen im Dezember 1949 damit, dass sein Verrat der Atombombe dem MI5 bekannt sei. Der Wissenschaftler bestritt den Vorwurf zunächst, gestand aber einen Monat später seine Spionage.

Am 1. März 1950 stand Fuchs vor Gericht. Einziger Zeuge war William Skardon. Wegen des Geständnisses von Fuchs dauerte die Verhandlung nur 90 Minuten. Das Urteil lautete auf 14 Jahre Gefängnis. Der Todesstrafe war Fuchs nur deshalb entgangen, weil sie nur dann verhängt werden durfte, wenn jemand für eine feindliche Macht spioniert hatte. Als Fuchs aber die geheimen Informationen aus dem „Manhattan"-Projekt verraten hatte, waren Großbritannien und die Sowjetunion Verbündete.

Mit der Verurteilung von Fuchs war die Angelegenheit aber noch nicht beendet. In den folgenden Monaten kam es zu massiven Konflikten zwischen den USA und Großbritannien. Die Amerikaner warfen ihren britischen Kollegen vor, schlampig gearbeitet zu haben, weil sie einen Kommunisten an einem so sensiblen Projekt wie der Entwicklung einer Atombombe hatten mitarbeiten lassen. Die Briten konterten, sie hätten schnell gehandelt, als der Verdacht gegen Fuchs hochkam, und ihn unverzüglich verurteilt. In der Presse wurde spekuliert, Fuchs sei von sowjetischen Spionen im MI5 gedeckt worden. Tatsächlich gab es dort, wie später bekannt wurde, fünf sowjetische Spione, die als die „Cambridge Five" oder die „Glorreichen Fünf" in die Spionagegeschichte eingingen.

Im Jahr 1959 wurde Fuchs begnadigt und zog in die DDR, wo er hoch geehrt wurde. Er starb 1988 in Ost-Berlin. Kurz vor seinem Tod rechtfertigte er noch einmal sein Handeln: „Ich habe mich nie als Spion gesehen. Ich konnte nur nicht verstehen, warum der Westen nicht bereit war, die Atombombe mit Moskau zu teilen."

Übrigens war Fuchs nicht der einzige Spion, der Informationen aus dem „Manhattan"-Projekt verraten hatte. Wie viele es in Los Alamos gegeben hat, weiß man nicht genau. Mindestens vier sollen es gewesen sein. Wichtige Informationen erhielten die Sowjets, was sich allerdings erst Jahre später nach Freigabe von Akten aus dem VENONA-Projekt ergab, von Theodore Alvin Hall.

Ethel und Julius Rosenberg
am 29. März 1951 auf der Fahrt
ins Gefängnis

Julius und Ethel Rosenberg

Opfer der Kommunistenjagd während der McCarthy-Ära in den USA?

„Wir wünschten, die große Freude und das Glück, unser Leben gemeinsam mit Euch zu Ende leben zu können, wäre uns zuteil geworden.“ So endet ein emotionaler Brief Ethel Rosenbergs an ihre Söhne Robert und Michael kurz bevor sie am 19. Juni 1953 auf dem elektrischen Stuhl hingerichtet wurde. Wenige Minuten zuvor hatte ihr Ehemann Julius dasselbe Schicksal erlitten.

Vorausgegangen war ein Gerichtsverfahren, das in der Öffentlichkeit heftige Reaktionen und erhebliche Proteste ausgelöst hatte. 5000 Menschen demonstrierten am Tag der Hinrichtung am Union Square in New York gegen das Urteil. Bertolt Brecht, Albert Einstein, Dashiell Hammett und Frida Kahlo protestierten gegen den Schuldspruch. Jean-Paul Sartre warnte in der französischen Zeitung „Libération“ vor einem „neuen Faschismus“ in den Vereinigten Staaten, Papst Pius XII. bat um Gnade für die zum Tode Verurteilten, Pablo Picasso zeichnete Porträts der beiden Hauptangeklagten. Viele sahen in dem Prozess gegen die Rosenbergs den Höhepunkt der Kommunistenjagd unter dem amerikanischen Senator Joseph McCarthy.

Die Situation in den USA war damals aufgeheizt. Schon bald nach dem Ende des Zweiten Weltkriegs keimte in der amerikanischen Gesellschaft die Angst vor der „roten Gefahr“. Sie wuchs, nachdem Mao Tse-tung 1949 in China die Macht übernahm und der Sowjetunion ein erster Atombombentest glückte. Im März 1947 ordnete Präsident Harry Truman mit der Executive Order 9835 eine Überprüfung der politischen Loyalität sämtlicher Angestellten der Bundesbehörden durch ein Loyalty Review Board an. Drei Millionen Staatsbedienstete wurden überprüft, ungefähr 1200 entlassen, weitere 6000 reichten von sich aus ihre Kündigung ein. Mehrere parlamentarische Komitees wurden ins Leben gerufen, deren Aufgabe es war, gegen Personen mit kommunistischen oder faschistischen Verbindungen zu ermitteln. Eines dieser Gremien war das 1952 gegründete Permanent Subcommittee on Investigations (Ständiger Unterausschuss für Untersuchungen) des Senats, den der Republikaner Joseph McCarthy nutzte, gegen tatsächliche oder vermeintliche Kommunisten zu agitieren.

Der Ausschuss, der eng mit dem FBI zusammenarbeitete, überprüfte nicht nur Staatsbedienstete, sondern auch Personen des öffentlichen Interesses und Künstler hinsichtlich ihrer politischen Gesinnung. Unzählige Menschen wurden verhört, verhaftet und angeklagt. Die Kommunistenverfolgung fand viel Zustimmung in der Gesellschaft, aber auch massive Kritik bei liberalen Intellektuellen.

In diese Zeit fiel der Prozess gegen Julius und Ethel Rosenberg. Angeklagt waren sie wegen Spionage für die Sowjetunion. Was war geschehen?

Um den Verfahrensverlauf im Fall der Rosenbergs zu verstehen, muss man die Vorgeschichte kennen. Julius und Ethel Rosenberg waren jüdische Kommunisten. Julius Rosenberg, am 12. Mai 1918 in New York geboren, besuchte jüdische Schulen und erhielt eine religiöse Ausbildung. „Im Alter von 16 Jahren beschäftigte er sich noch ernsthaft mit Religion, aber mit 18 wurde er Marxist“, sagte später sein Sohn Robert über den Vater. 1939 heiratete er Ethel Greenglass. Das Ehepaar hatte sich in den 1930er-Jahren in der Jugendorganisation der Kommunistischen Partei der USA kennengelernt, beide waren eine Zeit lang dort Mitglieder gewesen. Später wurde spekuliert, ob nicht im Fall der Rosenbergs, so wie schon in der Affäre Dreyfus, antisemitische Vorbehalte eine Rolle gespielt hatten. Auch Julius Rosenberg selbst spürte eine Voreingenommenheit der Prozessbeteiligten, als er im Gefängnis seiner Frau schrieb: „Es spielt dabei keine geringe Rolle, dass der Antisemitismus, der den Fall umgibt, bekämpft werden muss. Ich denke da an folgende Tatsache: Da wir unschuldig sind, pocht man unter einem Vorwand auf die Verurteilung, obgleich sie gesetzwidrig ist, und sagt: ‚Seht, die Juden sind schuld!‘“

Dieser Wahrnehmung scheint zwar die Tatsache zu widersprechen, dass der Richter, Irving Kaufman, ebenso wie die beiden Staatsanwälte und der Verteidiger der Rosenbergs Juden waren. Der Schriftsteller Arthur Miller erklärte die parteiische Prozessführung mit dem Wunsch der beteiligten Juristen, zu zeigen, dass auch Juden patriotische Amerikaner seien. Und der Sprecher der Geschworenen, unter denen sich kein Jude befand, freute sich später: „Ich war froh, dass es eine rein jüdische Veranstaltung war. Es waren Juden gegen Juden. Es waren nicht die Christen, die die Juden hängten.“

Begonnen hatte das Justizdrama am 7. Juli 1950, als das FBI Julius Rosenberg verhaftete. Tatvorwurf: Spionage. Weil er bei den Verhören schwieg, wurde seine Frau als Zeugin vorgeladen. Doch auch sie verweigerte die Aussage. Die Folge war, dass nun auch Ethel festgenommen wurde. Beiden wurde im Prozess vorgeworfen, die Formeln für den Bau der Atombombe an die Sowjetunion verraten zu haben.

Auf die Spur war man dem Ehepaar Rosenberg durch Harry Gold gekommen, dem sowjetischen Spion, der schon Klaus Fuchs während seines USA-Aufenthalts geführt hatte. Gold wurde 1947 vom FBI als sowjetischer Spion enttarnt und festgenommen. Bei seinen Vernehmungen beschuldigte er David Greenglass, den Bruder Ethel Rosenbergs, Informationen aus dem amerikanischen Atombombenprojekt verraten zu haben. Das FBI begann zu ermitteln und fand heraus, dass Greenglass, der gelernter Maschinist und Sergeant der US-Armee war, ab August 1944 in Los Alamos arbeitete, dort, wo an der Entwicklung der Atombombe geforscht wurde. Anders als Klaus Fuchs hatte er allerdings keinen Zugang zu wissenschaftlichen Informationen.

Greenglass selbst hatte keine unmittelbaren Kontakte zum sowjetischen Geheimdienst, anders aber sein Schwager Julius Rosenberg, der sich 1942 vom sowjetischen Geheimdienst hatte anheuern lassen. In dessen Auftrag hatte er in den USA einen kleinen Spionagering aufgebaut, dessen Mitglied Greenglass war.

Ob die beiden wirkungsvoll für die Sowjets spioniert haben, lässt sich nicht mit letzter Klarheit feststellen. Sein Führungsoffizier Alexander Feklisow sagte später, er habe sich in den Jahren von 1944 bis 1946 ungefähr 50-mal mit Rosenberg getroffen und von ihm streng geheime Informationen über Entwicklungen der amerikanischen Elektrotechnik erhalten. Zum Atomwaffenprojekt habe Rosenberg allerdings nichts sagen können. Morton Sobell, der Julius Rosenberg seit dem Studium kannte und ebenfalls Mitglied des Spionagerings war, meinte gegenüber der „New York Times“, er und Rosenberg hätten dem sowjetischen Geheimdienst nur Informationen über defensive Radar- und Artilleriegeräte geliefert, nicht aber „Zeug, das verwendet werden könnte, um unser Land anzugreifen“.

Im Prozess, der am 6. März 1951 begann, setzten die Staatsanwälte aber alles daran, Julius und Ethel Rosenberg als übelste Landesverräter anzuprangern. Und das trotz dürftiger Beweislage. Die Angeklagten beteuerten ihre Unschuld, schwiegen aber beharrlich zu den einzelnen Vorwürfen. Daran änderte sich auch nichts, als Ethel Rosenberg im Gefängnis von ihrer Mutter beschworen wurde auszusagen.

Das Gericht war also auf Zeugen angewiesen. Deren Liste war lang, die meisten konnten aber keine Angaben dazu machen, ob die Rosenbergs tatsächlich Spione waren. Die Atomwissenschaftler Robert Oppenheimer und Harold Urey, die als Zeugen benannt waren und Aussagen über die Bedeutung des Verratsfalls hätten machen können, wurden nicht in den Zeugenstand gerufen. Elizabeth Bentley, eine zwielichtige Frau, die als Doppelagentin sowohl für den sowjetischen Geheimdienst als auch für das FBI unterwegs war und immer wieder als Belastungszeugin gegen unamerikanische Umtriebe auftrat, konnte nur Allgemeines zu Aktivitäten der Kommunisten und sowjetischen Geheimdiensten in den USA aussagen, machte aber keine konkreten Angaben zu den Rosenbergs.

Alles kam nun auf den Hauptbelastungszeugen David Greenglass an, dessen Spionage in einem gesonderten Verfahren verhandelt wurde. Und Greenglass packte aus. Er schilderte nicht nur, wie Julius Rosenberg ihn zur Spionage verleitet hatte, wie er seine Informationen Julius übergeben hatte, welche Gegenleistungen Julius vom sowjetischen Geheimdienst für seine Informationen erhalten hatte. Er erzählte dem Gericht auch von einer Skizze der Atombombe, die er angefertigt habe. Die habe er Julius gegeben, damit er sie nach Moskau weiterleiten könne. Dabei war zum einen nicht klar, ob die Zeichnung der Realität entsprach. Greenglass war ja nur ein kleiner Techniker, der Hilfsarbeiten leistete. Konnte er überhaupt in die Nähe der Bombe gelangt und sie abgezeichnet haben? Niemand stellte diese Frage. Zum anderen war die Skizze so dilettantisch, dass man aus ihr nicht hätte schlau werden können.

Dann wurden Morton Sobell und Max Ehlicher in den Zeugenstand gerufen, beide Angehörige des von Julius Rosenberg geführten Spionagerings. Sobell gestand seine Spionage für Rosenberg, Ehlicher sagte aus, Rosenberg habe ihn anwerben wollen. Dem Gericht reichten diese Aussagen, um Julius Rosenberg zum Tode zu verurteilen. Welche tatsächliche Bedeutung und welche

Auswirkungen sein Verrat hatte, schien die Juristen nicht sehr zu interessieren.

Wie stand es aber nun um Ethel Rosenberg? Konnte auch sie der Spionage überführt werden? Die entscheidende Aussage kam von Ruth Greenglass, der Ehefrau David Greenglass'. Hatte sie noch in der Voranhörung ausgesagt, sie habe die von ihrem Ehemann herausgeschmuggelten Informationen handschriftlich notiert und Julius Rosenberg mitgegeben, sagte sie im Prozess, Ethel habe die Notizen abgetippt. David Greenglass bestätigte diese Aussage. Tatsächlich wusste Ethel zwar von der Spionagetätigkeit ihres Mannes, hatte sich aber nicht aktiv an ihr beteiligt.

Warum beschuldigte David Greenglass wahrheitswidrig seine Schwester? Die beiden hatten in ihrer Kindheit ein gutes Verhältnis zueinander gehabt. Ethel kümmerte sich mit Hingabe um den sechs Jahre jüngeren Bruder. Umso unverständlicher waren die Beschuldigungen ihres Bruders. Seine spätere Rechtfertigung war alles andere als überzeugend: Er habe die falsche Aussage gemacht, um sich und seine Familie zu schützen. Später verweigerte er jegliche Reue für den Verrat an seiner Schwester; er habe nicht ahnen können, dass die Todesstrafe in Betracht kommen würde. Ob sich die Anschuldigung seiner Schwester für ihn beim Strafmaß in seinem eigenen Verratsfall positiv ausgezahlt hat, lässt sich nicht abschließend sagen. Er wurde zu einer 15-jährigen Freiheitsstrafe verurteilt, einer im Gegensatz zu der der Rosenbergs ausgesprochen milden Strafe.

Das Verfahren gegen die Rosenbergs verlief alles andere als nach rechtsstaatlichen Grundsätzen. Wichtige Zeugen wurden nicht gehört, Aussagen nicht ausreichend gewürdigt. Der damalige Vizepräsident Richard Nixon bestätigte in einem Interview der „New York Times", das 2008 veröffentlicht wurde, Belastungsmaterial sei manipuliert worden. Hätten er oder Eisenhower das gewusst, hätten sie wenigstens Ethel Rosenberg vor dem Tod auf dem elektrischen Stuhl bewahrt. Vor einiger Zeit gab schließlich einer der damaligen Staatsanwälte, William Rogers, zu, dass ihnen der Fall entglitten war: „Wir hatten gar nicht vor, die beiden zu töten. Die Strategie war, die Todesstrafe über Ethel zu verhängen, um von Julius ein volles Geständnis zu bekommen."

Richter Kaufman verteidigte den Schuldspruch vehement und stellte in der Urteilsbegründung den „einzigartigen historischen Rahmen" des Gerichtsprozesses heraus. Die USA befänden sich „in einem Kampf auf Leben und Tod mit einem völlig andersartigen politischen System". Man könne sich „nicht mehr in dem Irrglauben über die Güte der Sowjetmacht befinden, wie dies vielleicht noch vor dem Zweiten Weltkrieg möglich war. Das Wesen des russischen Terrorismus ist heute offensichtlich." Kaufman machte die Rosenbergs mitverantwortlich für die kommunistische Aggression in Korea, die 50 000 Amerikaner das Leben gekostet habe.

Als Ethel Rosenberg nach der Urteilsverkündung aus dem Verhandlungsaal ins Gefängnis geführt wurde, sang sie auf den Gängen des Gerichts fatalistisch eine Arie aus der Oper „Madame Butterfly". Rosenbergs Anwalt Emanuel Hirsch Bloch soll geweint haben, als er das Urteil hörte. In einem Brief an ihren Ehemann schrieb Ethel im Gefängnis: „Wir sind die ersten Opfer eines amerikanischen Faschismus. Alles Liebe, Ethel."

Kaum war das Urteil gesprochen, begannen Versuche, die Hinrichtung der Rosenbergs zu verhindern. Ein Komitee wurde gegründet, das sich für das Ehepaar einsetzte, die liberale Presse prangerte das Urteil an, doch erfolglos. Ethels Mutter bat Präsident Harry S. Truman und seinen Nachfolger Dwight D. Eisenhower um Gnade, ebenso erfolglos. Eisenhower meinte: „Dieser Verrat ist schlimmer als Mord." FBI-Chef J. Edgar Hoover äußerte hinter den Kulissen seine Bedenken gegen eine Hinrichtung Ethel Rosenbergs: Man könne den Kindern nicht die Mutter wegnehmen.

Verteidiger Bloch legte Berufung ein, sie wurde abgewiesen. Er zeigte mehrere Zeugen wegen Meineides an, den Anzeigen wurde nicht nachgegangen. Er legte Beschwerde gegen die Zurückweisung seiner Anzeigen ein, sie wurde abgelehnt, ebenso sein Antrag auf Haftprüfung. Er verlangte die Wiederaufnahme des Verfahrens, um neue Beweismittel vorlegen zu können, der Antrag wurde abgelehnt.

Die Zeit lief weiter, der Hinrichtungstermin nahte. Der Direktor des Gefängnisses versuchte, die Rosenbergs dazu zu bewegen, mit dem FBI zu kooperieren, um die Hinrichtung abzuwenden. Für alle Fälle hatte man im Gefängnis einen Vernehmungsraum freigehalten, falls die Rosenbergs doch noch aussagen wollten. Doch vergebens, die Gefangenen weigerten sich zu reden.

Am 17. Juni 1953, einen Tag vor der terminierten Hinrichtung, tauchte ein unbekannter Anwalt aus Tennessee mit dem Namen Fyke Farmer bei Bundesrichter William O. Douglas auf. Farmer, der weder ein Mandat der Rosenbergs noch einen Auftrag von Verteidiger Bloch hatte, machte dem Richter klar, dass das Urteil fehlerhaft sei. Es beruhe auf dem amerikanischen Spionagegesetz von 1917, das die Todesstrafe vorsah. Dieses Gesetz sei jedoch überholt durch die Strafbestimmungen des Atom-Energie-Gesetzes von 1946, das die Todesstrafe nicht kannte. Richter Douglas fand die Argumente so einleuchtend, dass er den Aufschub der Hinrichtung anordnete. Doch die Hoffnung, den Tod der Rosenbergs abzuwenden, trog: Das Oberste Bundesgericht verwarf den Antrag. Douglas konnte mit seiner Entscheidung die Hinrichtung nur um einen Tag hinausschieben.

Den Abgeordneten Wheeler erboste die Verfügung von Richter Douglas derart, dass er im Repräsentantenhaus eine Resolution einbrachte, „die Amtsführung des Richters zu untersuchen und zu prüfen, ob er sich eines Staatsverbrechens oder des Amtsmissbrauchs schuldig gemacht“ habe und daher zu bestrafen sei.

Nun ließ sich die Hinrichtung nicht mehr verhindern. Am 19. Juni 1953 um 20:06 Uhr starb Julius Rosenberg auf dem elektrischen Stuhl. Wenige Minuten später betrat Ethel Rosenberg die Todeskammer. Reporter William R. Conklin, der bei der Hinrichtung dabei war, beschrieb die Szene: „Sie zuckte ein wenig, als die Elektrode mit ihrem Kopf in Berührung kam, aber ihre gefesselten Arme blieben ruhig. Bewegungslos ließ sie sich von den Henkern die Ledermaske über das Gesicht ziehen. (…) Der erste der drei aufeinanderfolgenden Schocks wurde um 20 Uhr 11 Minuten und 30 Sekunden eingeschaltet. Nach dem dritten Schock machten die beiden Ärzte Gebrauch von ihren Stethoskopen und stellten fest, daß sie noch am Leben sei. Nach zwei weiteren Strom-Einschaltungen wurde Frau Rosenberg um 20 Uhr 16 Minuten für tot erklärt."

Bis heute ist die Diskussion um das Urteil nicht zur Ruhe gekommen. Für viele, insbesondere linke Kreise, sind die Rosenbergs unschuldige Opfer einer antikommunistischen und antisowjetischen Justiz in der McCarthy-Ära. Andere sehen, belegt durch in jüngerer Zeit offengelegte Akten, die Spionage zumindest Julius Rosenbergs als belegt.

Im Jahr 2015 forderten die Söhne der Rosenbergs die US-Regierung auf, ihre Mutter Ethel Rosenberg offiziell zu rehabilitieren. 2017 wiederholten sie den Appell, den 50 000 Unterzeichner unterstützten. Die Petitionen waren jedoch erfolglos.

Elli Barczatis spionierte unwissentlich DDR-Ministerpräsident Grotewohl für den BND aus.

Elli Barczatis

Die Spionin „Gänseblümchen" im Vorzimmer des DDR-Ministerpräsidenten Otto Grotewohl

Eine Quelle in der Regierungsetage des Gegners! Das ist der Wunsch eines jeden Nachrichtendienstes! Der Organisation Gehlen, dem Vorläufernachrichtendienst des Bundesnachrichtendienstes (BND), war dieser Coup gelungen, wenn auch mehr aus Zufall. Die Frau, die aus der politischen Führungsspitze der DDR berichtete, hieß Elli Barczatis.

In den Stasiakten heißt es, Elli Helene Barczatis, die am 7. Januar 1912 als Tochter eines Schneidermeisters in Berlin geboren wurde, sei „im Elternhaus im kleinbürgerlichen Sinne erzogen" worden. Nach ihrem Schulbesuch und einer kaufmännischen Lehre arbeitete sie bis zum Ende des Zweiten Weltkriegs in verschiedenen Betrieben. Nach Kriegsende lebte sie im Ostsektor Berlins im Bezirk Köpenick. Während sie sich zur Zeit des Nationalsozialismus politisch zurückgehalten hatte, engagierte sie sich nach dem Zusammenbruch des Deutschen Reiches im Freien Deutschen Gewerkschaftsbund der DDR (FDGB), im Demokratischen Frauenbund, in der Gesellschaft für Deutsch-Sowjetische Freundschaft und schließlich auch in der SED. Bei Kollegen und Parteifunktionären galt sie als eine zuverlässige und engagierte Sozialistin.

Ab 1946 begann ihre berufliche Karriere, als sie in der Zentralverwaltung für Brennstoffindustrie eine Anstellung als Chefsekretärin des Leiters Gustav Sobottka fand. In dieser Zeit nahm ihr Schicksal den Lauf, der schließlich zu ihrem Tod führte: In der Zentralverwaltung lernte sie den sechs Jahre älteren Karl Laurenz kennen und verliebte sich in ihn.

Laurenz war ein unsteter Typ mit einem wechselvollen Lebenslauf. Promovierter Jurist, ließ er sich 1935 gemeinsam mit Studienkollegen als Anwalt nieder, wurde 1941 zur Wehrmacht eingezogen, kam aber erst im Februar 1945 an der Westfront zum Einsatz, bis er im April Fahnenflucht beging.

Nach dem Krieg fasste er nicht wieder richtig Fuß. Nachdem er einige Zeit in der Zentralverwaltung für Brennstoffhandel sein Glück versucht hatte, betätigte er sich als Journalist, bemerkte aber recht bald, dass er die von ihm in seiner Berichterstattung geforderten politischen Positionen des DDR-Regimes nicht vertreten konnte. Kurzzeitig war er Mitglied der SED, wurde aber 1950 „wegen mangelnder Wachsamkeit und kleinbürgerlicher Abweichung“ wieder ausgeschlossen. Eine Zeitlang arbeitete er in einer Anwaltskanzlei, verlor aber seine Arbeitsstelle, nachdem er dabei erwischt wurde, wie er Kassiber aus einer Haftanstalt schmuggelte. Er wurde vor Gericht gestellt, das Urteil lautete auf fünf Monate Haft wegen „Gefangenenbegünstigung“. Danach fand er keine feste Anstellung und lebte in prekären Verhältnissen. Wie er selbst angegeben hatte, versuchte er mit rund 100 Bewerbungen erfolglos, eine neue berufliche Perspektive zu finden. Da kam es ihm gerade recht, dass er seinen früheren Arbeitskollegen Clemens Laby traf, der für die Organisation Gehlen arbeitete und Geld gegen Informationen versprach. Laurenz nutzte diese Gelegenheit und sagte zu. Am 2. Juli 1952 wurde er als Informant des Gehlen-Dienstes verpflichtet.

Bereits im Herbst 1949 hatten sich Elli Barczatis und Laurenz, wie Barczatis einmal sagte, „näher“ kennengelernt. Nüchtern vermerkt sie in ihrem Notizbuch: „4.9.1949 Vormittag DWK erster Kuss von Laurenz / 10.9. Birkenwerder erstes Mal zusammen mit Karl Laurenz / 11.10. Karl Laurenz / 13.10. Laurenz / 19.10. Film Achtung ‚Grün‘ und Karl Laurenz in seinem Zimmer angehört“.

Ein Traumpaar waren die beiden sicher nicht. Elli Barczatis war die pflichtbewusste, umsichtige, etwas biedere Sekretärin, die den Typ „spätes Mädchen“ verkörperte. Laurenz war dagegen ein windiger Zeitgenosse, der, obwohl er verheiratet war, keine Skrupel hatte, eine Liebesbeziehung mit Elli Barczatis einzugehen. Neben ihr soll er noch mit anderen Frauen Affären gehabt haben. Zudem war er wenig beliebt. Elli Barcatis’ Schwester Hertha schrieb einmal an eine dritte Schwester: „Elli hat nur auf Mutters Tod gewartet, um den Laurenz, diesen verheirateten Strolch, in die Wohnung zu holen. Sie könnten ja ihre Ehebrüche wo anders machen (und nicht vielleicht auf dem Lager, wo Mutter ihren letzten Atemzug getan hat), ich kann Elli nicht halten, wenn sie ihren Verstand im Hintern hat, aber sie sollte wenigstens das Haus von diesem Kerl sauber halten. Von allen ehemaligen Kollegen höre ich immer wieder, daß der Laurenz keinem sympathisch ist und er einen undurchsichtigen Eindruck macht.“

Elli rechtfertigte sich in einem Brief an Hertha: „Es ist mir wirklich vollkommen neu, daß ich Dich erst um Erlaubnis fragen muss, mit wem ich meine Freizeit verbringen darf. Wenigstens war das Zusammensein mit Herrn Laurenz, einem geistig sehr hoch stehenden Menschen, stets eine sehr angenehme Unterbrechung meines sonst nicht gerade ideal schönen Lebens.“

Diese Zeilen vermitteln einen Eindruck, wie einsam sich Elli gefühlt haben muss und wie sie sich an Laurenz klammerte, der sie durch sein gewandtes Auftreten in den Bann gezogen hatte. Später ist teilweise behauptet worden, Laurenz sei ein „Romeo"-Agent der Organisation Gehlen gewesen. Diese Spezies von Agenten kannte man aus der Praxis des MfS. Es waren Männer, die geschult waren, sich in der Bundesrepublik an einsame Sekretärinnen in Ministerien und anderen nachrichtendienstlich interessanten Institutionen heranzumachen. Laurenz war jedoch kein „Romeo", denn er wurde nicht vom bundesdeutschen Nachrichtendienst gezielt an Elli Barczatis herangespielt. Als er von der Organisation Gehlen geworben wurde, bestand seine Liebschaft bereits seit drei Jahren.

Für den bundesdeutschen Nachrichtendienst war die Liebesbeziehung der beiden ein Glücksfall, denn Elli Barczatis arbeitete seit April 1950 als Chefsekretärin des DDR-Ministerpräsidenten Otto Grotewohl, und durch sie verfügte der Dienst nun über einen unmittelbaren Zugang zur Regierungsspitze der DDR. Man gab ihr zunächst den Tarnnamen „Sekretärin", später dann „Gänseblümchen" und führte sie als „unbewusste Quelle", was bedeutete, dass sie nicht direkt und gezielt mit Aufträgen versehen wurde. Während man in Pullach davon ausging, Elli Barczatis wisse, dass ihre Mitteilungen einen „ND-Zusammenhang" gehabt haben, glaubte sie selbst, Laurenz benötige die Informationen für seine journalistische Tätigkeit. Erst in den Ermittlungen des MfS habe sie davon gehört, dass Laurenz ein Gehlen-Spion war.

Schriftliche Spionageberichte Elli Barczatis' gab es nicht. Was sie im Vorzimmer Grotewohls aufgeschnappt hatte, erzählte sie Laurenz, der die Dinge mündlich an seine V-Mannführer weitergab. So wusste man in Pullach zwar nicht, wie authentisch die Informationen waren, da aber vieles von dem, was die Gehlen-Leute erfahren hatten, anschließend öffentlich bekannt wurde, schätzte man den Wahrheitsgehalt der Berichte Elli Barczatis' hoch ein. So erfuhr man im Juni 1952 durch sie von einer Moskauer Initiative zur Deutschlandpolitik, von der man sich in Ost-Berlin eine „außerordentliche internationale Wirkung" versprach. Tatsächlich gab es damals in Moskau Überlegungen einer Wiedervereinigung beider Teile Deutschlands zu einem neutralen Staat. Auf großes Interesse stießen Elli Barczatis' Berichte über die auf der 2. Parteikonferenz der SED anstehenden Beschlüsse zur Verwaltungsreform in der DDR. Mit großer Aufmerksamkeit dürften die bundesdeutschen Nachrichtendienstler auch ihre Mitteilungen über Versorgungsengpässe in der DDR zur Kenntnis genommen haben. In ihrer späteren Vernehmung vor Gericht sagte sie aus, was sie Laurenz über Versorgungsprobleme in der DDR erzählt hatte: „Mein dienstlicher Auftrag lautete nur zu überprüfen, ob die Versorgung der Bevölkerung mit dem so genannten Weihnachtsteller, das war vor Weihnachten 1953, also die Versorgung der Bevölkerung mit Südfrüchten, Rosinen, Mandeln gesichert ist. (...) Es waren aber insofern doch Planfehler unterlaufen, als gerade in diesem Kreis, (...) in dem die Dresdner Stolle gebacken wird, die unendlich viel Rosinen benötigt. Da hat man nicht dran gedacht und hat diesem Kreis, diesem Bezirk, die gleiche Menge Rosinen zugeteilt wie anderen Bezirken."

An anderer Stelle der Vernehmung sagte sie, was sie Laurenz über ihre Beobachtungen im Hafen von Wismar erzählt hatte: „Und ich hatte bei der Gelegenheit allerdings gesagt, dass ich in der Mathias-Thesen-Werft am Kai eine ganze Reihe von Schiffen gesehen habe, die überholt werden müssen. Das waren größtenteils sowjetische Schiffe."

Sehr interessiert dürften die Pullacher Nachrichtendienstler ihre Beschreibung von Aufgabengebieten des Mitarbeiterstabes Grotewohls und der Arbeitsabläufe in der Ministerialbürokratie zur Kenntnis genommen haben. In einer Vernehmung des MfS sagte sie dazu: „Ich berichtete über die Gliederung der Regierungskanzlei, die Hauptabteilung Regierungsangelegenheiten, Leiter Junghans, Fischbach, Drechsler, die Beschwerdestelle.“ Sie informierte Laurenz auch über die Besucher Grotewohls, der besonderes Interesse an Gästen aus der Bundesrepublik zeigte.

Laurenz war ausgesprochen neugierig und wollte alles über ihre Arbeitsstelle wissen. Allerdings erzählte sie nicht nur, wenn ihr Geliebter sie fragte, vieles berichtete sie auch von sich aus. Sie wollte damit, wie sie sagte, Laurenz bei seiner journalistischen Tätigkeit unterstützen. Vielleicht ging es ihr aber auch darum, ihren Geliebten an sich zu binden.

Welche Bedeutung die Quelle „Gänseblümchen“ für die Organisation Gehlen hatte, wird im Nachhinein unterschiedlich bewertet. Teilweise werden die Berichte als nicht sonderlich interessant eingeschätzt, weil vieles öffentlich bekannt war oder kurz nach ihrer Meldung bekannt wurde. Auch sei Grotewohl Anfang der 1950er-Jahre weitgehend entmachtet gewesen, sodass die Gehlen-Spionin nicht viel Brisantes habe erfahren können. Die Akten der Organisation Gehlen und das Geständnis Elli Barczatis’ im Gerichtsverfahren sprechen jedoch eine andere Sprache. Es müssen nicht unbedingt die großen Geheimnisse sein, die Aufschluss über den Gegner bringen. Aus vielen Kleinigkeiten kann ein Nachrichtendienst ein Mosaik von Strukturen und Arbeitsweisen der Beobachtungsobjekte ziehen, die für die Beurteilung der Lage bedeutsam sind. Von nicht zu unterschätzendem Wert sind auch Einschätzungen der Charakteristika von Personen. Nicht ohne Grund bezeichnete Gehlen Elli Barczatis in seinen Memoiren als eine „der ersten wichtigen Verbindungen im anderen Teil Deutschlands“ und dankte ihr für ihre „hingebungsvolle und erfolgreiche Tätigkeit“.

Als Elli Barczatis im Juni 1953 aus dem Ministerpräsidentenbüro weg in das Referat Wirtschaft der Präsidialbehörde versetzt wurde, ahnte sie den Grund hierfür nicht. Zu dieser Zeit war das MfS ihr und Laurenz bereits seit Längerem auf der Spur, weshalb man sie nicht länger in der nachrichtendienstlichen Gefahrenzone des Ministerpräsidenten dulden wollte. Ausgelöst wurden die Ermittlungen durch die Denunziation einer früheren Kollegin, die für das MfS als Informantin spitzelte. Die Frau hatte bereits 1950 berichtet, Elli Barczatis habe Laurenz in einer HO-Gaststätte in konspirativer Weise ein Bündel Akten in die Hand gedrückt. Daraufhin begann die heimliche Überwachung der beiden. Sie wurden observiert, ihre Telefone abgehört. Doch weder konnten die Observanten etwas Verdächtiges feststellen, noch brachte die Telefonüberwachung brauchbare Erkenntnisse. In einem Observationsbericht vom 8. Februar 1951 heißt es zum Beispiel: „18.55 Uhr: Nr. 1 (Anm: Elli Barczatis) verläßt den Amtssitz und geht durch folgende Straßen: Prinz-Albrecht-Straße, Stresemannstr., S-Bahnhof Potsdamer Platz. / 19.05 Uhr: Nr. 1 besteigt den Zug in Richtung Stahnsdorf, da nächste Station Westsektor, wurde die Beobachtung abgebrochen. / Bekleidung der Nr. 1: schwarzer Hut, schwarzer Mantel, schwarze Halbschuhe, linke Hand: braune Lederhandtasche, rechte Hand: blaue Einholetasche mit Inhalt."

Auch die Lauscher am Telefon erfuhren nichts Verdächtiges, sondern hörten nur solche Belanglosigkeiten wie die, dass Elli Barczatis ihren Geliebten „Pumpelchen", „Bummelchen" oder „Männerchen" nannte und er nicht so viel rauchen solle.

Weil die Observationen und die Telefonüberwachung unergiebig waren, stellte das MfS Elli Barczatis eine Falle. Eine Kollegin, die Inoffizielle Mitarbeiterin mit dem Decknamen „Lina" war, präparierte einen Briefumschlag mit einer Sendung an den Minister für Außen- und Innerdeutschen Handel, die einen Sachstandsbericht über Exportaufträge des Jahres 1953 enthielt. Am Verschluss des Briefumschlags klebte sie zwei Pinselhaare ein, auf der Vorderseite brachte sie bei der Anschrift unter dem t und dem s des Wortes „Minister“ jeweils einen kleinen Punkt an. Dies waren klassische Mittel der Fallenstellung. „Lina“ berichtete ihren Führungsoffizieren am 11. November 1954 über die Ausführung des Auftrags Folgendes: „Am Donnerstagmorgen kam ich 8:45 Uhr im Sekretariat an. Der Panzerschrankschlüssel wurde mir von der Gen(ossin) B. überreicht. Der Panzerschrank war schon geöffnet gewesen. Ich betrachtete mir sofort den Umschlag, die zwei Pinselhaare waren weg. Die schwarzen Punkte ebenfalls. Die Anschrift war neu geschrieben mit zwei Tippfehlern, die in der ersten Anschrift nicht enthalten waren. Es muss also ein neuer Umschlag angefertigt worden sein.“

Aber noch immer zögerte das MfS mit der Festnahme. Warum das so war, lässt sich nicht mit Sicherheit nachvollziehen. Möglicherweise sollte weiteres Beweismaterial gesammelt werden, vielleicht wollte man aber auch, wie der Publizist Karl Wilhelm Fricke vermutet, den Fall so lange dilatorisch vor sich herschieben, bis man ihn gegen den umstrittenen Ministerpräsidenten Grotewohl ausspielen konnte.

Die bundesdeutschen Nachrichtendienstler hatten von alledem nichts mitbekommen, obwohl sie eigentlich hätten hellhörig werden müssen. Im Herbst 1952 berichtete Laurenz von einer Hausdurchsuchung bei ihm, die den Gehlen-Dienst eigentlich hätte aufschrecken müssen. 1953 musste Laurenz’ Kontaktmann Laby abgezogen werden, weil er enttarnt worden war. Die Pullacher Nachrichtendienstler reagierten selbst dann nicht, als 1953 eine in die Bundesrepublik übergelaufene MfS-Mitarbeiterin berichtete, Laurenz stehe unter Beobachtung. Der Historiker Ronny Heidenreich bezeichnet dieses Verhalten als „frappierend“. Es passt aber in das Bild von der Gehlen-Organisation zu Anfang der 1950er-Jahre, das den Dienst alles andere als professionell arbeitend erscheinen lässt.

Dann aber, am 4. März 1955, schlug das MfS zu. Major Kienberg und Hauptmann Bischof stellten Haftbefehle gegen Elli Barczatis und Karl Laurenz aus, die von Minister Erich Mielke genehmigt wurden. Die Vollstreckung erfolgte noch am selben Tag. Um 17:30 Uhr wurde Elli Barczatis festgenommen. Im Festnahmebericht heißt es: „Die B. wurde vor ihrer Dienststelle aufgenommen und zwischen Friedrichstraße und Französischer Straße durch den Genossen Berge angesprochen. Sie leistete keinen Widerstand und bestieg sofort das Auto." Laurenz war schon am Morgen des Tages verhaftet worden.

Es begannen zermürbende Vernehmungen. Wochenlang versuchten die MfS-Vernehmer Niebling und Coburger, aus den beiden detaillierte Einzelheiten über die Spionage herauszuquetschen und sie gegeneinander auszuspielen, was allerdings nicht gelang. Laurenz, der regelmäßig von 20:30 Uhr abends bis gegen 8:00 Uhr des folgenden Tages verhört wurde und am Tage nicht schlafen durfte, stellte sich schützend vor seine Geliebte. Er hatte auch keine Hemmungen, die Vernehmungsmethoden des MfS mit denen der Gestapo zu vergleichen. Elli Barczatis leistete passiven Widerstand, indem sie in ihren Verhören nur das zugab, was man ihr tatsächlich nachweisen konnte.

Die mündliche Verhandlung des Obersten Gerichts der DDR, die auf Tonband aufgenommen wurde, fand am 23. September 1955 statt. Warum der Prozess mitgeschnitten wurde, weiß man nicht. Vielleicht sollten die Aufzeichnungen für Schulungszwecke des MfS genutzt werden.

Die Tonaufnahmen, die heute im Stasi-Unterlagen-Archiv aufbewahrt werden, zeichnen ein eindrucksvolles Bild vom Gang der Verhandlung. Zwei Stunden lang befragte der Vorsitzende Richter Walter Ziegler Elli Barczatis über Einzelheiten ihres Verrats. Manchmal kamen die Fragen väterlich verständnisvoll, dann aber auch bohrend und inquisitorisch, mitunter suggestiv, gelegentlich mit lauter Stimme. Die Antworten erfolgten nicht selten stockend, von Tränen erstickt. Je länger das Verhör dauerte, desto aggressiver wurde Ziegler und desto verschüchterter reagierte Elli Barczatis. Typisch waren Sequenzen wie diese, die die Stasi-Unterlagenbehörde in einem Transkript der Gerichtsverhandlung festgehalten hat: „Richter Ziegler: ‚Hat sich der Angeklagte Laurenz auch interessiert für das Kombinat ‚Otto Grotewohl' in Böhlen?' / Elli Barczatis: ‚Da – ich habe erzählt, dass ich auch eine – äh – einige Dienstreisen, ich glaube zwei, nach Böh-, / Richter Ziegler: ‚Hat er sich dafür interessiert, hab ich Sie gefragt?' Elli Barczatis: ‚Nein, nein.' / Richter Ziegler: ‚Wie?' / Elli Barczatis: ‚Nein, er hat nicht von sich aus gefragt.' / Richter Ziegler: ‚Und als Sie ihm berichteten, hat er sich da dafür interessiert?' / Elli Barczatis: ‚Ja! Soweit ich mich erinnere, ja.' / Richter Ziegler: ‚Was ha'm Sie ihm berichtet?' / Elli Barczatis: ‚Ich habe ihm berichtet, dass ich – (Sprechpause) Ich habe ihm hier sogar, meiner Erinnerung nach, Zahlen mitgeteilt und zwar hatte ich vom Kombinat Böhlen eine Aufstellung mitbekommen, äh - in der gesagt, in der die Entwicklung des Kombinates – mh – aufgezeigt war, vom – äh – Beginn der Gründung dieses – äh – Kohlenwerkes an bis zur, bis 1954. Und – äh – daraus ging hervor, dass die Produktion jetzt höher liegt als – äh – während des Krieges beziehungsweise während der – überhaupt während der Zeit des Naziregimes.' / Richter Ziegler: ‚Mhmh.'"

Als Elli Barczatis nach Abschluss der Beweisaufnahme den Antrag des Staatsanwalts Wolfgang Lindner hörte, stieß sie einen schrillen Schrei aus: Todesstrafe für sie und Laurenz!

In ihrem Schlusswort sagte sie mit tränenerstickter Stimme, mitunter aufschluchzend: „Und ich bitte das hohe Gericht herzlichst, ich möchte vorher sagen, dass ich das, was ich begangen habe, diese schwere Schuld, die ich auf mich geladen habe, zutiefst bereue und ich bitte Sie, mir wirklich

Glauben zu schenken. Und ich bitte das hohe Gericht weiter, wenn es in die Beratung eintritt über das Urteil, zu versuchen, mildernde Umstände, also ein milderes Urteil für mich, auszusprechen, damit ich Gelegenheit habe, einmal mich während des Strafvollzuges zu bewähren, aber auch später dann weiter durch den Einsatz meiner Arbeitskraft mitzuhelfen am weiteren Ausbau und am Aufbau der Deutschen Demokratischen Republik."

Elli Barczatis fand mit ihrem Plädoyer kein Gehör. Sie und Karl Laurenz wurden zum Tode verurteilt und am 23. November 1955 hingerichtet.

Kim Philby, einer der „Cambridge Five", im November 1955

Die „Cambridge Five“

Fünf sowjetische Topspione in Großbritannien

Sie hatten vieles gemeinsam: Alle fünf studierten an der Universität Cambridge, alle fünf waren überzeugte Kommunisten, alle fünf spionierten für den sowjetischen Geheimdienst, alle fünf wurden nach dem Zweiten Weltkrieg enttarnt, keiner von ihnen wurde bestraft.

Kim Philby, Guy Burgess, Anthony Blunt, Donald Maclean und John Cairncross: fünf Namen, die Spionagegeschichte schrieben. Die fünf kannten sich aus ihrer Studentenzeit in den 1930er-Jahren am Trinity College der Universität Cambridge. Schon damals genoss die Hochschule Weltruf und galt als Kaderschmiede für den Nachwuchs privilegierter Schichten.

Auch die fünf Cambridge-Spione entstammten gutbürgerlichen Familien. An der Hochschule waren sie politisch engagiert, wandten sich früh kommunistischen Ideen zu und debattierten nächtelang in sozialistischen und kommunistischen Studentengruppen. Nach ihrem Studium machten alle fünf Karriere bei britischen Geheimdiensten oder gelangten in hohe Regierungsämter.

Die Geschichte begann, als Harold Adrian Russell Philby, der unter dem Namen Kim Philby Weltruhm erlangte, 1933 nach Wien kam, um dort für den kommunistischen Untergrund zu arbeiten. Während seines Aufenthaltes lernte er nicht nur seine erste

Frau Litzi Friedmann, eine Komintern-Agentin, kennen, sondern weckte auch die Aufmerksamkeit von Arnold Deutsch, einem NKWD-Agenten, der nach geeigneten Spionen Ausschau hielt und von Litzi auf ihren Ehemann hingewiesen worden war. Deutsch warb Philby zur Spionage und gab ihm sogleich den Auftrag, sich beim britischen Geheimdienst zu bewerben.

Als ersten Schritt, um an sein Ziel zu gelangen, versuchte er es mit einer Bewerbung bei der britischen Regierung, wurde aber wegen seiner kommunistischen Gesinnung nicht angenommen. Auf den Rat seines Führungsoffiziers Deutsch sagte er sich daraufhin offiziell vom Kommunismus los und versuchte sein Glück erst einmal als Journalist.

Aber schon hatte Deutsch einen weiteren potenziellen Agenten im Blick: Guy Burgess, auf den ihn Philby aufmerksam gemacht hatte. Zwar entsprach Burgess keineswegs dem Idealbild eines Spions: Als überzeugter Kommunist war auch er, wie schon Philby, der Gefahr ausgesetzt, nicht in den Staatsdienst aufgenommen zu werden. Zudem war er ein ausgesprochen exzentrischer Alkoholiker, verachtete die bürgerliche Moral und war promiskuitiver Homosexueller. Andererseits bestach er mit seiner hohen Intelligenz, war selbstbewusst und konnte andere in seinen Bann ziehen. Jedenfalls war Deutsch trotz gewisser Bedenken von Burgess angetan und forderte Philby auf, einen Kontakt herzustellen. Der kam 1934 zustande, und Deutsch konnte Burgess in den sowjetischen Geheimdienst locken. Der NKWD-Mann gab auch ihm zu verstehen, er solle sich vom Kommunismus lossagen, um keinen Verdacht zu erwecken. Das tat Burgess in der ihm eigenen exzentrischen Art, indem er jedem klarmachte, dass er Karl Marx gegen Benito Mussolini eingetauscht habe und im Faschismus die „Woge der Zukunft“ sah.

Der Dritte im Bunde war Anthony Blunt. Er war der kunstsinnige Schöngeist unter den „Cambridge Five“. Auch er, der nach seinem Studium zunächst als Kunstwissenschaftler an der Universität Cambridge arbeitete, hing kommunistischen Idealen an. Burgess und Blunt kannten sich nicht nur aus dem marxistisch orientierten

Geheimbund „Cambridge Apostels“, beide waren auch durch eine homosexuelle Beziehung miteinander verbunden. Burgess überzeugte Blunt, für die Komintern zu arbeiten. Über diese Schiene kam er in Kontakt mit dem NKWD. Anders als Philby und Burgess musste Blunt sich nicht ausdrücklich vom Kommunismus lossagen, da er nie öffentlich die Ideologie von Marx und Engels vertreten hatte. Als Kunsthistoriker vertrat er eine politisch wertfreie Kunsttheorie.

Blunt war nicht der Einzige, mit dem Burgess homosexuell verbunden war. Auch mit Donald Maclean hatte er eine leidenschaftliche Affäre. Maclean war fasziniert von dem charismatischen Burgess, der starken Einfluss auf ihn ausübte. So dürfte es für Burgess nicht allzu schwer gewesen sein, ihn im Sommer 1933 dazu zu bewegen, sich einer Zelle der Komintern anzuschließen. Ein Jahr später wurde er zum Spion des NKWD.

Der Kreis des Spionagerings schloss sich, als Blunt den fünften Mann als Spion anwarb: John Cairncross. Blunt war an der Universität Tutor von Cairncross, der dort Deutsch und Französisch studierte. Die beiden konnten sich zwar nicht leiden, jedoch machte Blunt Burgess auf den jungen Studenten aufmerksam, der sich die Gelegenheit nicht entgehen ließ, Cairncross für die Komintern zu werben. Vermutlich hatte er Cairncross, wie so viele andere auch, durch seine Persönlichkeit beeindruckt, denn der neu geworbene Komintern-Kämpfer beschrieb ihn als „faszinierend, charmant und äußerst rücksichtslos“. Der NKWD-Mann Deutsch nahm auch diesen Spion unter seine Fittiche.

Die „Cambridge Five“ waren möglicherweise die erfolgreichsten Maulwürfe des NKWD und späteren KGB in Großbritannien. Alle fünf waren gut platziert und deckten weite Interessengebiete der Sowjets ab.

Philbys Weg führte ihn 1937 zunächst nach Spanien, wo er im Auftrag einer britischen Nachrichtenagentur über den Bürgerkrieg berichtete und nebenbei den NKWD informierte, wie die Kriegslage war. Dort hätte seine Karriere als sowjetischer Spion fast ein jähes Ende genommen, als ihn die Guardia Civil eines Nachts aus dem Bett holte und zu einer Vernehmung auf die Dienststelle brachte. Auf dem Weg dorthin fiel ihm siedend heiß ein, dass er in seiner Hose einen Zettel mit Geheiminformationen bei sich trug. Der durfte auf keinen Fall gefunden werden! Auf dem Revier warf er geistesgegenwärtig seine Brieftasche mit solchem Schwung über den Tisch, dass sie zu Boden fiel. Diensteifrig bückten sich die Polizisten, um sie aufzuheben. In dem Moment steckte Philby sich den Zettel in den Mund und schluckte ihn hinunter.

Seine Einstellung beim MI6 hatte Philby Burgess zu verdanken, der seit 1938 für diese Dienststelle arbeitete. Burgess vermittelte ihm ein Gespräch mit Marjorie Maxse, einer leitenden Mitarbeiterin der Sektion D des MI6. Nach einem Vorstellungsgespräch, das Philby später als eine Farce beschrieb, wurde er eingestellt.

Eine Zeit lang arbeiteten nun Burgess und Philby gemeinsam in der Sektion D, die für Sabotage und Subversion zuständig war. Ihre Aufgabe dort war es, „aktive Maßnahmen" zu planen, das heißt, die Desinformation des Gegners zu organisieren. Ihr Führungsoffizier im NKWD war nun Anatoli Wenjaminowitsch Gorski, der Deutsch abgelöst hatte, nachdem dieser in die Sowjetunion zurückgerufen wurde, da er Gefahr lief, enttarnt zu werden.

Aber bald schon wurde die Sektion D umorganisiert, Philby versetzt und der Special Operations Executive (SOE) zugewiesen. Seine neue Tätigkeit führte dazu, öfter Besuche in den Londoner Ministerien abzustatten. Dabei kam er mit hochrangigen Politikern zusammen und erfuhr viel über die britische Politik. Gorski war äußerst angetan davon, was Philby ihm berichtete.

1941 versetzte ihn sein Dienstherr nach Spanien. Seine Zuständigkeit war es nun, für den MI6 auszuforschen, was die Deutschen auf der iberischen Halbinsel vorhatten. Als er mitbekam, dass der deutsche Abwehrchef, Admiral Wilhelm Canaris, Spanien besuchen wollte, schlug er seinen Vorgesetzten vor, ihn durch die SOE ermorden zu lassen. Das Vorhaben stieß aber in London nicht auf Gegenliebe.

1943 wurde beim MI6 eine neue Abteilung geschaffen, die gegen die Sowjetunion arbeiten sollte. Gorski schärfte Philby ein, alles daranzusetzen, Leiter dieser Einheit zu werden. Und tatsächlich schaffte er dies ein Jahr später. Von nun an wusste der NKWD alles, was der MI6 gegen die Sowjetunion im Schilde führte.

1949 wurde Philby Vertreter des MI6 in Washington und hielt als oberster britischer Nachrichtendienstler dort die Verbindung zu CIA und FBI. Eine seiner Aufgaben bestand darin, die geheime Kommunikation zwischen dem britischen Premierminister Clement Attlee und Präsident Harry S. Truman abzuwickeln. Dadurch erhielt er Kenntnis von einer Vielzahl hochbrisanter Informationen, die er sofort nach Moskau meldete.

Wie war es aber inzwischen den anderen Mitgliedern des Spionagerings ergangen?

Burgess hatte vor seiner Berufung in den MI6 zunächst als Produzent der BBC gearbeitet und unter anderem die Sendung „The Week in Westminster" produziert. Deutsch wollte ihn aber näher an das politische Geschehen heranbringen und gab ihm zu verstehen, er solle in der Konservativen Partei Großbritanniens Fuß fassen. Das gelang ihm auch, als er Assistent des homosexuellen konservativen Abgeordneten John „Jack" Macnamara wurde. 1938 wechselte er dann zum britischen Geheimdienst MI6. Vermutlich war sein Bekannter, der MI6-Mitarbeiter Major George Joseph Ball, auf ihn aufmerksam geworden. Über mehrere Stationen gelangte er an die britische Botschaft in Washington, wo er seinen alten Freund Philby wiedertraf.

Blunt wollte sein Glück versuchen, über den Umweg beim Militär zum Nachrichtendienst zu gelangen. Er bewarb sich 1939 beim Kriegsministerium, erhielt zunächst eine Absage, beim zweiten Mal dann aber einen Posten beim Army Intelligence Corps, einem militärischen Geheimdienst. Nach einem kurzen Aufenthalt in Frankreich kehrte er im Juni 1940 nach England zurück, wo er zunächst in der Wohnung seines Freundes Victor Rothschild unterkam, auch er ein Cambridge-Absolvent. Rothschild arbeitete für den britischen Inlandsgeheimdienst MI5 und verschaffte Blunt eine Anstellung bei seiner Dienststelle. Ihm wurde die Leitung einer Abteilung übertragen, die sich mit der Überwachung ausländischer Botschaften neutraler Länder befasste. Er liebte diese Aufgabe und genoss sowohl beim MI5 als auch beim NKWD, dem er laufend über seine Tätigkeit beim britischen Nachrichtendienst berichtete, hohes Ansehen. Später wurde er persönlicher Assistent von Guy Liddell, dem stellvertretenden Generaldirektor des MI5, und hatte Zugang zu vielen hochgeheimen Informationen.

Maclean wollte sich für den Auswärtigen Dienst bewerben. Um zu überzeugen, musste auch er sich vom Kommunismus lossagen. Zu seiner Mutter, die seine Bewerbung wegen seiner politischen Einstellung mit Skepsis betrachtete, meinte er: „Wahrscheinlich hältst du mich jetzt für einen Wendehals, aber ich habe mich in letzter Zeit von alldem ziemlich gelöst." Im Vorstellungsgespräch wurde er nach seiner kommunistischen Gesinnung gefragt. Er antwortete: „Ja, ich hatte solche Ansichten – und ich habe sie immer noch nicht ganz abgelegt." Seine Offenheit überzeugte, und er wurde eingestellt.

Maclean begann seine berufliche Karriere 1935 als Botschaftssekretär in Paris. Kurz zuvor hatte ihn Deutsch, vermittelt durch Philby, für den NKWD angeworben. Im Mai 1944 erhielt er den Posten des Ersten Sekretärs der britischen Botschaft in Washington. Dort koordinierte er die Zusammenarbeit des britischen Atomwaffenprogramms „Tube Alloy" mit dem amerikanischen „Manhattan"-Projekt. Den Sowjets waren Informationen aus diesem Projekt so wichtig, dass sie Gorski, mit dem Maclean vertraut war, eigens in die USA schickten, um den Kontakt mit ihrem Spion aufrechtzuerhalten.

Auch Cairncross brach alle Kontakte zu kommunistischen Kreisen ab, bewarb sich für den Auswärtigen Dienst und bestand die Aufnahmeprüfung mit Bravour. Sein spröder Charakter und sein distanziertes Auftreten ließen ihn allerdings in den Augen anderer als Langweiler erscheinen. Niemand wollte mit ihm näheren Kontakt haben, und entsprechend dürftig waren die Informationen, die er für den NKWD beschaffen konnte. Dort zog man die Konsequenz und gab ihm zu verstehen, er solle sein Glück als Mitarbeiter des Finanzministeriums versuchen. Das tat er auch mit Erfolg. Im Außenministerium atmete man auf, den ungeliebten Mitarbeiter loszuwerden, und der NKWD sah eine Perspektive, endlich einen Spion im Finanzministerium platzieren zu können.

1942 wechselte er zum MI6 und kam nach Bletchley Park, die geheimnisumwitterte Dienststelle, die deutsche Funksprüche entschlüsselte. Im Zweiten Weltkrieg, als Großbritannien und die Sowjetunion noch Verbündete waren, versorgten die Briten ihren militärischen Partner zwar mit Informationen aus den dechiffrierten Funksprüchen. Aber sie schickten bei Weitem nicht alles, was man an Nachrichten auffing, nach Moskau. Was der NKWD nun nicht auf offiziellem Wege erhielt, bekam er von Cairncross geliefert. So waren die Sowjets nicht nur darüber informiert, was die deutsche Wehrmacht an der Ostfront plante, sie wussten auch, welche deutschen Codes der MI6 geknackt hatte und konnten durch Vergleiche der entschlüsselten Botschaften mit den in Moskau vorliegenden codierten Berichten ihr eigenes Dechiffrierwesen verbessern.

Aber kein Spionagering funktioniert auf Dauer. So war es auch im Fall der „Cambridge Five". Das Ende begann, als Philby im Oktober 1949 der US-Lauschbehörde Armed Forces Security Agency einen Besuch abstattete und dort Meredith Gardner kennenlernte. Gardner war ein Dechiffrierexperte, der seit 1948 im Rahmen des VENONA-Projekts mit der Entschlüsselung von Funknachrichten sowjetischer Geheimdienste befasst war. Schritt für Schritt gelang es ihm, die codierten Nachrichten, die seit Jahren gespeichert wurden, aber nicht gelesen werden konnten, zu dechiffrieren. Philby erfuhr von ihm, dass die entschlüsselten Botschaften Hinweise auf einen sowjetischen Spionagering in Großbritannien zuließen. Auch wenn diese Mitteilung für ihn ein Schock gewesen sein dürfte, behielt er die Fassung. „Philby sah uns mit gespannter Aufmerksamkeit zu, aber er sagte kein Wort, nicht ein einziges Wort", erinnerte sich Gardner ein halbes Jahrhundert später in einem BBC-Interview. Nach außen ruhig, innerlich alarmiert, informierte er nach dem Gespräch sofort Moskau.

Doch noch waren die fünf nicht in akuter Gefahr. Deshalb sah der NKWD für den Moment keinen Grund zu handeln. Dann aber gelang es Gardner, ein sechs Jahre altes Telegramm aus Moskau zu entschlüsseln, in dem von einem „Homer" die Rede war. Philby erfuhr davon und vermutete zu Recht, dass sich hinter „Homer" Maclean verbarg. Er befürchtete, dass der psychisch labile Maclean bei einer Enttarnung den Spionagering auffliegen lassen könnte. Da er selbst keinen unauffälligen Kontakt zu Maclean, der inzwischen wieder in London war und als Leiter der amerikanischen Abteilung des Auswärtigen Amtes arbeitete, herstellen konnte, beauftragte er Burgess, ihn in London zu warnen. Die Gelegenheit war günstig, denn Burgess musste nach Großbritannien zurück. Er hatte sich mit seinen Eskapaden in den USA derart unbeliebt gemacht, dass sich das amerikanische Außenministerium bei der britischen Botschaft beschwert hatte. Unter anderem hatte er sich allein an einem Tag drei Strafmandate wegen zu schnellen Fahrens eingehandelt. Das britische Außenministerium sah sich deshalb gezwungen, ihn nach London zurückzurufen. Kaum dort angekommen, informierte er Juri Moden vom sowjetischen Geheimdienst, der die Ausschleusung Macleans in die Wege leitete.

Kurz darauf erhielt Burgess einen Brief von Philby, in dem er verklausuliert zu verstehen gab, dass akut die Gefahr einer Enttarnung Macleans drohte. Nun geriet Burgess, der nervlich aufs Höchste angespannt war, in Panik.

Am 25. Mai 1951 hielt er mit einem Mietwagen vor der Villa Maclains, der gerade den Geburtstag seiner Frau Melinda feierte. Unter einem Vorwand veranlasste er Maclean, zu ihm ins Auto zu steigen, ohne seiner Frau zu sagen, wohin die Fahrt gehen sollte. Die beiden rasten nach Southampton, wo sie gerade noch die Mitternachtsfähre „Falaise" nach St. Malo erreichten. In Frankreich wurden sie von Offizieren des sowjetischen Geheimdienstes in

Empfang genommen und in die Sowjetunion gebracht. Nun war Philby ernsthaft beunruhigt, da er zu Recht befürchtete, auch Burgess würde unter Spionageverdacht geraten.

Am nächsten Tag begannen die Ermittlungen der Polizei und des MI5, um das spurlose Verschwinden von Burgess und Maclean aufzuklären. Ausgerechnet Blunt wurde damit betraut, die Schlüssel zu Burgess' Wohnung zu besorgen, um das Appartement durchsuchen zu können. Blunt tat, wie ihm geheißen, ließ aber, bevor er die Schlüssel abgab, schnell noch kompromittierende Unterlagen aus der Wohnung verschwinden. Allerdings übersah er dabei handschriftliche Berichte, die Cairncross verfasst hatte. So kam nun der MI5 dem Dritten der „Cambridge Five" auf die Spur. Cairncross wurde vernommen und gestand, Burgess die Berichte übergeben zu haben, leugnete aber, für die Sowjetunion spioniert zu haben. Da man keine ausreichenden Beweise gegen ihn zur Hand hatte, ließ man ihn in Freiheit. Allerdings verlor er seine Stelle im öffentlichen Dienst und zog in die USA, wo er an den Universitäten in Chicago und Cleveland als Dozent für romanische Sprachen lehrte.

Nach weiteren Verhören gestand er 1964 schließlich, Spion für die Sowjetunion gewesen zu sein. 1979 brachte der investigative Journalist Barrie Penrose den Fall Cairncross an die Öffentlichkeit. Man wusste da aber noch nicht, dass er zu den „Cambridge Five" gehörte. Dies wurde erst 1990 durch den KGB-Überläufer Oleg Antonowitsch Gordijewski bekannt. Bis zu seinem Tod am 8. Oktober 1995 wurde er nie strafrechtlich belangt.

Nach der Flucht von Burgess und Maclean geriet auch Blunt unter Verdacht. Man wusste von seiner früheren sexuellen Beziehung zu Burgess, sodass es nicht abwegig war anzunehmen, dass auch er zu dem Spionagering gehörte. Anfang der 1950er-Jahre wurde er mehrmals vom MI5 vernommen, verriet sich aber nicht, weshalb man dem Verdacht nicht weiter nachging. Blunt avancierte zu einem namhaften Kunstsachverständigen, wurde zum Direktor der königlichen Gemäldesammlung Queen's Gallery berufen und verfügte über gute Kontakte in das britische Königshaus.

1963 gestand der Amerikaner Michael Straight, dass Blunt ihn für den sowjetischen Geheimdienst geworben hatte. Die Enthüllung, dass ein enger Vertrauter des Königshauses ein Spion sein sollte, empfand die britische Regierung als derart peinlich, dass sie Blunts geheimes Leben verschwieg. Ihm wurde Immunität zugesichert, wenn auch er den Mund hielte. An diese Absprache hielten sich dann auch alle Beteiligten, bis 1979 Premierministerin Margaret Thatcher das Schweigegelübde brach und die Öffentlichkeit über Blunts Spionage informierte. Königin Elizabeth II. entzog ihm daraufhin seine Ritterwürde, die er 1956 erhalten hatte, er wurde als Ehrenmitglied des Trinity College abgesetzt und trat als Fellow der British Academy zurück. Blunt starb 1983 im Alter von 75 Jahren in London.

Auch Philby geriet nach der Flucht von Burgess und Maclean bald unter Spionageverdacht. Man wusste, dass er zu den beiden Kontakt gehabt hatte. Als sein Dienst in Washington beendet und er nach London zurückgekehrt war, wurde er mehrmals vom MI5 verhört, schwieg aber beharrlich. Eine Anklage war so mangels ausreichender Beweise nicht möglich. Man wollte ihn aber zumindest beim MI6 loswerden. Deshalb wurde er 1952 in den Ruhestand versetzt und arbeitete von da an als Journalist für den „Observer“ in Beirut.

Es lässt sich bis heute nicht recht erklären, warum er ab 1956 dann doch wieder für den MI6 tätig war. Sein Schicksal als Spion war aber endgültig besiegelt, als die Britin Flora Solomon 1962 auf einer Cocktailparty in Tel Aviv ausplauderte, Philby habe sie für den sowjetischen Geheimdienst anwerben wollen. Der MI5 hörte von dem Gerücht und entsandte Nicolas Elliot, einen Freund von Philby aus alten Tagen, nach Beirut, um den Verdächtigen zu befragen. Philby war inzwischen nervlich am Ende, hatte stark zu trinken begonnen und konnte dem Druck nicht mehr standhalten. Schon bei seinem ersten Treffen mit Elliot gestand er, sowjetischer Spion zu sein. Die beiden verabredeten sich für ein weiteres Gespräch in der letzten Januarwoche. Wenige Tage vor dem Termin floh Philby in die Sowjetunion, wo er bis zu seinem Tod am 11. Mai 1988, stark vom Alkohol gezeichnet, in Moskau lebte.

Mit seinen Ehen hatte Philby, der viermal verheiratet war, kein großes Glück: Seine erste Frau Litzi trennte sich von ihm, als er zum angeblichen faschistischen Sympathisanten wurde, die zweite, Aileen Furse, starb 1957, die dritte, Eleanor Brewer, die er in den USA kennengelernt hatte, trennte sich von ihm, als sie von dem Spionageverdacht erfuhr, die vierte, Rufina Iwanowna, heiratete er in Moskau.

Auch Burgess und Maclean verbrachten den Rest ihres Lebens in der Sowjetunion. Burgess beschäftigte sich damit zu lesen, zu trinken und sich bei den Behörden über seine schlechte Behandlung zu beschweren. Weil es ihm in Moskau nicht gefiel, wollte er wieder nach Großbritannien zurück. Das ließ man aber bis zu seinem Tod am 30. August 1963 nicht zu.

Maclean machte in der Sowjetunion Karriere, promovierte und galt bald beim sowjetischen Außenministerium und dem Institut für Weltwirtschaft und Internationale Beziehungen als Spezialist für die Wirtschaftspolitik des Westens und der britischen Außenpolitik. Seine Ehe mit Melinda Marling, die er 1939 nach Ende seiner Beziehung mit Burgess kennengelernt hatte, und mit der er drei Kinder hatte, zerbrach, als Melinda mit Philby fremdging. Maclean starb, vom Alkoholkonsum geschwächt, am 6. März 1983.

Führende sowjetische Geheimdienstoffiziere sahen später in den „Cambridge Five“ ihre erfolgreichsten Informanten im britischen Königreich. Nur einer betrachte die Sache anders: Stalin. Er hielt den Spionagering für eine Erfindung britischer Geheimdienste, um die sowjetischen Dienste mit Falschinformationen abzulenken. Die „Cambridge Five“ waren für ihn „Doppel-Doppel-Spione.“

George Blake spionierte neuneinhalb Jahre für die Sowjetunion.

George Blake

Der Maulwurf im MI6

Am 22. Oktober 1953 reiste eine Delegation der CIA nach London, um mit den Kollegen vom britischen Auslandnachrichtendienst MI6 ein abenteuerliches Projekt zu besprechen. Die Nachrichtendienstler hatten festgestellt, dass im Ost-Berliner Ortsteil Altglienicke unterirdische Telefonkabel verliefen, die die sowjetischen Streitkräfte und Geheimdienste nutzten, um zwischen ihrem Hauptquartier in Karlshorst und den in Wünsdorf stationierten Militäreinheiten zu kommunizieren. Die Kabel verliefen nur wenige Hundert Meter entfernt von der Sektorengrenze zu West-Berlin. Wie wäre es, dachten die Nachrichtendienstler, vom West-Berliner Bezirk Neukölln aus einen Tunnel unter der Sektorengrenze hindurch zu graben, die Kabel anzuzapfen und die Telefongespräche mitzuhören? Bei der CIA und dem MI6 war man angetan von der Idee, war doch das Gleiche schon einmal erfolgreich in Wien praktiziert worden. Also berieten sie in mehreren Gesprächen, wie das Tunnelprojekt, dem sie die Bezeichnung „Operation Gold" gaben, realisiert werden konnte. Mit dabei war George Blake, der aufmerksam Protokoll führte. Was keiner der anderen Besprechungsteilnehmer ahnte: Blake war nicht nur ein kompetenter und geachteter Mitarbeiter des britischen MI6, sondern auch Spion des KGB, ein Doppelagent also. Bei nächster Gelegenheit informierte er seinen sowjetischen Führungsoffizier über das geplante Tunnelprojekt.

Aber der Reihe nach. Wie kam es dazu, dass Blake zum Doppelagenten wurde?

Geboren wurde Blake am 11. November 1922 als Georg Behar in Rotterdam. Sein Vater war ein in der Türkei geborener sephardischer Jude mit britischer Staatsangehörigkeit, seine Ehefrau eine niederländische Protestantin. Blake litt in seiner Jugend unter der Unsicherheit bezüglich seiner kulturellen Wurzeln. „Um zu verraten, muss man zuerst dazugehören. Ich habe nie dazugehört", rechtfertigte er seinen Verrat später einmal.

Während des Zweiten Weltkriegs schloss er sich unter dem Decknamen „Peter de Vries" der niederländischen Untergrundbewegung „Vrij Nederland" an, die gegen die deutschen Besatzer kämpfte. Seine Tätigkeit blieb nicht unbemerkt, die Gestapo verfolgte ihn, Blake floh als Mönch verkleidet nach Frankreich, gelangte weiter über Spanien und Gibraltar nach Großbritannien, wo er in die Royal Navy eintrat. Seine Ausbildung als U-Bootfahrer brach er jedoch ab und arbeitete stattdessen für die Special Operations Executive (SOE). Sein Auftrag war es, Agenten und Vorräte hinter die feindlichen Linien zu bringen, um so Widerstandsbewegungen in mehreren Ländern Europas zu unterstützen.

Nach Kriegsende wurde zunächst die in der britischen Besatzungszone gelegene Stadt Hamburg sein Einsatzort. Dort sollte er im Auftrag des MI6 deutsche Marineangehörige vernehmen, die in Kriegsgefangenschaft geraten waren, und unter ihnen nach potenziellen Agenten Ausschau halten.

Nachdem er 1947 auf die britische Insel zurückgekehrt war, schickte ihn der MI6 auf einen russischen Sprachkurs an der Universität von Cambridge. Damit war klar, in welche Richtung man beim MI6 dachte: Der Blick ging nach Osten, der neue Gegner war die Sowjetunion. Seine Lehrerin Elizabeth Hill vermittelte ihm nicht nur die russische Sprache, sondern führte ihren wissbegierigen Schüler auch in die Geschichte und Kultur des Landes ein.

1948 wurde ein entscheidendes Jahr für Blake. Er hatte sein Sprachexamen bestanden und wurde nach Korea versetzt, um dort eine Basis des MI6 aufzubauen. Die Lage in dem Land war angespannt, auch hier standen sich Ost und West säbelrasselnd gegenüber. Als Reaktion darauf, dass am 15. August 1948 eine von den USA unterstützte Regierung die Republik Korea ausrief, proklamierte der von den Sowjets geförderte Kim Il-sung am 9. September die Demokratische Volksrepublik Korea. In Großbritannien war man besorgt und wollte wissen, was Stalin in Korea vorhatte. Spione waren gefragt, die die Lage auskundschafteten. Die sollte Blake anwerben. Und so schickte ihn sein Dienstherr unter dem Deckmantel eines britischen Vizekonsuls nach Seoul, um kommunistische Aktivitäten in Korea ins Visier zu nehmen.

Zwei Jahre später, im Jahre 1950, ließ sich der militärische Konflikt nicht mehr vermeiden, und der Koreakrieg brach aus. Als der Süden vom Militär Nordkoreas überrannt wurde, geriet Blake, wie viele andere Westeuropäer auch, in nordkoreanische Gefangenschaft. Bis Ende 1952 führte sein Weg von einem Lager zum anderen, begleitet von Hunger und Kälte.

Eines Tages wurde eine Kiste mit Büchern ins Lager geliefert. Absender war die sowjetische Botschaft. Blake stöberte zwischen den Bänden und stieß auf die Werke von Marx und Engels. Interessiert las er die Theorien der Begründer des Kommunismus und fand sie immer überzeugender, je weiter er in sie eindrang. Er verglich den Kommunismus mit religiösen Glaubensbekenntnissen, insbesondere mit dem frühen Christentum. „Wie ich es sehe (…) ist die kommunistische Gesellschaft in der Tat die höchste Gesellschaftsform, die man sich auf dieser Welt vorstellen kann, aber um die höchste Gesellschaftsform aufzubauen, müssen die Menschen, die sie aufbauen, die höchsten moralischen Qualitäten besitzen."

Diese Überzeugung bewog ihn, etwas ändern zu wollen, um seinen Traum zu realisieren. Zusätzlich bestärkt wurde er in dem Wunsch, eine bessere Welt zu schaffen, als er sah, was in Korea um ihn herum geschah. „Das war die Zeit", erinnerte er sich später, „als 10.000 zu meiner Rechten und 10.000 zu meiner Linken starben. Es war eine Zeit heftiger Konflikte und ich war mittendrin. Ich habe den Koreakrieg mit eigenen Augen gesehen, junge amerikanische Kriegsgefangene, die starben, und riesige amerikanische fliegende Festungen, die kleine wehrlose Dörfer bombardierten. Und wenn man das sieht, fühlt man sich nicht besonders stolz, auf der Westseite zu sein." In seiner Autobiografie schreibt er: „So traf ich meine Entscheidung, im vollen Bewusstsein der damit verbundenen Folgerungen." Blake wollte für den sowjetischen Geheimdienst arbeiten. Eines Tages übergab er einem der Aufseher einen Zettel mit der Bitte, seine Nachricht zur sowjetischen Botschaft zu bringen. Er habe etwas Wichtiges mitzuteilen, hieß es darin. Der MGB, Vorläufer des KGB, ließ sich die Gelegenheit nicht entgehen und erteilte dem Chef der koreanischen Residentur den Auftrag, Kontakt zu Blake aufzunehmen. Mehrmals kamen die beiden im Gefangenenlager zusammen, tarnten ihre Gespräche, in denen sie die künftige Zusammenarbeit besprachen, als Verhöre. Später ist teilweise behauptet worden, Blake sei in Korea einer Gehirnwäsche unterzogen worden, er selbst hat das aber vehement bestritten.

Nachdem er Ende 1952 freigekommen und nach Großbritannien zurückgekehrt war, wurde Blake der höchstgeheimen Sektion Y des MI6 zugewiesen, die für die Telefonüberwachung zuständig war. Die besten Fernmeldetechniker arbeiteten dort mit modernster Technik. Ständig waren die Abhörspezialisten der Abteilung am Überlegen, wo und wie man Telefonleitungen anzapfen und Gespräche mithören konnte. Die sowjetischen Geheimdienstler dürften sich die Hände gerieben haben, als sie hörten, in welchem Arbeitsbereich Blake gelandet war, verfügten sie doch jetzt über eine Spitzenquelle im MI6.

Ein Führungsoffizier des MGB mit besonderen Eigenschaften war nun gefragt. Er musste gleichermaßen über Erfahrungen in der Spionageabwehr wie im Beschattungswesen aufweisen. Die

Wahl fiel auf Sergej Kondraschow. Zur Tarnung wurde der Geheimdienstmann als Sekretär für kulturelle Beziehungen an die Botschaft in London versetzt. Seine Aufgaben dort waren nach außen harmlos, er plante Konzerte, Sportveranstaltungen und andere Events.

Ab Oktober 1953 trafen sich Blake und Kondraschow mehrmals, um die Einzelheiten ihrer Zusammenarbeit zu besprechen. Und schon bald sprudelte die Quelle, Kondraschow erhielt Listen mit Abhöroperationen gegen sowjetische Einrichtungen. Die Treffen der beiden waren gut vorbereitet. Kondraschow erfand in der Botschaft, wo man aus Sicherheitsgründen nichts von seinen Verabredungen mit Blake wissen sollte, überzeugende Ausreden, warum er im „Außendienst" unterwegs war. Mal verabschiedete er angeblich sowjetische Schachspieler, mal ging er zum Einkaufen. Observanten des MGB verfolgten ihn, um festzustellen, ob er von der britischen Spionageabwehr beschattet wurde. Seine konspirativen Zusammenkünfte mit Blake fanden meist auf dem Oberdeck von Autobussen statt, wo die beiden relativ ungestört reden konnten.

Bei einem ihrer heimlichen Treffen erzählte Blake, was er über die „Operation Silber" wusste. Kondraschow, dem dieser Name noch nie zu Ohren gekommen war, hörte mit angehaltenem Atem zu. So etwas hatte es noch nie gegeben.

Die „Operation Silber" war eine groß angelegte Abhöraktion der Briten und Amerikaner in Wien. Die Situation in der österreichischen Hauptstadt ähnelte nach dem Zweiten Weltkrieg der in Berlin. Beide Städte waren in vier Sektoren eingeteilt, die jeweils von den Sowjets, Amerikanern, Briten und Franzosen verwaltet wurden. In Wien gab es zudem noch den inneren Sektor, der unter der Hoheit aller vier Alliierten stand. In Wien wie in Berlin war die Stimmung zwischen den Westalliierten und den Sowjets angespannt. Sowohl in Wien als auch in Berlin wollten die westlichen Nachrichtendienste wissen, was der Osten trieb.

Der MI6-Agent Peter Lunn wurde in die österreichische Hauptstadt entsandt, um dort die Lage zu erkunden. Wo und wie konnte man Telefonleitungen der Sowjets anzapfen und ihre Gespräche mithören? Lunn entdeckte mehrere Stellen, die geeignet waren. Sie lagen im sowjetischen Sektor nahe der Grenze zum britischen Hoheitsgebiet. Tunnel sollten gegraben werden, um die Leitungen abhören zu können. Vier Stollen wurden es schließlich, die die Briten mit Unterstützung der Amerikaner anlegten.

Die Sowjets, die durch Blake über die Tunnel informiert waren, standen nun vor einem Dilemma. Sie hatten zwei Alternativen: Entweder stellten sie die Gespräche auf den Leitungen ein. Das hätte aber den Verdacht der Briten geweckt und ihre Spitzenquelle wäre womöglich aufgeflogen. Täte man dagegen so, als sei alles normal, wäre Blake zwar geschützt, aber die Kollegen aus dem Westen würden brisante Geheimnisse erfahren. Der sowjetische Geheimdienstchef Iwan Alexandrowitsch Serow war vorsichtig, er wollte seine Top-Quelle nicht gefährden und hielt die „Operation Silber“ absolut geheim. Selbst seine Mitarbeiter erfuhren nichts. Alles lief normal weiter, es wurde weiterhin wie üblich über die Leitungen telefoniert. Einen Bericht der Briten mit Erkenntnissen aus der „Operation Silber“, der in Serows Hände gefallen war, hielt der Geheimdienstchef unter Verschluss, um die Herkunft der Erkenntnisse des MI6 zu verheimlichen. Erst nach Ende der Abhöraktion informierte er Verteidigungsminister Nikolai Alexandrowitsch Bulganin darüber, dass die Briten in Wien Telefonate seines Dienstes abgehört hatten.

Die „Operation Silber“ dauerte von 1949 bis 1952. Für ihr jähes Ende sorgte eine Straßenbahn. Durch die von ihr verursachten Erschütterungen brach einer der Tunnel ein, und das Geheimnis der „Operation Silber“ war gelüftet.

Für die Briten und Amerikaner war die Abhöraktion so erfolgreich, dass sie das Gleiche in Berlin wiederholen wollten. Sie gruben einen ungefähr 450 Meter langen Tunnel vom West-Berliner Bezirk Neukölln nach Altglienicke im Ostteil der Stadt und hörten interessiert Telefongespräche der Sowjets mit. Die Aktion erhielt die Bezeichnung „Operation Gold“.

Wie schon bei der „Operation Silber“ in Wien standen die sowjetischen Geheimdienste auch hier vor der Frage, wie sie mit der Situation umgehen sollten. Es ist viel darüber spekuliert worden, ob die Sowjets fingierte Informationen über die Leitungen geschickt haben. Vermutlich war das nicht der Fall, denn auch diesmal wollten sie, wie schon in Wien, ihren Top-Agenten schützen.

Jedoch warteten sie auf eine günstige Gelegenheit, den von Blake verratenen Tunnel auffliegen zu lassen. In der Nacht zum 22. April 1956 war die Situation günstig. Es regnete stark. Unter dem Vorwand, die vom Regen beschädigten Leitungen reparieren zu müssen, gruben Arbeiter des Fernmeldeamtes Berlin an der Stelle des Tunnels den Boden auf und stießen „zufällig“ auf die unterirdische Abhörstation. Hals über Kopf ließen die im Untergrund sitzenden britischen Abhörspezialisten alles stehen und liegen und rannten durch den Tunnel in den Westsektor.

Blake war zu dieser Zeit in Berlin stationiert, hatte aber keinen Zugang mehr zu Informationen über die „Operation Gold“. Sein Auftrag war es nunmehr, sowjetische Soldaten für den MI6 zu werben. Zur Tarnung ließ er einen Vertrauten ein Bekleidungsgeschäft in West-Berlin nahe der Grenze zum sowjetischen Sektor eröffnen, in der Hoffnung, dass dort sowjetische Soldaten nach in Ost-Berlin nicht erhältlicher Ware Ausschau hielten. Bei der Gelegenheit wollte er die potenziellen Käufer unauffällig prüfen, ob sie als Spione tauglich waren. Doch die Sache erwies sich als Flop, nicht ein einziger Soldat kam. Stattdessen tauchte eines Tages eine charmante Dame auf, die Blake Avancen machte. Der war einem Techtelmechtel zwar nicht abgeneigt, ließ aber als vorsichtiger Nachrichtendienstler die Frau unauffällig beschatten. Als die Dame im Anschluss an einen ihrer Besuche nach Dahlem fuhr und dort im Berliner Hauptquartier der CIA verschwand, nahm er von weiteren Kontakten Abstand.

1959 kehrte Blake nach London zurück, wo er für den MI6 sehr erfolgreich Spione anwarb. Zur Tarnung gründete er ein Dolmetscherbüro. Geschickt und unauffällig klärte er, ob sich Geschäftsleute, Wissenschaftler, aber auch Studenten, die Kunden des Büros waren, als Spione eigneten. Das Büro lief bald so gut, dass es einigen Gewinn abwarf. Natürlich verriet er die angeworbenen Spione sofort an den KGB.

1960 hatte der MI6 eine neue Aufgabe für Blake: Er sollte in Beirut einen Lehrgang der arabischen Sprache besuchen, denn im Nahen Osten tat sich ein neues Einsatzgebiet des MI6 auf, für dessen Bearbeitung man sprachkundige Mitarbeiter brauchte. Nachdem am 14. Mai 1948 die letzten britischen Streitkräfte aus Palästina abgezogen worden waren und David Ben Gurion die israelische Unabhängigkeitserklärung verlesen hatte, erklärten Ägypten, Saudi-Arabien, Jordanien, Libanon, Irak und Syrien noch in der Gründungsnacht dem jungen Staat den Krieg. Seitdem war die Region nicht zur Ruhe gekommen. In Großbritannien war man besorgt über die Entwicklung und wollte Genaueres wissen. Und so wurde Blake ein eifriger Student der arabischen Sprache.

1961 erhielt er während seines Lehrgangs in Beirut plötzlich die Aufforderung, nach London zurückzukommen, da seine Vorgesetzten mit ihm sein neues Tätigkeitsfeld erörtern wollten. Blake wurde misstrauisch, denn warum sollte sein Arbeitgeber ihn mitten aus seinen Sprachstudien reißen? Seine künftigen Aufgaben hätte man doch dann besprechen können, wenn er seinen Lehrgang beendet hatte. Blakes Misstrauen wuchs, als er in London nicht von einem seiner Kollegen vom Flughafen abgeholt wurde, was eigentlich üblich war. Am nächsten Morgen machte er sich mit einem unguten Gefühl im Magen auf den Weg zu seiner Dienststelle. Dort erwartete ihn Harry Shergold, ein Experte des MI6 für sowjetische Geheimdienstangelegenheiten, der ihm nach einigen belanglosen Fragen eröffnete, er wisse, dass er ein sowjetischer Spion war.

Auf die Spur gekommen war man ihm durch Michał Goleniewski, einem hochrangigen Offizier des polnischen Geheimdienstes, der in den Westen übergelaufen war. Goleniewski verblüffte seine amerikanischen und britischen Befrager nicht nur damit, dass er behauptete, der russische Thronfolger Großfürst Alexej Nikolajewitsch Romanow zu sein. Genauso verblüffte er sie, als er ihnen einen Jahresbericht des MI6 übergab, der in die Hände des KGB gefallen und an den polnischen Geheimdienst weitergegeben worden war. Beim MI6 kannten nur drei Personen dieses Papier, einer von ihnen war Blake. Nun brauchte es nicht mehr viel, um den Doppelspion zu entlarven.

Blake wurde vor Gericht gestellt und am 3. Mai 1961 zu 42 Jahren Gefängnishaft verurteilt. Es wird behauptet, er habe ein Jahr Haft für jeden von ihm verratenen britischen Agenten erhalten. Er selbst meinte, es seien nicht 42, sondern eher 400 gewesen.

Seine Haft musste er im hochgesicherten Gefängnis Wormwood Scrubs in London antreten. Für lange Zeit würde er nun nicht mehr die Freiheit genießen können. Ein Austausch mit einem in der Sowjetunion inhaftierten britischen Spion kam nicht infrage, da britische Staatsbürger nicht an andere Staaten ausgeliefert wurden. Blake hatte aber keinesfalls die Absicht, seine Strafe abzusitzen und überlegte, wie er die Haft abkürzen konnte. Die Gelegenheit zeichnete sich bereits ein Jahr später ab, als Pat Pottle und Michael Randle, zwei Atomwaffengegner, die wegen einer Demonstration auf einem amerikanischen Militärflughafen verurteilt worden waren, in seinen Zellentrakt verlegt wurden. Als vierter im Bunde kam der IRA-Angehörige Sean Bourke hinzu, der in Wormwood Scrubs einsaß, weil er eine Bombe an einen Polizisten geschickt hatte. Die drei Mithäftlinge sahen in Blake einen politischen Gefangenen, dem geholfen werden musste. Heimlich entwickelten die vier einen Fluchtplan.

Vier Jahre dauerte es, bis dieser realisiert werden konnte. Bis dahin waren einige Vorbereitungen zu treffen. Bourke organisierte nach seiner Freilassung ein Handfunkgerät, das er in das Gefängnis schmuggelte. Nun konnte sich Blake mit seinem Fluchthelfer über die Gefängnismauern hinweg verständigen. Als Nächstes besorgte Bourke ein Fluchtauto. Das Geld hierfür hatte Randle, der inzwischen auch freigelassen worden war, irgendwo aufgetrieben. Schließlich musste eine Strickleiter konstruiert werden, über die Blake in die Freiheit klettern konnte. Auch diese Aufgabe übernahm Bourke.

An einem regnerischen Herbsttag des Jahres 1966 war es so weit. Die meisten Gefangenen und einige Aufseher saßen gerade bei einer Filmvorführung. Blake gab das vereinbarte Funksignal, kletterte aus einem Fenster, in dessen Eisenrahmen ein Mitgefangener zuvor ein Loch gebrochen hatte, und kletterte hinaus. Er sprang in den Gefängnishof. Bourke, der außerhalb der Gefängnismauer das Unternehmen lenkte, wartete auf einen günstigen Augenblick, um die Strickleiter über die Mauer zu werfen. Mehrmals wurde er gestört, aber kurz vor 19:00 Uhr am Abend war die Luft rein. Bourke warf die Strickleiter, deren Sprossen er mit Stricknadeln verstärkt hatte, über die Mauer. Blake kletterte hinauf, setzte zum Sprung an und verlor dabei die Balance. Kopfüber stürzte er auf den Boden, wo er halb bewusstlos und mit gebrochenem Arm liegen blieb. Mit aller Kraft zog Bourke ihn in das Auto und raste davon.

Am nächsten Tag übernahmen Pottle und Randle das Kommando. Zuerst wurde Blake von einem Arzt versorgt, dann ging die Flucht in einem Campingwagen weiter in Richtung Berlin. Zur Tarnung fuhr Randles gesamte Familie mit. Während der Grenzkontrollen versteckte sich Blake unter einem Klappbett, auf dem Randles Kinder spielten oder schliefen.

Das Unternehmen gelang, Blake gelangte ohne aufzufallen in die Bundesrepublik, passierte die innerdeutsche Grenze und verließ das Wohnmobil auf der Transitstrecke in der DDR.

Den Rest seines Lebens verbrachte er in Moskau, wo er am 26. Dezember 2020 im Alter von 98 Jahren starb. Der russische Präsident Wladimir Putin würdigte ihn anlässlich seines Todes als brillanten Fachmann von besonderer Art: „In den Jahren seines schwierigen und intensiven Dienstes hat er einen wirklich unschätzbaren Beitrag zur Gewährleistung der strategischen Parität und zur Wahrung des Friedens auf dem Planeten geleistet."

Oleg Penkowski auf der Anklagebank

Oleg Penkowski

Der Spion und die sowjetischen Atombomben auf Kuba

Nur 18 Monate in den Jahren von 1960 bis 1962 währte die Tätigkeit Oleg Wladimirowitsch Penkowski als Spion der CIA und des MI6. Trotzdem bezeichnen ihn Geheimdienstexperten noch heute als einen der wertvollsten Informanten westlicher Dienste. Nach Meinung eines hochrangigen britischen Nachrichtendienstlers war er „das bei Weitem höchste Mitglied der Sowjethierarchie, das je mit uns zusammengearbeitet hat.“

Schon in seiner Jugend war klar, dass Penkowski, der am 23. April 1919 im Kaukasus geboren worden war, eine militärische Laufbahn einschlagen würde. Bereits sein Vater hatte als weißgardistischer Offizier im Bürgerkrieg gegen die Bolschewisten gekämpft. Mit 20 Jahren absolvierte Penkowski die Artillerie-Akademie in Kiew, im Zweiten Weltkrieg kämpfte er in der sowjetischen Armee gegen Deutschland. Er erhielt mehrere Auszeichnungen, wurde schwer verwundet und beendete den Krieg im Rang eines Oberleutnants.

Nach dem Krieg besuchte er die berühmte Militärakademie Frunse in Moskau und anschließend die Militärdiplomatische Akademie der Sowjetunion. Als er 1953 in die 4. Verwaltung (Auswertungszentrale) des Militärnachrichtendienstes GRU eintrat, stand er bereits im Rang eines Obersts.

Sein Weg führte ihn zunächst als stellvertretender Militärattaché in die Türkei. Dort machte er sich allerdings bald unbeliebt, weil er Verstöße gegen die Regeln des diplomatischen Dienstes offenlegte. Deshalb wurde er nach Moskau zurückgerufen und absolvierte einen Spezialkurs für Raketentechnik an der Dserschinski-Militärakademie.

Dank mehrerer Gönner in hohen militärischen Rängen sollte er noch einmal einen Auslandsposten erhalten. Indien war als sein neues Einsatzgebiet vorgesehen. Doch daraus wurde nichts, denn der KGB, der sich in einem permanenten Machtkampf mit der GRU befand, hatte festgestellt, dass Penkowskis Vater im Bürgerkrieg gegen die Bolschewiken gekämpft hatte. Eine solche Familiengeschichte war in der kommunistischen Sowjetideologie für einen Geheimdienstmitarbeiter ein Unding. Zwar stellte sich die GRU halbherzig vor ihren Offizier, schob ihn aber in das Komitee für wissenschaftliche Forschung ab. Seine Karriere als Generalstabsoffizier, die er im Auge hatte, war ihm nun versperrt.

Möglicherweise war diese Demütigung der Grund, zum Spion zu werden. Er selbst rechtfertigt sein Handeln in seinen Erinnerungen: „Unser Kommunismus, wie wir ihn seit nunmehr 45 Jahren geformt haben, ist ein Betrug. Ich selbst habe Anteil an diesem Betrug; schließlich war ich einer der Privilegierten. Vor Jahren schon begann mich der Ekel zu schütteln: der Ekel vor mir selbst und noch viel mehr vor unseren geliebten Führern. (…) Das kommunistische System ist schädlich für unser Volk. Ich kann keinem schädlichen System dienen."

Eines Tages sprach er auf einer Brücke in Moskau amerikanische Touristen an und bat sie, ein Paket in die US-Botschaft zu bringen. Dort war man erstaunt, als man es öffnete: Zum Vorschein kamen geheime Unterlagen und das Angebot, für die USA zu spionieren.

Bei der CIA stand man nun vor dem üblichen Problem mit Selbstanbietern: Die Nachrichtendienstler wussten nicht, ob der Mann vielleicht ein Agent Provocateur war, der die Amerikaner mit falschen Informationen spicken sollte. Deshalb wollte man nicht selbst mit ihm in Verbindung treten, sondern bat die britischen Kollegen, den Kontakt über einen Mittelsmann herzustellen. Dieser Mittelsmann war Greville Wynne, ein britischer Geschäftsmann, der sich öfter auf Geschäftsreisen in der Sowjetunion aufhielt.

Anlässlich der Reise einer Delegation britischer Geschäftsleute, die in Moskau die Chancen für einen verstärkten Handel beider Länder erkunden wollten und der Wynne angehörte, kam es zu einem ersten Treffen. Im April 1961 erwiderte eine sowjetische Delegation den Besuch in London, mit dabei war Penkowski. Dort traf er auf Vermittlung von Wynne in einem Hotel vier Männer, die sich als Mitarbeiter des britischen MI6 und der amerikanischen CIA vorstellten. Drei Stunden hörten sich die vier an, was Penkowski ihnen erzählte. Es waren hochgeheime Interna aus der GRU. Als Penkowski nach Moskau zurückkehrte, hinterließ er nicht nur begeisterte CIA- und MI6-Nachrichtendienstler, sondern hatte auch eine Minox-Kamera, mehrere Filme, einen Kurzwellenempfänger und Telefonnummern von Kontaktpersonen in Moskau im Gepäck.

In den nächsten Monaten übergab Penkowski westlichen Nachrichtendiensten Filme mit fast 5500 Fotoaufnahmen, aber auch anderes geheimes Material. Neben Wynne, der dreimal als Penkowski-Bote nach Moskau flog, waren hauptsächlich Attachés der britischen und amerikanischen Botschaft in Moskau seine Kontaktleute. Unter anderem traf er sich mit Janet Anne Chisholm, der Frau des stellvertretenden Luftwaffenattachés, die er bei einer seiner Reisen in London kennengelernt hatte. Wenn die Diplomatengattin in den Moskauer Parks mit ihren Kindern spazieren ging, traf Penkowski sie „rein zufällig“ und schenkte den Kleinen Pralinen. In den präparierten Süßigkeitenpackungen steckten belichtete Mikrofilme. Die Treffen wurden von Wynne arrangiert, der Penkowski auch die präparierten Schachteln übergab.

Dreimal traf er sich in London und Paris mit Mitarbeitern der CIA und des MI6. Jedes Mal brachte er Dutzende belichteter

Filmrollen und Dokumente mit. Vor der Rückreise empfing er neue Kameras, Filme und Instruktionen. Aber auch Konsumgüter, die es in der Sowjetunion nicht gab, brachte er im Auftrag seiner Kollegen aus dem kapitalistischen Ausland mit nach Hause.

Was Penkowski an Informationen lieferte, ließ amerikanische und britische Nachrichtendienste frohlocken. Seine Berichte enthielten Angaben über die aktuelle Zahl der atomaren Interkontinentalraketen der Sowjetunion, die deutlich unter der lag, die westliche Nachrichtendienste angenommen hatten. Er verriet Alarmstufen, Checklisten und Feuersequenzen der Raketenstreitmacht und übermittelte Daten der Zielgenauigkeit von Raketen. Einmal berichtete er, dass eine Rakete beim Start explodiert sei und ungefähr 300 Menschen getötet habe. Amerikaner und Briten erfuhren aber auch viele Interna der GRU und des KGB. Ungefähr 300 Diplomaten in aller Welt mussten zurückgerufen werden, weil Penkowski sie entlarvt hatte.

Anfang August 1961 erfuhr Penkowski von Walter Ulbrichts Absicht, in Berlin eine Mauer zu bauen. Die Information konnte er jedoch erst zehn Tage nach Beginn der Absperrungen weitergeben, da er bis dahin keinen Kontakt zu seinen westlichen Führungsoffizieren hatte.

1962 beeinflusste Penkowski möglicherweise die Weltgeschichte, wenn auch niemand außer einigen wenigen amerikanischen und britischen Nachrichtendienstlern und Politikern davon wusste. Der Ort des Geschehens war Kuba. Nach dem Sturz des von den USA unterstützten kubanischen Diktators Fulgencio Batista und der Bildung einer Revolutionsregierung unter Fidel Castro kam es zu massiven Spannungen zwischen den Vereinigten Staaten und Kuba. Die Sowjetunion nutzte diese Situation, um auf der karibischen Insel Fuß zu fassen. Ab dem 10. Juli 1962 begann die UdSSR unter dem Decknamen Operation „Anadyr" auf Kuba heimlich mit der Stationierung militärischer Einheiten, darunter Mittelstreckenraketen mit atomaren Sprengköpfen. Erste nachrichtendienstliche Hinweise über den Bau angriffsfähiger sowjetischer

Raketenbasen auf Kuba stammten übrigens mit hoher Wahrscheinlichkeit vom Bundesnachrichtendienst (BND). Auf Fotos amerikanischer U-2-Aufklärungsflugzeuge waren mehrere Startrampen für SS-4-Mittelstreckenraketen zu sehen. In Washington war man alarmiert. Zwei Varianten des Vorgehens wurden diskutiert: Angriff und Invasion Kubas oder eine Seeblockade.

Bei der Einschätzung der Lage halfen den US-amerikanischen Politikern und Militärstrategen Informationen, die Penkowski lieferte. Ein streng geheimes Dokument, von dem der Spion im Hauptquartier der Raketen- und Bodenartillerie der sowjetischen Streitkräfte heimlich Aufnahmen gemacht hatte, zeigte den Stand der sowjetischen Planungen. Die Analyseexperten konnten aus den Daten erkennen, in welchem Umfang die Raketen die USA erreichen würden. Penkowski meldete aber, die Raketen seien noch gar nicht einsatzbereit. Er riet den Westmächten zu einer harten Haltung gegenüber der Sowjetunion.

Inwieweit Penkowskis Informationen den amerikanischen Präsidenten John F. Kennedy zu seiner konsequenten Haltung in der Krise bewogen hatte, weiß man nicht genau. Jedenfalls entschied er sich für eine Seeblockade Kubas, die er in einer Fernsehansprache am 22. Oktober 1962 verkündete. Gleichzeitig drohte er mit einem atomaren Gegenschlag, sollten die USA von Kuba aus angegriffen werden. Die Drohung wirkte, am 28. Oktober lenkte Chruschtschow ein und sendete eine Botschaft an Kennedy: „Die Sowjetregierung hat den Befehl gegeben, die Waffen, die Sie für offensiv halten, abzubauen und sie in die Sowjetunion zurückzubringen.“ Daraufhin ließ Kennedy über den Radiosender „Voice of America“ den sowjetischen Staatschef wissen: „Ich begrüße die staatsmännische Entscheidung des Vorsitzenden Chruschtschow!“ Er erklärte sich bereit, im Gegenzug die amerikanischen Atomraketen in der Türkei abzuziehen.

An dem Tag, an dem der Konflikt beigelegt werden konnte, wurde Penkowski verhaftet. Schon seit Anfang 1962 wurde er beschattet. Durch einen Zufall war man beim KGB auf ihn aufmerksam geworden. Nachdem die sowjetischen Geheimdienstler festgestellt hatten, dass westliche Spione sich in den Moskauer Straßen mit ihren Verbindungsleuten trafen, wurde das Botschaftspersonal der USA und Großbritanniens routinemäßig jeweils für mehrere Wochen rund um die Uhr observiert. Eines Tages Anfang August 1962 beobachtete ein Observationsteam bei der Routinebeschattung Janet Chisholms, wie sie von Penkowski auf der Straße heimlich etwas in die Hand gedrückt bekam. Zwei Observanten folgten der Frau bis zur Botschaft, hielten sie aber nicht an. Zwei andere Beschatter folgten Penkowski, verloren ihn allerdings aus den Augen. Nun wusste der KGB zwar, dass ein feindlicher Spion unterwegs war, man wusste aber noch nicht, wer der Mann war.

Wenig später war Penkowski offiziell zu einem Empfang in der britischen Botschaft eingeladen. Er hatte den Besuch nicht, wie es Vorschrift war, gemeldet. Der KGB kam dahinter und überwachte ihn von nun an sowohl im Büro als auch in seiner Wohnung. Eine ferngesteuerte Kamera, die im Blumenkasten einer Nachbarwohnung installiert war, filmte, was er zu Hause trieb. Auf den Bildern war zu erkennen, wie er sich in verdächtiger Weise Notizen machte.

Wie der Historiker Christopher Andrew und der ehemalige KGB-Oberst Oleg Antonowitsch Gordijewski schreiben, wurden Penkowski und Wynne bei einem konspirativen Treffen im Hotel Ukraine heimlich belauscht. Obwohl Penkowski die Wasserhähne in seinem Zimmer aufdrehte, konnten die Lauscher Bruchstücke des Gespräches mitzuhören, die den Verdacht der Spionage erhärteten. Man schickte die Familie, die in der Wohnung über der von Penkowski lebte, auf eine Ferienreise und bohrte ein Loch in den Fußboden, durch das man eine winzige Kamera schob. Nun war Penkowski zu Hause keine Minute mehr unbeobachtet. Die Observation machte sich bezahlt, denn auf den Filmen war zu sehen, wie Penkowski mit einer Minox-Kamera und Codebüchern hantierte.

Der nächste Schritt war, seine Wohnung zu durchsuchen. Die Vorgehensweise war ausgesprochen perfide. Man bestrich seinen

Stuhl mit einer giftigen Substanz, die ihn erkranken ließ, sodass er in ein Krankenhaus eingeliefert wurde. Währenddessen wurde seine Wohnung durchsucht. Dabei stieß man auf große Mengen belastenden Materials. Nun war die Beweislage klar, und Penkowski wurde festgenommen. Auch Wynne wurde verhaftet.

Anfang Mai 1963 erfolgte die Eröffnung des Prozesses gegen Penkowski und Wynne. In einer Presseverlautbarung des Militärsenats des Obersten Gerichtshofes der Sowjetunion hieß es: „Am 7. Mai 1963 begann im Sitzungssaal des Obersten Gerichtshofes der UdSSR in Moskau die öffentliche Verhandlung in der Strafsache gegen den Agenten des britischen und des amerikanischen Nachrichtendienstes und Staatsbürgers der UdSSR O. W. Penkowski sowie gegen den britischen Staatsangehörigen und Mittelsmann Greville Wynne." In der Anklage hieß es unter anderem: „Zu seinen Aufträgen gehörte es, Angaben über die Raketentruppen, über die in der DDR stationierten Sowjet-Einheiten, über die Vorbereitung zum Abschluß eines Friedensvertrages mit der DDR und andere Geheimnisse politischer, militärischer und wirtschaftlicher Art ausfindig zu machen." Gleichzeitig versuchte man, seine Rolle herunterzuspielen. Staatsanwalt Gorny behauptete: „90 Prozent der Informationen, die der Angeklagte weitergab, waren ökonomischer Natur." Er habe im Staatskomitee für die Koordinierung der wissenschaftlichen Forschung nur eine untergeordnete Stellung bekleidet. Auch war man sehr darum bemüht, seine moralische Verkommenheit hervorzuheben. Die Zeitung „Iswestija" beschrieb ihn als haltlosen Schwächling, Trinker und moralisch verkommenen Frauenhelden. Er habe sich schon immer zu Ausländern hingezogen gefühlt, habe mit ihnen in Moskauer Restaurants getrunken und gefeiert. Ein Zeuge sagte, Penkowski habe in einem Restaurant im Gorki-Kulturpark „Sekt aus dem Schuh einer Freundin geschlürft". Tatsächlich war der Angeklagte den Freuden eines exzessiven Lebens nicht abgeneigt.

Der Schauprozess, an dem ausgewählte Zuschauer teilnahmen, dauerte nur wenige Tage; schon am 11. Mai erging das Urteil: Penkowski wurde zum Tode verurteilt, Wynne zu einer Freiheitsstrafe von acht Jahren. Das Todesurteil wurde am 16. Mai vollstreckt, Penkowskis Leichnam eingeäschert und in einem Massengrab bestattet.

Zwei Jahre später erschienen in den USA überraschend Aufzeichnungen, die Penkowski in den Jahren 1961 bis 1962 angefertigt hatte, und die als „Penkowski-Papers" in die Geschichte eingingen. Zuerst in der „Washington Post" veröffentlicht, publizierte sie „Der Spiegel" auch in deutscher Übersetzung. Es waren Gedanken, die Penkowski niedergeschrieben hatte; nicht zusammenhängend, nicht chronologisch, sondern so, wie sie ihm gerade durch den Kopf gegangen waren. Sie waren sowohl eine Abrechnung mit dem Sowjetsystem als auch eine Rechtfertigung seiner Spionage. Hart ging er mit Chruschtschow und anderen Führern des sowjetischen Systems ins Gericht, analysierte aus seiner Sicht die Politik seines Heimatlandes und gab dem Westen Ratschläge, wie man sich gegenüber der sowjetischen Aggression verhalten sollte. Auch Chruschtschows Ambitionen, sich West-Berlin einzuverleiben und die Reaktionen anderer Kreml-Akteure darauf, beschrieb er darin. Viel ist über Interna der sowjetischen Geheimdienste und ihre führenden Köpfe zu lesen. Penkowski hatte die Notizen mit seiner Minox-Kamera abfotografiert und die Filme in die USA geschmuggelt.

Die Anmerkungen wurden in den USA übersetzt und redigiert. Welche Authentizität sie haben, lässt sich deshalb nicht mit letzter Sicherheit sagen. Entsprechend umstritten waren und sind die „Penkowski-Papers" bis heute. In der sowjetischen Presse wurden sie als „stinkendes Gebräu" des amerikanischen Nachrichtendienstes CIA bezeichnet. Wynne, der Penkowski wohl am besten von seinen westlichen Verbindungsleuten kannte, hielt sie für authentisch. In einem „Spiegel"-Interview sagte er: „Ich zweifle keinen Augenblick an der Echtheit der ‚Penkowski-Papers'. Ich glaube auch nicht, daß sie mit späteren Zusätzen, etwa der CIA, vermischt wurden. Penkowski hat mich, als ich mit ihm zusammenarbeitete, ständig ermahnt, ich solle allen meinen Freunden von seinen Informationen und Berichten über das Leben in der Sowjetunion erzählen."

Der Kreml reagierte wütend auf die Veröffentlichung: Der Moskauer Korrespondent der „Washington Post" wurde ausgewiesen, gegen die Enthüllungen im Londoner „Observer" protestierte Sowjetbotschafter Alexander Alexejewitsch Soldatow im britischen Außenministerium. In einem „Spiegel"-Interview versuchte der ehemalige Geheimdienstoberst Wladimir Apollonowitsch Karpow im Auftrag seiner Vorgesetzten, Penkowskis Rolle herabzuspielen und ihn als Lügner darzustellen.

Tatsächlich wird unter Historikern und Geheimdienstexperten bis heute darüber diskutiert, wer Penkowski wirklich war. Einige Historiker meinen, er habe bewusst das Potenzial der sowjetischen Raketen herunterspielt, um den Westen in trügerischer Sicherheit zu wiegen. Sie begründen ihre Theorie damit, es sei verdächtig gewesen, dass Penkowski kein Geld für seine Dienste angenommen und sich nicht in den Westen abgesetzt habe, als er die Überwachung durch den KGB bemerkte. Teilweise ist sogar behauptet worden, der Prozess gegen ihn habe nur zum Schein stattgefunden. Überwiegend wird Penkowskis Arbeit aber als sehr nützlich für den Westen eingeschätzt, weil er den wirklichen Stand der Aufrüstung der Sowjetunion offenbarte. Jedenfalls lässt sich mit der „Frankfurter Allgemeinen Zeitung" vom 8. April 1993 feststellen: „Und wenn der ‚Selbstanbieter' und Oberst des sowjetischen militärischen Geheimdienstes GRU, Oleg Penkowski, auch nicht die Welt vor einem Atomkrieg gerettet hat, er hat ohne Zweifel wesentlich dazu beigetragen, daß insbesondere die Vereinigten Staaten zu einer realistischeren Einschätzung sowjetischer Absichten und Möglichkeiten in der Lage waren, vor allem während der Berlin-Krise (1961) und der Kuba-Krise (1962)."

Willy Brandt und Günter Guillaume beim SPD-Parteitag im April 1973 in Hannover

Günter Guillaume

Der Kanzleramtsspion

Das Bundeskanzleramt ist die Schaltstelle deutscher Politik. Hier laufen die Fäden zusammen, hier werden die politischen Leitlinien festgelegt, die Bundesministerien koordiniert, die Regierung im In- und Ausland repräsentiert. Wer hier arbeitet, muss zuverlässig und verschwiegen sein. Deshalb muss jeder Mitarbeiter einer Sicherheitsüberprüfung unterzogen werden. Je vertraulicher die Tätigkeit ist, desto strenger wird geprüft. Umfangreiche Abfragen bei verschiedenen Sicherheitsbehörden werden vorgenommen, Referenz- und Auskunftspersonen befragt.

Was bei einer solchen Sicherheitsüberprüfung alles schiefgehen kann und welche Konsequenzen Fehler und Schlampereien haben können, zeigt der Fall Günter Guillaume. Hätten die Sicherheitsbehörden bei seiner Überprüfung genauer hingesehen, hätten sie sich besser informiert und abgestimmt, wäre Guillaume nicht zum Kanzleramtsspion geworden.

Im Jahre 1970 – Willy Brandt war vor einem Jahr Bundeskanzler geworden – suchte man in der Abteilung III des Kanzleramtes, die für Wirtschafts-, Finanz- und Sozialpolitik zuständig war, nach einem Hilfsreferenten, der die Verbindung zu Arbeitgeberverbänden und Gewerkschaften halten sollte. Georg Leber, SPD-Abgeordneter, Gewerkschafter und Minister, kannte den richtigen Mann: Günter Guillaume. Lebers Fürsprache hatte ihren guten Grund, war Guillaume doch der Mann, der vor Kurzem den Wahlkampf des Politikers exzellent organisiert hatte. Leber schätzte den umsichtigen und umtriebigen Mann, der jovial, kumpelhaft und kontaktfreudig war, immer bereitstand, wenn er gebraucht wurde und keine Mühe scheute.

Abteilungsleiter Herbert Ehrenberg im Kanzleramt ließ sich überzeugen und wollte Guillaume zum 1. Januar 1970 einstellen. Dass Guillaume nicht über die für das Amt in der Vergütungsgruppe BAT II a erforderliche wissenschaftliche Qualifikation verfügte, störte niemanden, bei einem verdienten Genossen machte man da schon einmal eine Ausnahme. Die Sicherheitsüberprüfung wurde eingeleitet, Guillaume füllte einen Fragebogen aus und reichte alle möglichen Unterlagen ein.

Und schon nahm das Verhängnis seinen Lauf. Die Angaben, die Guillaume 1956 nach seiner Übersiedlung aus der DDR im Notaufnahmeverfahren gemacht hatte, wichen von den Angaben in seiner Sicherheitserklärung ab. Im Notaufnahmeverfahren hatte er behauptet, von 1946 bis 1949 als Fotograf bei zwei Berliner Firmen gearbeitet zu haben, in der Sicherheitserklärung hieß es dagegen, er sei von 1946 bis 1950 freiberuflich tätig gewesen. In der Notaufnahmeakte war zu lesen, Guillaume sei 1949 in den Verlag „Volk und Wissen" eingetreten, während er in der Sicherheitserklärung behauptete, erst ab 1951 dem Verlag angehört zu haben. Zur FDGB-Mitgliedschaft hatte Guillaume in der Notaufnahmeakte den Zeitraum von 1950 bis April 1956 angegeben, in der Sicherheitserklärung den Zeitraum von 1950 bis 1955. Diese Widersprüche machten die Bonner Beamten aber keineswegs stutzig. „Erinnerungsfehler", diagnostizierte der zuständige Beamte und ließ es dabei bewenden.

Als die Beamten im Sicherheitsüberprüfungsverfahren auf den Verlag „Volk und Wissen" stießen, hätten sie eigentlich aufmerken müssen: Der Verlag gerierte sich als Schulbuchverlag, war aber nach Erkenntnissen des BND eine Residentur des MfS. Doch diese Information gelangte nicht ins Kanzleramt.

Wie aber sah nun Guillaumes Lebenslauf wirklich aus? Wer war der Mann?

Günter Guillaume, am 1. Februar 1927 in Berlin geboren, absolvierte nach Abschluss der Volksschule eine Ausbildung zum Fotografen und arbeitete ab 1950 in dem vermeintlichen Ost-Berliner Schulbuchverlag. Schon bald nach seiner Einstellung führte er Aufträge des MfS aus. So erkundete er eine Außenministerkonferenz der Alliierten in West-Berlin, beobachtete einen Parteitag der SPD und sah sich auf der Frankfurter Buchmesse um. Seine Aktivitäten blieben in der Bundesrepublik nicht unbeachtet. Die Organisation Gehlen, aus der 1956 der BND hervorging, kannte ihn als Propagandist für die DDR. Aber auch diese Information gelangte nicht in die Sicherheitsüberprüfung.

1951 heiratete Guillaume Christel Boom, die seine Mitwisserin und Helferin als Spion werden sollte. Die Ehe stand von Beginn an unter keinem guten Stern. Guillaume ging, kaum dass er das Ja-Wort gegeben hatte, mit anderen Frauen fremd und verprasste das Familieneinkommen, das bis 1956 in erster Linie seine Frau heranschaffte. Schon bald war die Ehe nur noch ein Zweckbündnis zur Tarnung der Spionage beider Ehepartner.

1956 siedelten Guillaume und seine Frau im Auftrag und mithilfe des MfS in die Bundesrepublik über. Sie nahmen ihren Wohnsitz bei Günter Guillaumes Schwiegermutter in Frankfurt am Main und konnten so das Notaufnahmelager umgehen. Das enthob sie der Gefahr, dass ihnen bei den Befragungen im Lager durch bundesdeutsche und westalliierte Nachrichtendiente etwas Unvorsichtiges hätte entschlüpfen können. Einen konkreten Auftrag des MfS hatten die Eheleute Guillaume da noch nicht, Hauptsache, sie wurden erst einmal Bundesbürger.

In Frankfurt gingen die Eheleute verschiedenen Beschäftigungen nach, unter anderem betrieb Guillaume eine Kaffeestube mit Einzelhandel. 1957 geschah etwas, das dem MfS wenig behagte: Guillaumes Sohn Pierre wurde geboren. Die Geheimdienstler in Ost-Berlin mochten Familienzuwachs bei ihren Agenten wenig, lenkten Kinder doch von den Aufgaben als „Kundschafter für den Frieden“ ab.

1957 begann man in der MfS-Zentrale, den künftigen Weg der Guillaumes zu planen und gab ihnen die Weisung, in die SPD einzutreten. Nun begann der berufliche Aufstieg des Ehepaares, den man in Ost-Berlin mit großem Interesse beobachtete. Christel Guillaume erhielt eine Anstellung als Sekretärin des Bundestagsabgeordneten Wilhelm Birkelbach, Günter Guillaume stieg in der Parteihierarchie der SPD Hessen-Süd auf, wurde 1964 Geschäftsführer für diesen Unterbezirk und 1968 Geschäftsführer der SPD-Stadtverordnetenfraktion in Frankfurt. Guillaume nutzte seine Vernetzung in der SPD, um die Großwetterlage im Parteibezirk Hessen-Süd auszukundschaften. Mit einer Kleinbildkamera fotografierte er Dokumente, die Christel dann ihren Führungsoffizieren übergab.

Doch zurück zur Sicherheitsüberprüfung. Den Beamten im Kanzleramt und Bundesamt für Verfassungsschutz (BfV) hätten nicht nur die Unstimmigkeiten in den Angaben Guillaumes auffallen müssen. Es gab noch weitere Nachlässigkeiten. Am 10. Dezember 1969 erhielt das Bundeskanzleramt ein Fernschreiben des Polizeipräsidenten in Berlin zu Guillaume, in dem auf eine Mitteilung des Untersuchungsausschusses freiheitlicher Juristen (UfJ) vom 22. November 1955 an die Berliner Polizei hingewiesen wurde. Der UfJ, eine in West-Berlin ansässige Organisation, die offiziell Menschenrechtsverletzungen in der DDR dokumentierte, war tatsächlich der verlängerte Arm der CIA in Berlin und über die Situation in der DDR bestens informiert. Die Polizei teilte den für die Sicherheitsüberprüfung zuständigen Beamten mit, in dem damaligen Schreiben des UfJ sei mitgeteilt worden, dass ein Günter Guillaume, „beschäftigt als Fotograf beim Ostberliner Verlag ‚Volk und Wissen‘, der Agententätigkeit in Berlin (West) und der BRD verdächtigt werde. Im Juli 1956 soll Günter Guillaume in die BRD geflüchtet sein.“ Das war eine stark verkürzte Wiedergabe dessen, was der UfJ seinerzeit tatsächlich berichtet hatte, denn damals schrieb die Organisation: „Uns wird mitgeteilt, daß Guillaume oft seiner Arbeit unmotiviert fernbleibe. Seinem Abteilungsleiter, der der Sache nachgehen wollte, sei von der SED-Parteileitung bedeutet worden, daß er sich darum nicht zu kümmern habe. Unser Berichter will wissen, daß Guillaume häufig nach West-Berlin geschickt worden sei, um Aufnahmen von Exmittierungen, Verhaftungen von Demonstrationsteilnehmern, Anbringen von kommunistischen Losungen usw. zu machen. In der letzten Zeit sei Guillaume häufig im Auftrage nach Westdeutschland gefahren. Vor vier Wochen sei er nun völlig aus seinem Beschäftigungsbetrieb ausgeschieden. Unser Berichter vermutet, daß Guillaume nun ganz für ‚Westarbeit' freigemacht worden sei." Vielleicht wäre die Sicherheitsüberprüfung anders verlaufen, hätte der Polizeipräsident in Berlin das Dossier des UfJ vollständig nach Bonn übermittelt. So aber hielten die Beamten im Bundeskanzleramt den Verdacht für zu vage, um die Einstellung Guillaumes zu versagen. Der Beamte der Berliner Polizei, der die verkürzte Mitteilung nach Bonn geschickt hatte, meinte später als Zeuge in einem Untersuchungsausschuss des Bundestages, es habe nicht ihm als Verwaltungsbeamten, sondern der Kriminalpolizei auffallen müssen, dass Guillaume verdächtig war. Ihm sei die Sache nur zugschrieben worden, „um eine Karteikarte anzulegen und sonst nichts weiter zu veranlassen."

Auch der BND hatte Erkenntnisse über Guillaume, nämlich dass er Mitglied der „Gesellschaft für deutsch-sowjetische Freundschaft", einer agitatorischen Massenorganisation der DDR, war. Da diese Erkenntnis unter dem Namen „Guiome" erfasst war, erkannten die Pullacher Nachrichtendienstler, als sie nach Guillaume gefragt wurden, nicht den Zusammenhang zwischen beiden Namen und unterließen eine Benachrichtigung.

Egon Bahr, damals Staatssekretär im Bundeskanzleramt, sah aufgrund der Erkenntnisse ein „gewisses Sicherheitsrisiko" und riet seinem Chef, Kanzleramtsminister Horst Ehmke, ein Gespräch mit Guillaume zu führen. Ehmke kam der Empfehlung nach und sah danach die Verdachtsmomente ausgeräumt. Und so wurde Guillaume im Bundeskanzleramt eingestellt. Nicht nur das: Er wurde zum Umgang mit Unterlagen ermächtigt, die den Stempel „geheim" und „streng geheim" enthielten.

Der Hauptverwaltung A (HV A), die im MfS für die Spionage in der Bundesrepublik zuständig war, kam Guillaumes Einstellung zunächst gar nicht gelegen. Zum einen kannte man die strengen Sicherheitsüberprüfungen im Bundeskanzleramt und fürchtete, dass der Spion bei einer der in bestimmten Zeiträumen vorzunehmenden Wiederholungsüberprüfungen auffliegen könnte. Zum anderen trat Guillaume nicht, wie es bei MfS-Spionen in exponierter Stellung üblich war, unter falschem Namen, mit falschen Papieren und einem erfundenen Lebenslauf auf. Dieser Umstand barg die Gefahr der Enttarnung. Andererseits eröffneten sich der HV A glänzende Aussichten, Informationen aus unmittelbarer Nähe des Kanzlers zu erhalten. Also ließ man Guillaume gewähren.

Kaum im Amt, legte Brandts neuer Mitarbeiter los. Er organisierte Besuche von Gewerkschaftern beim Kanzler, begleitete ihn bei Besuchen in Industriebetrieben, legte Termine fest und beriet Brandt in arbeitspolitischen Fragen. Obwohl er unermüdliche Arbeitsbereitschaft zeigte, hielt Brandt nicht allzu viel von Guillaume. Dem Kanzler war der Mann zu einfältig, zeigte zu wenig Intellekt. Brandt duldete ihn zwar, weil er Guillaumes Organisationstalent schätzte, hielt ihn aber stets auf einer gewissen Distanz. Auch seine Kollegen mochten Guillaume wenig. Für die gebildeten Beamten des höheren Dienstes mit Hochschulabschluss war Guillaume einfach nur ein Prolet.

Trotzdem war Guillaumes Karriere nicht aufzuhalten. Schon bald wechselte er in die Ehmke unmittelbar unterstellte Verbindungsstelle des Kanzleramtes mit dem Aufgabengebiet „Verbindungen zu Parlament, Parteien, Kirchen, Gewerkschaften und Arbeitgeberverbänden", einem weitaus größeren und verantwortungsvolleren Arbeitsgebiet als bisher. Auch hier krempelte er die Ärmel hoch und machte sich an die Arbeit.

1972 geschah etwas, wovon vermutlich der Leiter der HV A, Markus Wolf, nicht zu träumen gewagt hatte: Sein Spion wurde einer der persönlichen Referenten Brandts, zuständig für die Kontakte zur SPD. Die Versetzung kam ziemlich überraschend, da der bisherige Stelleninhaber für den Bundestag kandidierte und deshalb von seinem Amt freigestellt wurde. Und wieder machte sich Guillaume unverzichtbar, wieder war er umtriebig, fleißig und zeigte sich als Organisationstalent. Der renommierte Staatsrechtler Theodor Eschenburg, der später eine Untersuchungskommission zum Fall Guillaume leitete, hielt fest: „Er galt als clever und fix, ständig in Bereitschaft, keine Arbeit scheuend.

Dabei war er umgänglich gegenüber Kollegen und Nachgeordneten. Daß er neugierig war, daß ihn alles interessierte, was um ihn herum an Dingen geschah, fiel nicht allzu sehr auf. So waren auch andere Bedienstete.“ Beliebt machte er sich mit seiner Neugier allerdings nicht. Der Leiter von Brandts Büro versuchte, Guillaume möglichst von brisanten Dingen fernzuhalten, und die Kollegen witzelten, er sei von den Gewerkschaften eingeschleust worden, um Brandt auszuspionieren.

Von nun an nahm Guillaume an diversen Besprechungen im Kanzleramt teil, ebenso an Sitzungen der SPD-Fraktion des Bundestages oder des Vorstands der Partei. Er wurde zu einer Art Faktotum Brandts. Die Regierungsgeschäfte gehörten allerdings nicht zu seinem Aufgabenbereich als Parteireferent. Seine wiederholten Versuche, auch hier Fuß zu fassen, scheiterten. Büroleiter Reinhard Wilke meinte später: „Ich habe ihn bei manchen Gelegenheiten einfach hinausgeworfen und gesagt: ‚Da gehörst du nicht hin‘.“ Auch das MfS war nicht begeistert von Guillaumes Neugier, barg sie doch die Gefahr, dass man im Kanzleramt ernsthaft misstrauisch wurde.

Den Kontakt zwischen dem Ehepaar Guillaume und der HV-A-Zentrale in Ost-Berlin hielt das Agentenehepaar Wolfgang und Anita Rausch. Zur Tarnung gaben sich die vier als befreundete Ehepaare aus. Sie trafen sich in Restaurants oder bei Spaziergängen in der Kölner Innenstadt und plauderten miteinander. In einem Film des MfS über das Kundschafterehepaar Guillaume erzählte Wolfgang Rausch: „Christel und Günter berichteten in erster Linie natürlich über ihre Arbeit, eine Fülle wertvoller Informationen, Einschätzungen zu Personen, Aussagen von Brandt, Bahr und Ehmke zu den gerade erst abgeschlossenen Verträgen mit der Sowjetunion und anderen sozialistischen Ländern, zum Transitabkommen, das damals gerade erst unterzeichnet war und erste interne Auffassungen zum Grundlagenvertrag. Diese Fülle von wichtigen Informationen galt es, der Zentrale zu übermitteln. Es war eine hohe Verantwortung, das alles so zu erfassen und weiterzugeben, dass nichts verloren ging.“

1973 keimte ein erster Verdacht gegen Guillaume auf. Verursacht wurde er durch die Leichtfertigkeit des MfS. Erich Mielkes Mannen hatten vor vielen Jahren per Funk Glückwünsche in die Bundesrepublik übermittelt, die das BfV entschlüsselt hatte, aber niemanden zuordnen konnte. Im Jahre 1956 war erst einem „Georg" zum Geburtstag gratuliert worden, später dann einer „Chr.", und im April 1957 waren Glückwünsche zum „zweiten Mann" gesendet worden. Bis 1973 hatten die Kölner Verfassungsschützer keine Ahnung, wer die drei waren. Im April 1973 bearbeitete ein Mitarbeiter des BfV drei Spionagefälle, in denen der Name Guillaume auftauchte. Dreimal der Name Guillaume in drei Spionagevorgängen, das fand der Sachbearbeiter doch sehr merkwürdig. Beim Kaffeetrinken in der Kantine erzählte er einem Kollegen der Funkaufklärung von der ominösen Sache. Dem fielen die alten Funksprüche ein. Die beiden verglichen die Daten aus der Funkgratulation mit denen der Familie Guillaume und stellten zu ihrem Erstaunen fest, dass sie identisch waren. Günter Guillaume war „Georg", Christel „Chr." und Sohn Pierre der „zweite Mann".

Nun begannen die Mühlen zu mahlen. Um in einem Strafverfahren nicht die entschlüsselten Funksprüche präsentieren zu müssen, ließ man die Guillaumes erst einmal weiter gewähren und stellte die vorhandenen Informationen zusammen. Die fleißigen Sachbearbeiter des BfV brachten in einem 19-seitigen Dossier den Verdachtsfall Guillaume zu Papier und legten ihren Bericht Verfassungsschutzpräsident Günther Nollau vor. Der hielt den Verdacht zwar für vage, informierte aber sicherheitshalber im Mai 1973 Innenmister Hans-Dietrich Genscher, der wiederum Bundeskanzler Brandt unterrichtete. Genscher, der nicht so recht von den Verdachtsmomenten überzeugt war, erzählte dem Kanzler nur sehr beiläufig, was er von Nollau erfahren hatte. Auch Brandt glaubte nicht an einen Verratsfall, gab aber seine Einwilligung, das Ehepaar zu beschatten.

Im Juni 1973 begann die Observation der Guillaumes. Auch sie verlief alles andere als optimal: Zunächst kannten die Observanten weder das Autokennzeichen noch das Aussehen der beiden und fischten deshalb im Trüben. Wegen Personalknappheit folgten die Beschatter den Verdächtigen nur sporadisch, und Anfang Juli verschwanden die Guillaumes plötzlich ganz aus dem Blickfeld der Observationstrupps, die rätselten, wo die beiden abgeblieben waren. Die Kollegen von der Spionageabwehr hatten es versäumt, den Observationseinheiten von einem Norwegenurlaub der Guillaumes zu erzählen.

Vangsåsen ist ein kleiner Ort, ungefähr 100 Kilometer nördlich von Oslo. Hier verbrachte die Familie Brandt vom 2. bis 29. Juli 1973 ihren Sommerurlaub. Mit dabei Günter und Christel Guillaume mit Sohn Pierre. Guillaume sollte die Verbindung zwischen Brandt und dem Kanzleramt halten. Vor Beginn der Reise hatten sich die Kölner Verfassungsschützer die Frage gestellt, ob die Begleitung Guillaumes angesichts des bestehenden Spionageverdachts opportun war. Nollau plädierte für die Mitreise, weil er meinte, es solle alles so weitergehen wie bisher, um Guillaume in Sicherheit zu wiegen. Er ordnete an, Guillaume in Norwegen nicht zu beschatten, da Brandts Ferienhaus so einsam lag, dass eine Observation womöglich aufgefallen wäre.

Vorkehrungen, dass Guillaume während des Norwegenurlaubs keine geheimen Informationen zur Kenntnis erhielt, gab es nicht. Brandts Bürochef Wilke verließ sich auf das BKA und den BND, die den Geheimschutz vor Ort zu gewährleisten hatten. Beide Behörden trafen aber nur die routinemäßigen Sicherheitsmaßnahmen, da sie nicht über den Verdacht gegen Guillaume informiert waren. Später meinte Brandt zu der Entscheidung, Guillaume mit auf den Norwegenurlaub zu nehmen: „Ich Rindvieh hätte mich auf den Rat eines anderen Rindviehs nie einlassen dürfen." Offen blieb, ob er mit dem anderen Rindvieh Genscher oder Nollau gemeint hat.

Für die Urlaubswochen war Guillaume der Draht zur Außenwelt. Er nahm die Fernschreiben entgegen, die die BKA-Beamten, die ihren Stützpunkt in einer nahe gelegenen Jugendherberge aufgeschlagen hatten, erhielten und drückte ihnen die Mitteilungen Brandts in die Hand, um sie nach Bonn zu übermitteln. Die Fernschreiben hatten teilweise brisante Inhalte: Um Beziehungen zu den USA ging es da, um die europäische Integration, um die NATO-Strategie. Sie ließen erkennen, welche tiefgreifenden Meinungsverschiedenheiten zwischen den Bündnispartnern bestanden, und waren ein gefundenes Fressen für Markus Wolf und seine Leute.

Als Brandt gut erholt wieder im Kanzleramt saß, war er sauer auf Guillaume. Der Mann war stinklangweilig gewesen und musste weg aus seinem unmittelbaren Umfeld. Endlich musste eine Entscheidung getroffen werden. Doch Nollau bremste. Es lägen noch keine ausreichenden Beweise vor, Guillaume sollte zunächst weiter observiert werden. So geschah es denn auch, und wieder patzte das BfV. Die Observanten fotografierten so auffällig, dass Anita Rausch Verdacht schöpfte. Allerdings hatte diese Panne auch etwas Positives: Sie bekam es mit der Angst zu tun und warf die Dokumente, die ihr Christel Guillaume übergeben hatte, in einen Gully, bevor sie sich geschickt der Observation entziehen und nach Ost-Berlin absetzen konnte. Was da im Gully verschwand, waren Guillaumes Meldungen aus dem Norwegenurlaub. So ließ sich der Schaden, den Guillaume angerichtet hatte, in Grenzen halten. Er selbst behauptete allerdings bis zu seinem Lebensende, er habe die Dokumente an Markus Wolf weitergeleitet.

Die Guillaumes und die HV A nahmen die fotografierenden Observanten nicht sonderlich ernst, denn sie glaubten, die Fotos seien im Zusammenhang mit einer Sicherheitsüberprüfung Christel Guillaumes geschossen worden, die sich kürzlich beim Bundesverteidigungsministerium beworben hatte.

Anfang 1974 wollte Innenminister Genscher nicht länger warten und drängte Nollau zum Handeln. Der gab den Vorgang daraufhin an den Generalbundesanwalt ab, um einen Haftbefehl zu beantragen. Doch der Generalbundesanwalt lehnte ab, es lägen nicht ausreichende Verdachtsgründe vor. In ihrer Not wollten Verfassungsschutz und BKA nun eine Hausdurchsuchung starten, in der Hoffnung, dabei Beweismaterial zu finden.

Am Morgen des 24. April 1974 klingelte es um 6:30 Uhr an der Wohnungstür der Familie Guillaume. Günter Guillaume öffnete im Morgenmantel, als auch schon ein halbes Dutzend BKA-Beamte in die Wohnung stürmte, den Durchsuchungsbefahl in der Hand. Und da beging Guillaume einen fatalen Fehler. Er rief den Beamten entgegen: „Ich bin Bürger der DDR und ihr Offizier. Bitte respektieren Sie das!" Nach diesem Geständnis bedurfte es keiner weiteren Beweise mehr.

Die Guillaumes mussten sich vor Gericht verantworten. Am 15. Dezember 1975 wurde Günter Guillaume zu 13 Jahren Freiheitsstrafe, seine Frau zu acht Jahren verurteilt.

Die Enttarnung des Agentenehepaars schlug in West und Ost ein wie eine Bombe. Bundeskanzler Brandt trat zurück, ein Untersuchungsausschuss des Bundestages wurde eingerichtet. Markus Wolf bezeichnete im Jahre 1994 in einem Fernsehinterview des ZDF den Spionagefall Guillaume als ein „schlimmes Eigentor" der HV A. Erich Honecker, der erst aus der bundesdeutschen Presse von dem Spion erfuhr, bekam einen Wutanfall und wollte Mielke und Wolf absetzen. Er hatte sehr auf Brandt und seine Ostpolitik des Ausgleichs gesetzt, die er nun in Gefahr sah. Doch er besann sich schnell eines Besseren, da niemand unter seinen Gefolgsleuten in Sicht war, der die beiden hätte adäquat ersetzen können.

Im Jahr 1981 kehrte das Ehepaar Guillaume im Rahmen eines Agentenaustauschs in die DDR zurück, wo es offiziell als „Kundschafter des Friedens" gefeiert wurde. Beide Eheleute erhielten den Karl-Marx-Orden; Günter Guillaume wurde zum Oberst im MfS befördert, seine Frau Christel zum Oberstleutnant im MfS. Günter Guillaume erhielt zudem den Doktortitel ehrenhalber der Hochschule des Ministeriums für Staatssicherheit. Er starb am 10. April 1995, seine Frau am 20. März 2004.

Welchen Wert die Guillaumes als Spione hatten, ist nicht abschließend geklärt, da viele Unterlagen des MfS vernichtet worden sind und sich der Spionagefall nicht vollständig erfassen lässt. Doch einige Datenträger haben die Vernichtungsaktion während der Wende überlebt. Sie belegen, dass Guillaume keineswegs der Top-Spion war, für den er nach seiner Verhaftung galt. Im Stasi-Unterlagen-Archiv meint man heute: „Insgesamt war der nachrichtendienstliche Wert von Guillaume für das MfS nicht herausragend, er war zweifellos keine Spitzenquelle. Vom 30. Juli 1969 bis 8. April 1974 übermittelte Guillaume in 23 Fällen SPD-Interna, in zwölf Informationen zu Fragen der Regierungspolitik und in neun zu Gewerkschaftsfragen."

Jeffrey Carney arbeitete unter anderem in der Radarstation Marienfelde.

Jeffrey Carney

Kidnapping in Berlin

22. April 1991, Berlin Friedrichshain, Pintschstraße 12. Jens Karney, ehemaliger DDR-Bürger, betritt am Morgen kurz nach 9:00 Uhr die Straße. Vor zwei Tagen ist er aus dem Urlaub zurückgekehrt, heute will er sein Auto, einen alten Lada, verkaufen. Was er nicht weiß: Die Türschlösser des Autos sind mit Superkleber unbrauchbar gemacht worden. Und was er auch nicht weiß: Er wird beobachtet. In einem unscheinbaren Lieferwagen lauert eine Gruppe bewaffneter Männer auf diesen Augenblick. Schon seit Tagen observieren sie seine Wohnung. Plötzlich springen zwei der Männer aus dem Fahrzeug, laufen auf der anderen Straßenseite parallel zu ihm, zwei weitere sind hinter ihm. „Da wusste ich sofort, irgendwas stimmt hier nicht", berichtete Karney später in einem Fernsehinterview. Plötzlich stürmen die vier auf ihn zu, einer legt die Hand auf seine Schulter und fragt: „Are you Sergeant Jeffrey Martin Carney?" Der Angesprochene ist verblüfft. „Wie bitte?" Der Mann wiederholt: „Are you Sergeant Jeffrey Martin Carney?" Der Angesprochene betätigt, daraufhin zerren ihn die Männer in den Lieferwagen, rasen zum Flughafen Tempelhof, verfrachten ihn in ein Flugzeug, das ihn in die USA bringt.

Was steckt hinter dieser spektakulären Entführung, von der jahrelang niemand etwas wusste? Das Kidnapping-Opfer hieß tatsächlich Jeffrey Martin Carney und war amerikanischer Staatsangehöriger. Geboren wurde er am 25. September 1963 in Cincinnati. Schon in seiner Jugend litt er unter Depressionen, die nicht nur auf die zerrüttete Ehe seiner Eltern, sondern auch auf seine Homosexualität zurückzuführen waren, mit der er nicht klarkam. Im Alter von 17 Jahren trat er in die US Air Force ein. Seine psychische Situation verschlimmerte sich daraufhin, da Homosexualität in der Armee verpönt war und er nun ständig in der Angst lebte, als Schwuler erkannt zu werden.

Bereits vor seinem Eintritt in die Armee hatte er eine Vorliebe für Deutschland entwickelt, interessierte sich für deutsche Geschichte und deutsche Literatur und hatte die deutsche Sprache so perfekt und akzentfrei erlernt, dass er später ohne Weiteres für einen Deutschen gehalten wurde. So war es naheliegend, dass sein erster Einsatz als Soldat im Jahre 1982 Berlin war, wo er als Angehöriger der 6912th Electronic Security Group in der Radaranlage Marienfelde arbeitete.

Was dort passierte, war und ist bis heute geheim. Die Betreiber der Anlage geben lediglich an, den Funkverkehr jenseits der deutsch-deutschen Grenze abgehört zu haben. Als Carney in einem Interview des ZDF im Jahre 2003 nach seinen Aufgaben in der Radarstation gefragt wurde, verweigerte er unter Verweis auf seine immer noch bestehende Geheimhaltungsverpflichtung die Antwort. Etwas mehr erfährt man durch die Recherchen von Journalisten, die sich mit der alliierten Radarüberwachung befasst haben. Auch der ehemalige Auswertungsleiter der HV A Klaus Eichner plauderte nach der Wende ein wenig darüber, was in der Radarstation getrieben wurde. Danach überwachten die amerikanischen Lauscher nicht nur den Funkverkehr der Warschauer-Pakt-Staaten. Die Abhörspezialisten ermittelten auch Funkmessanlagen der NVA und spionierten Waffenleitsysteme aus. Unter anderem analysierten sie aufgrund der Funksprüche, welche Leistungsfähigkeit sowjetische Kampfjets hatten. Im Krisenfall sollte auch aktiv in das Geschehen eingegriffen werden. Es gab Planungen, die Arbeit der Stäbe des Warschauer Paktes unmittelbar vor dem

Schlag zu blockieren, um damit Gegenreaktionen zu verhindern. Durch die Fähigkeit der Amerikaner, Stimmen der Akteure jenseits des Eisernen Vorhangs elektronisch zu simulieren, bestand die Möglichkeit, mit falschen, durch Computer erzeugten Befehlen Chaos bei der Gegenseite hervorzurufen.

Carney war ein engagierter Mitarbeiter der Abhöreinheit in Marienfelde. Kameraden und Vorgesetzte brachte er nicht nur durch seine hervorragenden Deutschkenntnisse zum Staunen, die ihm den Spitznamen „Duden" einhandelten, auch sein ausgesprochen gutes Gehör und seine hervorragende Merkfähigkeit machten Eindruck. Er konnte Stimmen der Piloten östlicher Kampfflugzeuge, die er einmal gehört hatte, später ohne Weiteres bestimmten Personen zuordnen.

Aber Carney war unzufrieden, er fühlte sich nicht ausreichend wertgeschätzt. Wenig begeistert war er zudem, als er erfahren musste, dass er nicht nur für die Air Force lauschte, sondern auch für die National Security Agency (NSA), vor deren Informationshunger niemand gefeit war. Zu seinem Ärger kam immer noch die Angst hinzu, dass seine geheim gehaltene Homosexualität bekannt werden könnte.

Eines Tages im April 1983 lief er mit viel Wut im Bauch spät abends zum Grenzübergang Checkpoint Charly in der Berliner Friedrichstraße. Wie er später erzählte, war er wütend auf seine Vorgesetzten, auf seine Familie und auf sich selbst. Er fühlte sich nicht anerkannt und wollte sich rächen. Vielleicht hätte er sein Vorhaben sein gelassen, wenn er nicht so stark alkoholisiert gewesen wäre. So aber klingelte er einen Wachposten aus einer Baracke heraus, der zunächst wenig begeistert von dem späten Grenzgänger war. „Was wollen Sie denn hier?", kam die barsche Frage des Grenzsoldaten. „Es ist schon Mitternacht." Carney antwortete: „Ich will rein." Darauf die konsternierte Antwort: „Hier ist schon alles zu."

Die Situation änderte sich dann aber schlagartig, als Carney offenbarte, wer er war. Sehr schnell tauchten mehrere

MfS-Mitarbeiter auf, denen er erklärte, in der DDR bleiben zu wollen. Doch Mielkes Männer waren damit ganz und gar nicht einverstanden und erklärten dem potenziellen Flüchtling, dass er die Rache gegen sein Land und seine Militäreinheit besser ausleben könne, wenn er im Westen für die DDR spioniere. „Wegrennen ist keine Wahl", sagten sie ihm. Das überzeugte Carney schließlich, und am nächsten Tag saß er wieder an seinem Schreibtisch, als ob nichts geschehen wäre.

Seine MfS-Führungsoffiziere wollten alles haben, was Carney, dem sie den Tarnnamen „Kid" gegeben hatten, in der Radarstation in die Finger bekam. Doch da machte der neugeworbene Spion nicht mit. Nach seinen Angaben habe er klipp und klar erklärt, die DDR würde nur Informationen erhalten, die ihre Sicherheit tangierten, nicht jedoch solche, die die USA gefährdeten.

Von nun an fotografierte er viele geheime Unterlagen mit einem Fotoapparat, den er vom MfS erhalten hatte. Die Filme schaffte er in einer präparierten Thermoskanne aus der Radarstation. Seine Führungsoffiziere wollten nicht glauben, dass die Sicherheitsanforderungen der Amerikaner so lax waren, dass er ohne Weiteres an hochgeheime Papiere gelangen konnte, die in der Abhörstation offen auf den Schreibtischen herumlagen. Der damalige Auswertungsleiter der Hauptverwaltung Aufklärung (HV A) sagte in einem Beitrag des Fernsehsenders Arte im Jahre 2017: „Da haben wir immer nur mit dem Kopf geschüttelt. Wie kommt der nur ran an so etwas?"

Die Treffen zur Übergabe der Unterlagen fanden im abgelegenen West-Berliner Ortsteil Eiskeller statt. Dieser Flecken war eine West-Berliner Exklave auf DDR-Gebiet, sehr abgelegen, kaum bewohnt und besonders gut für Treffen mit seinen Führungsoffizieren geeignet, weil man dort geschützt vor unliebsamen Beobachtern war.

Seine Auftraggeber waren hochzufrieden mit den Unterlagen, die Carney heranschaffte. Der letzte HV-A-Chef Werner Großmann meinte nach der Wende: „In solchen Institutionen wie der NSA eine Quelle zu haben, das ist natürlich Gold wert.“

1984 wurde Carney zurück in die USA versetzt, wo er von nun an als Ausbilder auf dem Luftwaffenstützpunkt San Angelo in Texas unter anderem Deutschunterricht erteilte. Die Spionage gab er auch jetzt nicht auf. Während dieser Zeit verstärkten sich seine Depressionen, denn die Bemühungen, seine Homosexualität geheim zu halten, belasteten ihn immer mehr. Als 1985 ein routinemäßiger Lügendetektortest anstand, bekam er es mit der Angst zu tun. Er wollte weg aus den USA, zurück nach Deutschland, in die DDR, für die er gearbeitet hatte. Am 3. September 1985 machte er sich auf den Weg nach Mexiko City und suchte dort die Botschaft der DDR auf. Er bat um Asyl in der ostdeutschen Republik. Die Botschaftsmitarbeiter gingen auf sein Anliegen ein und schafften ihn über Havanna nach Ost-Berlin.

Bei der US-Armee bemerkte man sofort, dass einer ihrer Leute verschwunden war. Die Ermittlungen begannen. Man fand heraus, dass Carney nach Mexiko City geflogen war und wusste auch, in welchem Hotel er abgestiegen war. Doch Carney konnte seinen Verfolgern entkommen, denn wenige Tage nach seiner Abreise in die DDR zerstörte ein schweres Erdbeben das Hotel, und die Ermittlungsbehörden in den USA vermuteten, dass er zu den rund 10 000 Todesopfern zählte, die die Naturkatastrophe gefordert hatte. Deshalb ging man der Spur nicht weiter nach. Dass Carney ein östlicher Spion war, ahnte da noch niemand.

In Ost-Berlin zog er in eine vom MfS komplett eingerichtete Neubauwohnung im Bezirk Marzahn und wurde mit einer neuen Identität ausgestattet. Von nun an lebte er als DDR-Bürger unter dem Namen Jens Karney und erhielt einen Personalausweis und einen Führerschein auf diesen Namen.

Für ihn begann ein neues Leben, das ihn jedoch nicht weniger belastete als sein bisheriges. Sein Marzahner Umfeld gefiel ihm nicht, die Wohnung war verwanzt, das MfS schickte ihm, wie er später erzählte, „Leute" in die Wohnung, die mit ihm das Bett teilen sollten. Das alles widerte ihn an. 1986 konnte er erreichen, dass ihm eine Altbauwohnung im Bezirk Friedrichshain zugewiesen wurde. Dort fand er auch einen Partner, mit dem er zusammenlebte. Sein neuer Freund glaubte ihm unbesehen, dass er gebürtiger Dessauer war.

Von seiner Spionagetätigkeit wollte er sich in der DDR eigentlich lossagen, doch das MfS ließ ihn nicht aus seinen Klauen und beschäftigte ihn mit der Auswertung abgehörter Telefonate, unter anderem auch seiner ehemaligen Mitstreiter in der US-Armee. Einerseits schätzte man seine Arbeit im Mielke-Ministerium so hoch, dass er am 22. November 1985 die Medaille der Waffenbrüderschaft in Gold erhielt. Anderseits war der schwule Mann den DDR-Geheimdienstlern nicht geheuer. Sein Umgang sei schwer überschaubar, er könne nicht unter Kontrolle gehalten werden, vermerkten sie in ihren Akten.

Nach dem Mauerfall änderte sich Carneys Leben grundlegend. Anfang 1990 entließ ihn das MfS aus dem Dienst. Auf seine nachdrücklichen Fragen erklärten ihm die Geheimdienstler, alle Unterlagen, die ihn belasten könnten, seien vernichtet worden.

Aber noch etwas anderes war für sein weiteres Schicksal von Bedeutung: Mit der deutschen Einheit erhielt er einen bundesdeutschen Personalausweis und einen Pass auf den Namen Jens Karney. Er lebte nun als Bundesbürger in der wiedervereinigten Stadt.

Auf sich allein gestellt, bewarb er sich bei den Berliner Verkehrsbetrieben (BVG) und erhielt eine Anstellung als U-Bahnfahrer. Wieder arbeitete er also im Untergrund. Dort fühlte er sich sicher und zum ersten Mal frei.

Doch sicher war er keinesfalls: Der ehemalige Mitarbeiter der Hauptabteilung III des MfS Hans-Joachim Lehmann steckte den Amerikanern im Jahre 1990, dass der vermeintlich tote Jeffrey Carney noch lebte und für das MfS spioniert hatte. Daraufhin wurde in den USA eine Rückholaktion organisiert. Ende 1990 setzte sich eine Einheit des US-Geheimdienstes United States Air Force Office of Special Investigations (OSI) nach Berlin in Bewegung, um des Verräters habhaft zu werden. Die US-Geheimdienstler wussten, dass sie illegal handelten, denn sie wollten einen deutschen Staatsbürger entführen, auf den sie keine Zugriffsrechte hatten. Umso vorsichtiger machten sie sich ans Werk. Ende März, während Carney und sein Partner im Urlaub waren, bezogen sie vor dem Haus in der Pintschstraße 12 Stellung. Die Wohnung wurde rund um die Uhr observiert. Als die beiden Urlauber am 20. April zurückkamen, brachten die AFOSI-Agenten ein Entführungsfahrzeug vor dem Haus in Position. Am Abend betrat Carney den Balkon, die Observanten schossen ein Foto und glichen es mit den Abbildungen des Verdächtigen in den Personalunterlagen ab. So konnten sie feststellen, dass es sich bei dem Mann, den sie im Visier hatten, tatsächlich um Carney handelte.

Am Morgen des 22. April 1991 schlug das Team zu. So ganz professionell verlief das Kidnapping aber wohl nicht. Carney hatte das verdächtige Fahrzeug entdeckt und sich über das merkwürdige bundesdeutsche Kennzeichen SPB gewundert. Er dachte an ein neues Kennzeichen für den Landkreis Sperenberg. Tatsächlich sei es, so Carney später, ein deutsches Deckkennzeichen gewesen, und die drei Buchstaben standen für Security Police Berlin. War dem tatsächlich so gewesen, war der Einsatz eines solchen Fahrzeugs nicht sonderlich geschickt gewesen. Als dann Carney auf die Straße trat, „stolperten" die AFOSI-Agenten mit über Nacht schwer gewordenen Beinen aus dem Fahrzeug und rannten auf ihn zu. Wie die Berliner Tageszeitung „Der Tagesspiegel" berichtete, verlor ein Special Agent des Greiftrupps Carney aus dem Blick und rannte die Straße entlang. Daraufhin begannen alle zu rennen und stürzten auf Carney zu.

Anschließend durchsuchten OSI-Angehörige seine Wohnung, nahmen seinen Computer, diverse Disketten und seinen Fotoapparat mit. Auch alle seine persönlichen Papiere konfiszierten die Kidnapper vor den Augen von Carneys Freund.

Wenige Tage später fand sich Carney vor amerikanischen Militärstaatsanwälten wieder. Er wusste, was ihm blühte: In den USA drohte für Spionage die Todesstrafe. Carney hoffte aber, dass er als deutscher Staatsbürger in die Bundesrepublik überstellt würde. Sein Freund hatte bestimmt die Polizei alarmiert, die deutschen Behörden waren sicherlich schon aktiv geworden, würden sich um seine Freilassung bemühen. Doch nichts dergleichen geschah. Sein Freund hatte aus Angst, ebenfalls Opfer der amerikanischen Greifer zu werden, geschwiegen. So blieb die Entführung der Öffentlichkeit verborgen, und Carney musste sich der amerikanischen Justiz stellen. Wie in den USA nicht unüblich, wurde ein Deal zwischen Staatsanwaltschaft und Verteidigern ausgehandelt: Geständnis gegen Strafmilderung. In einem nichtöffentlichen Prozess wurde er zunächst zu 38 Jahren Freiheitsstrafe verurteilt, die später auf 20 Jahre reduziert wurde. Tatsächlich saß er dann elf Jahre und sieben Monate im Gefängnis.

In Deutschland hatte man von alldem nichts mitbekommen. Jens Karney war weiterhin im Melderegister erfasst, erhielt regelmäßig seine Steuerkarte und Wahlberechtigungsscheine. Sein Freund schwieg eisern.

Ab 1993 versuchte Carney verzweifelt, als deutscher Staatsbürger anerkannt zu werden. Er wollte zurück in das Land, das er liebte. Schließlich hatte er ja einen bundesdeutschen Pass. Doch bei den deutschen Behörden biss er auf Granit. Er könne nicht nachweisen, rechtmäßig eingebürgert worden zu sein, hieß es. Ihm fehle die dafür notwendige Staatsbürgerurkunde.

1998 machte das Magazin „Focus“ die Entführung publik. Die Reaktionen der Bundesregierung waren zurückhaltend. Gegenüber „Focus“ erklärte der damalige Staatsminister im

Kanzleramt, Bernd Schmidbauer: „Man muss dem Partner sagen, dies gibt es nicht auf deutschem Boden. Hier ist die Souveränität zu beachten.“ Es blieb bei dieser lapidaren Stellungnahme. Niemand in Deutschland bemühte sich, den ehemaligen Spion zurückzuholen. Carney lebt, inzwischen aus dem Gefängnis freigelassen, frustriert und psychisch gezeichnet nach wie vor in den USA.

Gabriele Gast bei der Gerichtsverhandlung

Gabriele Gast

Liebe im Dienst der DDR

„Romeo“-Agenten! Ein Stichwort, das immer wieder durch die Berichterstattung über das MfS geistert. Es hat einen Hauch von Verrufenem, von Abenteuer. Tatsächlich steht es aber für die perfide Ausnutzung menschlicher Gefühle. „Romeo“-Agenten waren Mitarbeiter des MfS, deren Auftrag es war, die Herzen einsamer Frauen zu erobern, die in bundesdeutschen Behörden und anderen Institutionen arbeiteten, für die sich die Auslandsspionage der DDR interessierte. Die „Romeos“ erhielten eine psychologische Schulung darin, wie sie die Gunst der Damen erwerben konnten und wurden angeblich sogar mit Kondomen als „Arbeitsmittel“ ausgestattet.

Eine dieser Frauen war Gabriele Gast, die allerdings in ihren Lebenserinnerungen vehement bestreitet, Opfer eines „Romeo“-Agenten geworden zu sein. Sehr abstrakt differenziert sie zwischen „nachrichtendienstlichen Verbindungen“, die auf echter Zuneigung beruhen, und solchen, die von den „Romeo“-Agenten auftragsgemäß vorgespielt werden. Offenbar geht sie, obwohl vieles dagegenspricht, in ihrem Fall von beiderseitiger Liebe aus.

Gabriele Gast wurde am 2. März 1943 in Remscheid geboren. Aufgewachsen in einer patriarchalisch geprägten Familie, in der der Vater das Sagen hatte, wollte sie nach Abschluss der Schule zunächst Volksschullehrerin werden. Ihr Berufswunsch änderte sich aber, als sie Klaus Mehnert, den namhaften Politologen und Ostexperten, der an der Technischen Hochschule Aachen lehrte, kennenlernte. Sie wechselte das Fach, studierte nun Politikwissenschaften und überzeugte ihren Mentor Mehnert, zum Thema „Die Frau in der Sozialistischen Einheitspartei Deutschlands – ein Beitrag zur Untersuchung der politischen Rolle der Frau in der DDR“ zu promovieren.

Bereits damals stand sie der politischen Situation in der Bundesrepublik kritisch gegenüber. Die verkrusteten gesellschaftlichen Strukturen in den 1960er-Jahren, insbesondere das Frauenbild als treusorgende Ehefrau und Mutter, widersprachen ihrer Vorstellung einer modernen, zukunftsorientierten Gesellschaft. Trotzdem trat sie Mitte der 1960er-Jahre, beeinflusst durch die konservative Prägung ihres Elternhauses, in die CDU ein. Bis 1999 blieb sie Mitglied der Partei, bald schon nicht mehr aus Überzeugung, sondern zur Tarnung. Die konservative politische Zurschaustellung diente der Verdeckung ihrer späteren nachrichtendienstlichen Aktivitäten für die DDR.

Mehnert überzeugte sie, dass sie zur fundierten Analyse der Thematik ihrer Dissertation vor Ort in der DDR Recherchen anstellen müsse. Die Gelegenheit dazu bot sich, als sie zu einer Tauffeier im Kreis ihrer Verwandtschaft eingeladen wurde. Im Mai 1968 reiste sie nach Karl-Marx-Stadt. Etwas verwundert stellte sie bei ihrer Ankunft fest, dass ihre Verwandten für sie bereits einen Gesprächstermin mit der Bezirksvorsitzenden des Demokratischen Frauenbunds Deutschland (DFD) arrangiert hatten. Diese Initiative war, wie sich später herausstellte, nicht eine Idee ihrer Familienangehörigen, sondern vom MfS geplant worden, wo man von der bevorstehenden Reise Gasts erfahren hatte. Der DDR-Geheimdienst, der stets auf der Suche nach potenziellen Spitzeln war, nutzte jede sich bietende Gelegenheit, mit Bundesbürgern in Kontakt zu kommen, um ihre Eignung als Inoffizielle Mitarbeiter zu prüfen. Beim Besuch der DFD-Bezirksvorsitzenden waren unerwartet zwei weitere männliche Besucher anwesend. Sie stellten sich als Herr Müller und Herr Schmidt vor – nicht gerade sehr fantasievolle Namen. Während Herr Müller angeregt mit Gabriele Gast frauenpolitische Fragen diskutierte, blieb Herr

Schmidt dezent im Hintergrund. Nach zwei Stunden drängte der schweigsame Herr Schmidt den redseligen Herrn Müller zum Aufbruch. Beide wollten nach Dresden fahren. Da Gabriele Gast der Stadt schon immer einen Besuch abstatten wollte, schloss sie sich den beiden an. Dort angekommen, verschwand Herr Müller sang- und klanglos, und Herr Schmidt verabredete sich mit Gabriele Gast zu einem Restaurantbesuch. Der verlief so anregend, dass die beiden beschlossen, zurück in Karl-Marx-Stadt noch in einer Bar ein Glas Sekt zu trinken. Spät am Abend verabschiedete sich Herr Schmidt, den sie nun Karl-Heinz nannte und der tatsächlich Schneider hieß, mit einem Kuss.

Im August war Gabriele Gast wieder in Karl-Marx-Stadt, diesmal für drei Wochen. Sie und Karl-Heinz, dem sie den Spitznamen „Karlicek“ gab, kamen sich näher. Gabriele Gast hatte sich, wie sie kurz und nüchtern in ihren Lebenserinnerungen schreibt, in den Mann verliebt. Sie zweifelte nicht daran, dass auch er Liebe für sie empfand.

Von nun an reiste Gabriele Gast öfter in die DDR, um sich mit ihrem Geliebten zu treffen. Eines Tages stellte Karl-Heinz ihr seinen „Freund“ Gotthard Schiefer vor, angeblich Mitarbeiter des DDR-Innenministeriums. Der versprach ihr eine Einreiseerlaubnis für die DDR, forderte aber dafür eine Gegenleistung. Sie sollte Informationen aus ihrer Hochschule liefern. Wenn sie Karl-Heinz wiedersehen wolle, müsse sie sich auf den Deal einlassen. Karl-Heinz unterstrich diese Forderung: „Du hast doch gehört, was Gotthard gesagt hat. Es stimmt, wir können uns nicht wiedersehen, wenn du nicht bereit bist, mitzumachen.“ Die beiden gaben nun zu erkennen, dass sie Offiziere des MfS waren. Zögernd ließ sich die junge Frau auf das Angebot ein.

Von einem Techniker des MfS wurde sie, der man den Decknamen „Gisela“ gab, in die Bedienung eines Kurzwellenradios eingewiesen und erhielt Instruktionen zur Nutzung von Verschlüsselungsverfahren und Geheimtinte. Außerdem gab man ihr eine Handtasche, in die ein Geheimfach eingearbeitet war. Für ihre

Reisen in die DDR erhielt sie falsche bundesdeutsche Personalpapiere. Ob und was sie in der folgenden Zeit über ihre Hochschule berichtete, verschweigt Gabriele Gast. Nur so viel verrät sie, dass ihre Partner vom MfS Interesse an ihrem Doktorvater Mehnert zeigten, dem Kontakte zum BND nachgesagt wurden.

Von nun an verbrachte sie alle zwei Monate ein paar Tage mit Karl-Heinz in der DDR. Für romantische Stunden stand ihnen ein Gästehaus des MfS am Stadtrand von Karl-Marx-Stadt zur Verfügung. Ab 1970 nutzten die beiden dann ein abgelegenes Haus des MfS am Werbellinsee, wo die Gefahr relativ gering war, dass Neugierige sie beobachteten. Das Anwesen war mit einer Sauna ausgestattet, und auch ein Motorboot stand ihnen zur Verfügung. Recht nüchtern schreibt sie: „Im Laufe der Zeit hat sich die Beziehung zwischen Karl-Heinz und mir gefestigt. Wir beschlossen, uns zu verloben."

Nun war es nicht im Sinne der strategischen Planung des DDR-Geheimdienstes, es bei romantischen Stunden der beiden zu belassen. Man wollte die Perspektivagentin in einer nachrichtendienstlich interessanten Institution in der Bundesrepublik platzieren, weshalb sie sich beim Auswärtigen Amt in Bonn bewerben sollte. Doch da gab es ein Problem: Sie würde als Mitarbeiterin einer derart sicherheitssensiblen Behörde wohl kaum noch in die DDR reisen dürfen. Schiefer schob das Problem zur Seite und meinte, dann könne Karl-Heinz ja in die Bundesrepublik übersiedeln.

Also bewarb sie sich auftragsgemäß beim Auswärtigen Amt, fiel aber durch die Aufnahmeprüfung. Nun musste eine neue Perspektive her, weshalb sie versuchen sollte, beim BND unterzukommen. Der Plan war gewagt, denn beim bundesdeutschen Nachrichtendienst konnte man sich nicht einfach bewerben. Vielmehr trat der Dienst nach sorgfältiger Prüfung geeigneter Kandidaten von sich aus auf potenzielle Mitarbeiter zu. Beim MfS war man ratlos, wie man die Perspektivagentin beim BND unterbringen könnte. Man diskutierte verschiedene Pläne und verwarf sie wieder. Schließlich blieb nichts anders übrig, als auf Mehnert und seine Kontakte zum BND zu hoffen.

Zunächst aber brauchte Gabriele Gast eine Anstellung. Das Studium hatte sie beendet, die Promotion erfolgreich abgeschlossen. Sie bewarb sich bei verschiedenen Institutionen, allerdings erfolglos, bis sie schließlich eine Beschäftigung beim CDU-nahen Forschungsinstitut für Sicherheit und internationale Fragen fand. Das Institut entwickelte Konzepte zur inneren Sicherheitspolitik, ein Aufgabenfeld, das für ihren weiteren beruflichen Weg von Vorteil war. Von nun an konnte sie ihren MfS-Führungsoffizieren einige interessante Interna aus der bundesdeutschen Sicherheitspolitik berichten. Doch schon bald, im Mai 1973, wurde das Institut aus Geldmangel geschlossen und ihr gekündigt. Nun wieder arbeitslos, war guter Rat teuer.

Doch eines Tages geschah das, worauf sie seit Langem gehofft hatte. Ein Herr Grafrath meldete sich telefonisch bei ihr und wünschte sie zu sprechen. Wenige Tage später kam das Gespräch zustande, in dem Grafrath sich als BND-Mitarbeiter vorstellte und ihr eine Bewerbung bei dem bundesdeutschen Nachrichtendienst nahelegte. Nicht nur bei Gabriele Gast war die Freude groß, auch ihre Führungsoffiziere beim MfS jubelten und gratulierten ihr auf konspirativem Nachrichtenweg. Bald darauf fand die Einstellungsprüfung statt, die sie souverän bewältigte. Sehr zur Hilfe kam ihr dabei das Wissen, das sie im Forschungsinstitut erworben hatte. Als sie den erhofften Brief mit der Einstellungszusage in den Händen hielt, stockte ihr der Atem. „Vor Freude schossen mir Tränen in die Augen. Ich hatte es geschafft!“

Wie man in Pullach auf die junge Frau aufmerksam geworden ist, weiß man nicht genau. Ob Mehnert dabei eine Rolle gespielt hat, ist nicht bekannt. Auch die Kriterien, nach denen sie ausgesucht worden war, liegen im Dunkeln.

1973 nahm sie ihre Arbeit auf, allerdings nicht unter ihrem eigentlichen Namen, sondern, wie es beim BND üblich war, unter einem Decknamen. Ihrer lautete „Dr. Gabriele Leinfelder“, und ihr Aufgabengebiet wurde die Analyse von Meldungen über die Sowjetunion. Im Laufe der Zeit avancierte sie nach mehrfachem Wechsel ihres Arbeitsgebietes bis in das Amt einer beamteten Regierungsdirektorin.

Die Hauptverwaltung Aufklärung (HV A) hatte den Kontakt zu ihr aus Sicherheitsgründen zunächst eingestellt. Erst 1974 traf sie sich wieder mit Karl-Heinz konspirativ in Wien. Ihre Liebe zu dem Mann war inzwischen verflogen, die beiden verband da nur noch eine Art geschäftliche Beziehung. Sie besprachen sachlich den weiteren Einsatz der Inoffiziellen Mitarbeiterin. Weitere Treffen in Österreich folgten. Ihr Führungsoffizier gab ihr dabei den Auftrag seiner Chefs weiter, nun mit der Übermittlung von Informationen zu beginnen.

1975 traf sie sich zum ersten Mal mit Markus Wolf. Dem HV-A-Chef war die Spionin, die er in seinen Memoiren als „weißen Raben“ und „Ausnahmeerscheinung in einer von Männern dominierten Welt“ bezeichnete, so wertvoll, dass er sie persönlich kennenlernen wollte. Die Zusammenkunft in Jugoslawien fand, wie sie es später beschrieb, in einer recht steifen Atmosphäre statt.

Es blieb nicht bei diesem einem Treffen mit Wolf. Mehrere weitere folgten, eines sogar in der DDR, wohin Gabriele Gast unter falschem Namen reiste. Will man der Erzählung Gasts Glauben schenken, dienten die Zusammenkünfte, die in zunehmend gelöster Atmosphäre stattfanden, nicht nur der Abstimmung des Einsatzes der Top-Agentin, sondern auch der Kontaktpflege. So ging es in den Gesprächen einerseits um politische Fragen, andererseits erzählte der HV-A-Chef aber auch einiges aus seiner Familiengeschichte. Der Spionagechef wollte die wichtige Spionin auf diese Weise bei Laune halten.

In seinen Memoiren schwärmt Markus Wolf von seiner Spitzenagentin: „Ihre Arbeit für uns war hervorragend. Sie hatte Zugang zu vielen außenpolitischen Interna der Bundesrepublik und der Nato und zu Berichten über die Einschätzung der Lage im Ostblock. (…) Die Analysen, die sie für uns verfasste, zeugen von ihrer herausragenden Fähigkeit, das Wesentliche zu erfassen und darzustellen.“ Nach einer Liste bundesdeutscher Ermittlungsbehörden, die nach ihrer Festnahme erstellt worden war, muss ihr Verratsumfang beträchtlich gewesen sein: „Aufstellung der BND-Angehörigen mit Klar- und Decknamen; Schriftstück über ‚organisatorische Veränderungen‘ im BND; Liste aller BND-Residenturen und seiner Partnerdienste; Abteilungs-Codes des BND und der US-Geheimdienste; Verbindungsstellen in den Bundesländern; Planskizzen von BND-Objekten“. Gabriele Gast selbst hält die Benachrichtigung des MfS über die bevorstehende Verhaftung eines KGB-Spions für die wichtigste Information, die sie weitergegeben hatte. Als besonderen Vertrauensbeweis Markus Wolfs wertete sie, dass er ihr Auswertungsberichte der HV A mit der Bitte gab, sie auf ihre Richtigkeit zu prüfen.

Gabriele Gast spionierte aus Überzeugung. „Der Spiegel“ bezeichnete sie einmal als „glühende Kommunistin“. Sie selbst beschreibt ihre Einstellung zur DDR differenzierter, neben den aus ihrer Sicht positiven Seiten des Systems erkannte sie auch einige negative. Es mutet skurril an, dass sie mehrfach die Mitgliedschaft in der SED beantragte, ihr schließlich 1986 der Kandidatenstatus angetragen wurde und sie gleichzeitig Mitglied der CDU war, zwei Parteien, die gegensätzlicher kaum sein konnten.

Als Gegenleistung für ihre Spionagedienste erhielt sie 800 DM monatlich, die auf ein besonderes Konto in Ost-Berlin eingezahlt wurden. Insgesamt waren es, einschließlich besonderer Prämien, ungefähr 200 000 DM, die sie erhalten hatte.

1980 gab es ein Problem, das Gabriele Gast zeitweilig daran zweifeln ließ, weiter für das MfS zu spionieren: Sie hatte sich entschieden, ein behindertes Pflegekind bei sich aufzunehmen. Konnte sie ihre Spionagetätigkeit vor dem Jungen geheim halten? Würde er möglicherweise, wenn er herangewachsen wäre, Fragen stellen, was sie spät abends heimlich am Radio trieb? Die MfS-Offiziere waren jedenfalls wenig begeistert von dem Vorhaben. Doch sie mussten die Entscheidung akzeptieren. Gast meisterte die Belastung der Erziehung des Kleinen, war aber, wie Markus Wolf bei einem späteren Treffen feststellte, „von der Bürde der Verantwortung für das Kind gezeichnet“.

Nach der Wende und der Auflösung des MfS endete im Januar 1990 ihre Spionagetätigkeit. Gabriele Gast wurde, wie es im Geheimdienstjargon heißt, „abgeschaltet“.

Lange blieb ihr Verrat nicht unentdeckt, denn der HV-A-Oberst Karl-Christoph Großmann – nicht zu verwechseln mit dem letzten HV-A-Leiter Werner Großmann – verriet nach der Wende reihenweise Spitzel seines Dienstes, unter ihnen auch Gabriele Gast. Seine Identität wurde zunächst vom BND geheim gehalten. Nur von einem „Gewährsmann“ war die Rede. Dieser habe von einer „MfS-Innenquelle im Bundesnachrichtendienst“ gesprochen. Tatsächlich hatte Großmann mitgehört, wie sich andere HV-A-Mitarbeiter darüber unterhalten hatten, im BND würde eine Frau mit einem behinderten Kind für den DDR-Geheimdienst arbeiten. Als der BND davon erfuhr, unterrichtete er die Bundesanwaltschaft über den Verdacht und beschrieb in einem Fernschreiben die Innenquelle recht detailliert: „Alter ca. 40–45 Jahre, ledig, Brillenträgerin, promovierte Akademikerin, etwas zickig, überdreht und mit einem sozialen Tick, hat ein körperbehindertes Kind adoptiert, arbeitet in der Abteilung Auswertung des BND, hat Zugang zu Material aus dem Bereich Ost-West-Politik und der Drittweltpolitik.“ Die Angaben reichten aus, um einen Haftbefehl auszustellen. Im Oktober 1990 wurde sie, als sie gerade mit ihrem Sohn auf den Weg in den Urlaub war, an der österreichischen Grenze festgenommen. Im Jahr darauf machte man ihr den Prozess und verurteilte sie zu sechs Jahren und neun Monaten Freiheitsstrafe. 1994 wurde sie nach zwei Dritteln ihrer Haftstrafe auf Bewährung vorzeitig entlassen.

Im Anschluss an ihre Gefängnishaft arbeitete sie ihre persönliche Geschichte auf. Sie nahm Kontakt zu Markus Wolf und Karl-Heinz auf, die sich jedoch abweisend verhielten. In einem Interview mit der Zeitung „Neues Deutschland“ vom 22. März 1999 beklagte sie die Enttäuschung über ihre ehemaligen „Freunde" bei der HV A: „Da ist einmal der leitende Mitarbeiter der HV A, der mich beim BND für eine stattliche Prämie verraten hat. Dann Karl-Heinz S(chneider), der nach meiner Verhaftung auf Tauchstation ging (...). Markus Wolf lebte nur noch seinen eigenen Interessen, und Hans Modrow empfahl mir gar die Kirche statt der sozialistischen Partei als den geeigneten Ansprechpartner in Sachen Solidarität." Immer wieder beklagte sie sich, dass sie als Bundesbürgerin wegen Spionage verurteilt worden war, die HV-A-Mitarbeiter aber mit einem blauen Auge davongekommen waren, weil sie nur treu ihrem Staat gedient hatten. Ihre Erlebnisse und Überzeugungen hat sie in dem erstmals 1999 erschienen Buch „Kundschafterin des Friedens – 17 Jahre Topspionin der DDR im BND" niedergeschrieben.

Nach ihrer Haftentlassung wurde sie Mitarbeiterin in einem Ingenieurbüro.

Dietmar Peitsch war nach seinem Jurastudium und seiner Promotion mehr als 30 Jahre in der Berliner Verwaltung tätig, zuletzt als Leiter des Referats Grundsatzangelegenheiten beim Berliner Landesamt für Verfassungsschutz. Neben Fachpublikationen hat er einen Roman veröffentlicht, zuletzt erschien von ihm im Elsengold Verlag „Spionage in Berlin. Agenten im Kalten Krieg".

DIETMAR PEITSCH
SPIONAGE IN BERLIN
AGENTEN IM KALTEN KRIEG

Dietmar Peitsch
Spionage in Berlin
Agenten im Kalten Krieg
208 Seiten, 16,5 x 24 cm
Gebunden mit Schutzumschlag
90 Abbildungen
ISBN 978-3-96201-076-8
25,- € [D] / 25,70 € [A]

Die Geschichte der Geheimdienste ist eines der schillerndsten Kapitel des Kalten Krieges in Berlin. Ebenso wie die Alliierten von West-Berlin aus versuchten, die Kommunikation der Regierung der DDR und des KGB abzuhören, wurde von Ost-Berliner Seite der Westen ausspioniert. Spionagetunnel, spektakuläre Entführungen und Fluchten, geheime Funksprüche: Nirgendwo gab es zwischen den 1950er- und den 1980er-Jahren so viele Agenten wie in Berlin. Dietmar Peitsch schildert, wie die Geheimdienste nach 1945 überhaupt in Berlin Fuß fassten und beschreibt auch den Alltag ihrer Beschäftigten.

„Sachlichkeit und Detailverliebtheit sind Eigenschaften des Autors, die dem Leser durch dieses Buch einen tiefen Einblick in die Arbeitsweise der Geheimdienste und ihrer Agenten geben.“

Matthias Uhl

Deutsche Geschichte im 20. Jahrhundert

DIE TEILUNG DEUTSCHLANDS

Niederlage, Ost-West-Spaltung und Wiederaufbau 1945 – 1949

be.bra verlag

Matthias Uhl
Die Teilung Deutschlands
Niederlage, Ost-West-Spaltung und Wiederaufbau 1945 – 1949
208 Seiten, 14 x 22 cm
Gebunden
8 Abbildungen
ISBN 978-3-89809-411-5
19,90 € [D] / 20,60 € [A]

Mit der deutschen Kapitulation im Mai 1945 begann die Zeit der alliierten Besatzung, in der das Leben der meisten Deutschen von Hunger, Not und Heimatlosigkeit geprägt war. Matthias Uhl blickt hinter die Kulissen des Nachkriegsalltags und schildert die Anfänge der politischen und wirtschaftlichen Neugestaltung. Im Fokus stehen die gegensätzlichen Entwicklungen in Ost und West, die schließlich zur Gründung zweier deutscher Staaten führten.

„Abschließend kann festgestellt werden, dass Uhl einen hervorragenden Überblick zu den ersten Jahren nach dem Kriegsende geschrieben hat. Das Buch sollte seinen Weg zu allen finden, die sich für diese wichtige Periode in der deutschen Geschichte interessieren.“

Martijn Lak in: Historische Zeitschrift 293/2011

Arkadij Maslow
Die Tochter des Generals
Roman
Herausgegeben von
Berit Balzer
432 Seiten, 14 x 22 cm
Gebunden
ISBN 978-3-937233-76
24,95 € [D] / 25,70 € [A]

Deutschland 1934: Die Tochter eines hohen deutschen Generals stiehlt streng geheime Pläne der Reichswehr für einen polnischen Spion. Enttarnt und festgenommen, wird sie – als erste Frau im „Dritten Reich“ – vom Volksgerichtshof zum Tode verurteilt.

„Der im Pariser Exil entstandene Roman, bislang unveröffentlicht, analysiert scharfsinnig die politischen Zustände nach der NS-Machtübernahme im 3. Reich.“

Gerd Kriebisch auf www.ekz.de